선생님의
안부를 묻습니다

강은우

김미주

루 서

윤미소

유선웅

이 재

서울교사노동조합

에듀니티

나다움과 교사다움
그 사이에서

두 번째 삶.
학교라는 무대

김미주

세 번째 삶.
노력하는 한 방황한다

루서

네 번째 삶.
내가 나중에 선생님이 되면은

윤미소

다섯 번째 삶.
교사가 아닌 난 누구?

유선웅

여섯 번째 삶.
재외 한국학교에서 살아남기

이재

☞ 본문에 등장하는 인물의 이름은 모두 가명입니다.

교사로 살아가기 위하여

"아, 학교 가기 싫다."

어느 광고의 한 장면. 학교 가기 싫어하는 어느 평범한 학생이겠거니 생각하면서 화면을 보면, 놀랍게도 다 큰 어른입니다. 그리고 이어지는 누군가의 말에 웃음이 터집니다.

"야, 니가 선생님인데 학교를 안 가면 어떡하니."

광고가 지나가고 속마음을 들킨 것 같아서 괜히 혼자서 부끄럽기도 했습니다. 선생님에게는 학교가 직장이기 때문에 학교 가기 싫은 날이 있는 건 당연한 일인지도 모르겠습니다.

우리 사회에서 교사라는 직업에는 많은 의미가 담겨 있습니다. 학생이 성장하면서 집보다 더 많은 시간을 보내는 곳이 학교이고, 그곳에서 만나는 가장 가까운 어른이 '교사'입니다. '교사'와 '학생'은 가르치고 배우는 관계를 넘는 '인간적인 관계'를 만들어가게 됩니다.

교직 생활을 돌아보면, 교사로서 큰 보람을 느꼈던 순간마다 학생들이 있습니다. 오랜 시간 교육과정을 연구하고, 수업 자료를 찾아 학생들이 푹 빠져드는 수업을 한 날은 퇴근길 발걸음이 그렇게 가벼울 수 없습니다. 스승의 날이나 방학하는 날 감사 편지를 내미는 학생들이 있습니다. 삐뚤빼뚤한 글씨지만 정성이 느껴지는 편지를 읽다 보면 그동안 쌓여있던 스트레스가 봄눈 녹듯 사라지기도 합니다.

교육부와 한국직업능력개발원이 조사·발표한 바에 따르면 '교사'는 2007년부터 11년 연속 청소년 선호 직업 1위에 뽑혔습니다. 불안한 사회 현실에서 신분이 안정적이라는 이점과 함께 학생들을 가르친다는 보람이 큰 장점이라는 설명도 덧붙이고 있습니다. 특히, 1997년 IMF 경제위기로 사회 안전망이 무너지고, 취업난이 심해지면서 '교사'라는 직업이 인기를 끌었습니다. 한때 교대는 등록금이 비교적 낮았기 때문에 가정 형편상 어쩔 수 없이 교직을 선택하는 친구들이 꽤 있었습니다. 그러나 이제는 교사 되기가 무척 어려워졌습니다. 지금의 교사들은 대학 입시부터 임용고사까지 치열한 경쟁을 뚫고 학교에 들어오고 있습니다.

우리가 몰랐던 교사라는 세계

　교사는 우리 사회에서 선망받는 직업이 되었지만, 교사들이 체감하는 학교 현실은 해가 갈수록 힘들어지고 있습니다. 쉬는 시간이 되어도 학습자료를 출력하거나 준비하고, 전산실에 태블릿PC를 빌리러 가는 등 화장실에 갈 시간이 없을 정도입니다. 그 와중에 학생들 사이에서 무슨 일이 생기면 같이 이야기를 나누고, 다툼이 있을 때는 서로 화해시키다 보면 어느새 다음 수업 시간입니다. 이처럼 교사는 학생이 학교에 와서 공부하고 집으로 돌아갈 때까지 학습 지도와 생활지도를 하고, 학생이 집에 간 이후에도 학습에 대한 평가와 수업 준비 등을 해야 합니다.

　수업이 끝난 후에는 각종 회의와 공문 보고 등 밀려있는 업무를 처리해야 합니다. 교사가 수업과 학생 생활 지도 외에 너무 많은 업무를 맡고 있다는 문제 제기는 오래전부터 있었습니다. 교사가 본연의 일에 집중할 수 있도록 업무 정상화, 업무 경감 등 여러 정책을 만들어 왔지만, 학교 현장에서 교사들이 체감할 수 있는 개선은 이루어지지 않았습니다. 사회 변화나 정부 정책에 따라 새로운 일들이 학교로 들어오고, 그 일들로 인해 생겨난 업무는 사라지지 않고, 계속 쌓이면서 교사들에게 부담스러운 짐이 되고 있습니다.

　서울교사노동조합(이하 서울교사노조)에서는 2023년 '교사직무 되찾기를 통한 학교업무 재구조화 방안 연구'를 진행하면서 학교업무에 대한 현장 교사들의 인식을 알아보는 설문조사를 실시했습니다.

'교사들이 맡는 학교업무가 많다고 생각한다'는 설문에 '매우 그렇다'와 '그렇다'에 응답한 교사의 비율은 무려 95.67%를 차지했습니다. '수업과 수업 준비에 몰입할 수 있는 시간적·환경적 여유가 있다'는 설문에 긍정적으로 답변한 비율은 17.7%에 불과했고, '그렇지 않다'라고 응답한 비율이 37.7%, '전혀 그렇지 않다'는 응답도 17%나 되었습니다. 교사들은 수업에 집중해야 하는 시간을 학교업무에 뺏기고 있습니다.

질문	전혀 그렇지 않다	그렇지 않다	보통이다	그렇다	매우 그렇다
나는 교사들이 맡는 학교 업무가 많다고 생각한다.	0 (0%)	5명 (0.8%)	21명 (3.5%)	109명 (18.2%)	465명 (77.5%)
나는 수업과 수업 준비에 몰입할 수 있는 시간적· 환경적 여유가 있다.	102명 (17%)	226명 (37.7%)	166명 (27.7%)	92명 (15.3%)	14명 (2.3%)

서울교사노동조합 조합원 600명 대상 설문 조사 결과. 2023.

　교사의 수업에서 학생들의 배움이 일어납니다. 같은 과목, 같은 주제라도 교사가 수업하는 방식은 저마다 다릅니다. 한 시간의 수업을 위해 교사들은 학생들의 눈길을 사로잡을 수 있는 수업 자료를 찾고, 더 효과적인 수업 방법을 고민합니다. 교사가 수업에 대해 고민할 수 있는 시간이 많아질수록 성공적인 수업도 늘어날 것입니다. 이것이 교사의 성장이라고 생각합니다. 교사의 성장을 위해서는 수업에 집중할 수 있는 충분한 시간과 환경이 필요합니다.

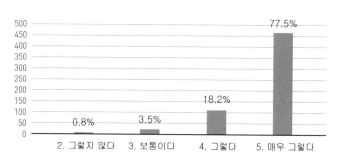

교사들이 맡는 학교업무가 많다고 생각하는지에 대한 인식

서울교사노동조합 정책연구. 2023.

위기의 교사들

2023년 4월, 교사노동조합연맹이 교사 1만 1천 명을 대상으로 한 설문조사에서 최근 5년 이내에 정신과 진료를 받은 적이 있다는 응답은 26.6%로 4명 중 1명꼴이었습니다.* 게다가 1년 사이에 이직이나 사직을 고민하는 교사도 10명 중 8명이나 됐습니다. 2023년 스승의 날을 맞아 발표된 전국 유·초·중·고·대학 교원 6,751명을 대상으로 한 설문조사에서 '교직에 만족한다'는 응답은 23.6%로 최저치를 기록했다고 합니다.**

여기에는 여러 가지 이유가 있겠지만 학부모의 악성 민원은 교사를

---

* "넷 중 하나는 정신과 치료받는다는 교사들". SBS 뉴스, 2023.07.25.
** "교직 만족도 20%대 추락…, 교사는 어쩌다 '극한직업'이 되었나". 경향신문, 2023.05.14.

힘들게 하는 중요한 원인 중 하나입니다. 『괴물 부모의 탄생』[***]에서 설명하는 '괴물 부모' 또는 '몬스터 페어런츠(monster parents)'는 자녀를 과잉보호하면서 불합리한 요구를 하며 악성 민원을 냅니다. 이른바 '왕의 DNA'라는 표현으로 세상을 떠들썩하게 만들었던 학부모는 담임 교사에게 "우리 아이는 왕의 DNA를 가졌기 때문에 왕자에게 말하듯이 듣기 좋게 말해도 알아듣는다.", "칭찬은 과장해서, 사과는 자주, 진지하게 해 달라."는 편지를 보냈다고 합니다.[****] 언론 보도를 통해 알려진 여러 괴물 부모의 사례들은 학부모의 지나친 민원이 학교와 교실을 무너뜨리고 교사의 삶을 위험에 빠뜨리는 현실을 보여줍니다.

부모가 자녀의 삶에 과도하게 개입하고 통제하게 되면서 자녀에게 생기는 작은 흠도 용납할 수 없습니다. 이른바 '컬링 부모(curling parents)'가 되어 자녀 앞에 생긴 장애물을 부모가 나서서 해결하려고 합니다. 현재의 학교폭력 사안 처리 과정은 자녀와 관계된 학교폭력이 학부모의 악성 민원으로 이어지는 과정을 잘 보여줍니다. 제도를 통해 학교폭력을 완전히 막겠다는 생각이 '학교 내외에서 일어나는 학생과 관련한 모든 일'을 학교폭력으로 만들어버렸습니다. 지나가다 어깨를 부딪치는 일도 사안 접수를 하면 학교폭력이 되고, 수업이 끝나고 놀이터에서 놀다가 다툰 일도 학교폭력으로 학교에서 처리하게 됩니다.

게다가 연예인, 스포츠 스타, 공직자와 관련한 학교폭력이 사회적인 문제로 크게 보도되면서 학교폭력으로 문제가 생기면 자녀의 인생에 문

[***] 괴물 부모의 탄생. 김현수. 우리학교. 2023.
[****] "우리 애는 왕 DNA, 왕자처럼 대하라… 논란된 학부모, 몇 달째 징계 없어". 파이낸셜뉴스. 2024.01.25.

제가 생긴다는 막연한 불안감을 갖게 되었습니다. 그러다 보니 피해 학생일 때는 학교의 조치가 미흡하다고 탓하고, 가해 학생일 때에는 상대 학생을 학교폭력으로 신고하거나 학교폭력 처리 절차를 문제 삼으면서 교사를 공격하는 일이 빈번하게 일어났습니다. 결국 학교폭력예방법이라는 법적, 제도적인 절차로 인해 사안 처리를 맡은 교사는 피해, 가해 양쪽으로부터 각종 민원에 시달리고 있습니다.

교사가 교육 활동 중에 일어나는 일로 '아동학대' 신고나 고소를 당하는 일이 빈번해지면서 많은 교사가 어려움에 부닥치고 있습니다. 아동복지법 제17조 5항에서 아동학대로 규정하고 있는 '정서적 학대행위'는 그 범주가 모호하고 포괄적이어서 교사들은 학생의 잘못을 지적하거나 틀린 수학 문제를 다시 풀라고 하는 등 학생 지도에서 일어날 수 있는 사소한 일까지 아동학대 신고를 걱정해야 하는 상황입니다. '자신의 자녀를 왕자처럼 대하라'는 편지를 보낸 학부모가 담임 교사를 아동학대로 신고한 것처럼, 심한 경우엔 마음에 들지 않는 교사를 응징하는 수단으로 활용되기도 하다 보니 교사들 사이에서는 '학부모 기분 상해죄'로 통하기도 했습니다.

정서적 위기 학생들의 공격적인 행동 양상은 교사들에게 점점 더 위협적으로 느껴집니다. 입시 경쟁에 짓눌린 학생들은 마음의 병을 앓기도 하고, 친구들과의 관계에서 문제를 일으키기도 합니다. 교사가 수업하는 도중에 버젓이 촬영하거나 때로는 교사에게 직접 폭력을 가하는 상황이 일어나기도 했습니다. 그런 상황에서도 학교 관리자는 일이 커지는 것을 꺼리고, 문제 상황에 소극적으로 대처하는 분위기가 있다 보니 교실에서 문제가 생겨도 교사는 누구의 도움도 받지 못한 채 혼자 해결해야 했습니다.

쓰러지는 교사들

2023년 3월, 새 학기가 시작되고 서울교사노조는 서울특별시교육감-조합원 간담회를 열었습니다. 이 자리에서 서울교사노조 박근병 위원장은 '교권보호'를 부탁하며 인사말을 마무리했습니다.

> "요즘 학부모의 무분별한 무고성 아동학대 신고로 교사들이 심리적으로 상당히 위축되어 있으며 학생들의 생활지도가 점점 힘들어지고 있습니다. 교육청에서도 이 문제의 심각성을 인식하고 선생님들이 안심하고 교육활동에 전념할 수 있도록 법적, 제도적인 방안 마련에 적극적으로 나서 주시기를 바랍니다."

가르치는 일이 위태롭다는 경고등은 이미 오래전부터 깜박이고 있었는지 모릅니다. 교사들 사이에서는 새 학기에 어떤 학생과 학부모를 만나는지에 따라 자신의 교직 생활이 끝날 수 있다는 걱정과 불안감이 퍼져 있었습니다.

그리고 2023년 7월, 여름 방학이 시작할 무렵이었습니다. 서이초에서 전해진 2년 차 젊은 선생님의 죽음은 학교 현장에 큰 충격을 주었습니다. 선생님이 쓴 일기에는 업무와 생활지도로 힘들어했다는 내용이 적혀있었습니다. 뒤이어 선생님이 있던 교실에서 학생 사이에 다툼이 있었고, 이로 인한 학부모 민원이 있었다는 사실이 드러났습니다.

많은 교사들은 학교에서 곪아있던 문제가 젊은 선생님의 목숨을 앗아갔다고 느꼈습니다. 서이초 앞으로 조화를 보내어 선생님의 죽음을 추모하고, 교육 현실에 분노했습니다.

"선배 교사가 그동안 너무 비겁했어요."
"공교육은 죽었다."
"지켜주지 못해서 죄송합니다."

학교 담벼락에 붙은 추모 메시지에는 그동안 잘못된 교육 현실을 참기만 하고 바꾸지 못했다는 미안함과 죄책감, 공교육이 무너졌다는 한탄이 담겨 있었습니다.

교사, 검은 점으로 거리에 서다

서울, 대전, 군산에서 학부모의 민원과 과중한 업무로 고통받던 교사들의 죽음이 이어지고, 그동안 드러나지 않았던 교사들의 죽음이 언론을 통해 알려지게 되었습니다. 교사들은 '이대로 가만있을 수 없다'며 '지금 무엇을 해야 할지' 고민하고 말하기 시작했습니다. 초등교사 온라인 커뮤니티를 중심으로 집회가 제안되었고, 7월 20일 토요일에 처음으로 교사들이 종각역 앞에 모였습니다.

추모의 뜻으로 검은 옷을 맞춰 입은 교사들은 '생존권 보장'을 외쳤습니다. 예상보다 많은 교사가 종각역 일대를 가득 채웠습니다. 집회가 끝나고 운영비를 모으는 후원 사이트가 만들어지고, 많은 교사가 참여하여 순식간에 마감되기도 했습니다.

첫 집회를 시작으로 매주 토요일마다 집회가 이어졌습니다. 집회마다 자발적으로 교사들이 나서서 새로운 집행부가 구성되고, 집회에 대한 자유로운 의견이 모아졌습니다. 집회가 이어질수록 참가 교사의 수가 늘어났고, 6개 교원단체가 함께 힘을 모으겠다며 손을 맞잡았습니다. 전국시도교육감협의회에서도 교사들을 응원하고 대책을 마련하겠다는 메시지를 보내오기도 했습니다.

"안전한 교육환경 조성하라."
"교사의 교육권 보장하라."
"서이초 교사의 진상을 규명하라."

2023년 9월 2일 '교원 총궐기 추모 집회'에는 20만 명에 이르는 교사들이 참여했습니다. 검은 옷을 입고 집회에 참여한 교사들은 자신을 검은 점으로 불렀습니다. 그 검은 점들이 국회의사당 앞 도로를 가득 메우며 거대한 검은 물결을 만들었습니다. 이날 집회 참석을 위해 교사들은 자발적으로 버스 600여 대, 비행기 2대를 대절했다고 합니다.* 전국의 교사들이 서울로 향하면서 고속도로 휴게소 곳곳이 검은 옷을 입은 사람들로 북적였다는 목격담이 전해지기도 했습니다.

　교사라고 하면 흔히 모범생, 안정된 직장을 떠올리는 경우가 많습니다. 하지만 2023년의 대한민국 교사들은 거리에서 생존권과 교육권을 외쳐야 하는 상황에 내몰리고 있었습니다. 뜨거운 여름 한 철이 지나도록 교사들은 검은 점이 되어 거리에 섰습니다.

가르치기 위해 멈춥니다.

서이초 교사의 49재 추모제가 열리는 9월 4일을 공교육을 멈추는 날로 해야한다는 의견이 나오기 시작했습니다. 어떤 단체도 연가를 권유하거나 조직하지 않았지만 여러 차례의 집회를 통해 교사들 사이에서는 '이번에는 바뀌어야 한다'는 마음이 자리 잡고 있었습니다. 누군가가 모여서 얘기하자고 말을 꺼내고, 공교육을 바로 세워야 한다고 동료 교사를 설득했습니다. 교사들의 행동을 지지하는 학부모는 먼저 자녀의 체험학습 신청서를 내기도 했습니다. 어떤 학부모는 체험학습 장소를 국회도서관으로 하고, 선생님에게 고마운 마음을 느끼기 위해 하루를 보내겠다며 응원의 메시지를 보내기도 했습니다.

　교사들의 뜻을 꺾기 어렵다고 생각한 학교에서는 9월 4일을 자율휴

---

* "50만 교원 중 20만 명 모였다… 참가자들 "전국 교사들 한마음 느껴". 국민일보. 2023.09.02.

업일로 지정하기도 했습니다. 그러나 교육부에서 자율휴업을 시행하는 학교장에게 책임을 묻겠다며 강경한 태도를 보이면서, 학교에서는 자율휴업일 지정을 두고 혼란과 갈등이 생기기도 했습니다. 교장 선생님이 처벌받는 것을 걱정한 교사들이 직접 교장실을 찾아가 자율휴업일 지정을 철회해달라고 부탁하는 일까지 벌어졌습니다. 등교를 결정한 학교에서도 학생들을 어떻게 할 것인지, 누가 등교하는 학생들을 지도할 것인지를 두고 큰 고민에 빠졌습니다.

9월 4일, 많은 교사가 '병가'를 냈습니다. 몸과 마음이 아픈 교사들은 우리 교육이 제자리 잡기를 바라는 마음으로 '멈춤'을 선택했습니다. 학교에 나오는 교사들도 무거운 마음으로 옆 반의 빈자리를 채워주었습니다. 일부 학교에서는 몇 개 반을 묶기도 하고, 수업 시간을 조정하면서 '멈춤'과 '교육'을 이어 나갔습니다.

전례가 없는 교사들의 행동에 우리 사회에서도 '교권보호'에 대해 진지하게 돌아보면서 사회적인 논의가 빠르게 진행되었습니다. 그 결과, 교사의 정당한 생활지도는 아동학대 대상에서 제외하고, 아동학대 수사 시에 교육청의 의견을 의무적으로 참고하는 내용 등을 담은 교권보호 4법이 9월 15일 국회를 통과했습니다. 교육부에서는 '교원의 학생생활지도에 대한 고시'를 만들어 시행하고, 교육청에서는 '교원의 교육활동 보호 종합대책'을 만들었습니다. 정치권이나 교육부, 교육청이 재빠르게 움직일 만큼 개선을 요구하는 교사들의 목소리는 그 어느 때보다도 높았습니다.

그러나, 이러한 대책들로 학교가 달라졌다고 느끼는 교사는 많지 않을 것 같습니다. 많은 대책이 쏟아져 나왔지만, 여전히 교사는 많은 업무를 담당하고 있고, 학교 현장의 요구와는 동떨어진 대책으로 교사에게 도움이 안 되는 것도 많습니다. 학교에서 교사들이 안심하고, 교실에서 학생들과의 만남과 수업에 집중할 수 있도록 근본적인 변화가 필요합니다.

교사로 살아가기 위하여

세계 각국에서 교사의 직무 스트레스와 소진 등에 대한 정책적 관심이 높아지고 있습니다. 현시대에 가장 직무 스트레스가 심한 전문직 중 하나로 교직이 보고되고 있으며(Kyriacou, 2001 재인용) 과도한 업무량과 직무 스트레스, 소진 등으로 교사의 웰빙이 위협받고 있습니다.[*] 교사가 업무로 수업을 준비할 수 있는 시간을 뺏기고, 학부모의 악성 민원으로 인해 학생과의 관계에서 어려움을 겪는다면 그 교실에서 온전한 배움을 기대하기는 어려울 것입니다. 우리 사회가 교사들이 처한 교육환경에 관심을 가져야 할 이유입니다.

서울교사노조는 2022년부터 교사들의 목소리를 담은 책을 기획하여 출판을 지원하고 있습니다. 올해 서울교사노조가 기획한 두 번째 책의 주제는 '살아남기'입니다. 각자의 방식으로 '살아남기' 위해 애쓰고 있는 교사들의 이야기가 누군가에게는 학교와 교실을 들여다보는 창이 되고,

---

[*] 「교사의 웰빙」에 대한 OECD의 관심, 이희현, 서울교육 230호(2018 봄호)

누군가에게는 위로가, 누군가에게는 응원이 되었으면 좋겠습니다.

동료를 잃은 아픔을 함께 나누기 위해 거리에 모였던 수많은 교사, 학생의 학습권을 보호하고 선생님을 지키겠다면서 재량휴업을 선택한 교장 선생님, 공교육 정상화에 힘을 보태겠다면서 '선생님을 응원한다'는 메시지를 보낸 학부모, 종업식 날 교실을 떠나며 '내년에도 선생님이 담임 선생님이 되어주면 좋겠다'며 인사하는 아이들이 있기에 교사들은 교실에 서고, 희망을 노래할 수 있습니다.

교실에서 행복한 교사들이 많아질수록 우리 아이들도, 그 아이들이 만들어가는 우리 사회도 더욱 행복해질 수 있다고 믿습니다.

교사를 힘들게 하는 교육 현실에서 세상을 떠난 선생님들의 명복을 빕니다.

2024년 서이초 교사 1주기 즈음에
서울교사노동조합

선생님의
안부를 묻습니다

<table>
<tr><td>나</td><td>다</td><td>움</td><td>과</td><td></td><td>교</td><td>사</td><td>다</td><td>움</td></tr>
<tr><td>그</td><td></td><td>사</td><td>이</td><td>에</td><td>서</td><td></td><td></td><td></td></tr>
</table>

첫 번째 삶.

교사인 나,
자연인 나

강은우

강은우

초등교사 11년 차. '교사로의 나'를 글로 정리해 보고 싶어 2023년 한해를 휴직했다.
1년 동안 계절을 오롯이 느껴보고, 소설 쓰기라는 나만의 작은 즐거움도 발견했다.
일터 안과 밖을 분리하는 건 여전히 어렵다.
그래도 이제 잔뜩 긴장했던 온몸에 힘을 좀 빼고 교실에서 편안하게 서 있으려 한다.

쓰면서 살아남기

요령 없이 애쓰던 시기가 있었다. 교실에서는 내 모습과 다른 가면을 써야 할 것만 같았다. 원래 나는 핸드폰도 자주 놓고 다니는 덜렁거리는 성격에, 친구들 앞에서는 개그 욕심도 많은 수다쟁이다. 하지만 선생님 하면 왠지 근엄해야 할 것 같았다. 아이들을 이끄는 찐 어른이 되어야 할 것 같았다. 담임이 된 첫해, 나만의 교실을 만들고 꿈꾸던 수업을 하겠다는 판타지에 젖어있었다. 환상은 호되게 깨졌다. 성장이란 단박에 오지 않는 것 같다. 수많은 시행착오와 좌절을 겪고 나서야 직장 안과 밖을 조금 분리할 수 있었다. 물론 지금도 학교의 일이 쉽게 잊히지 않는 날이 많다. 여전히 요동치며 살고 있다. 하루살이처럼 닥친 업무와 수업 준비를 하고 주말과 방학을 누구보다 더 기다린다.

연수중독자라 자칭하며 학기 중과 방학이면 이 연수, 저 연수를 기웃거렸다. 학급경영, 수업 기술, 놀이, 연극, 긍정 훈육(PDC) 등 교사에게 필요하다는 연장통을 얻으러 다녔다. 그걸 연마하면 불행 끝 행복 시작이 되길 바라는 간절한 마음으로. 돌아보면 기술도 기술이었지만 서로 응원해 줄 수 있는 동료들을 만난 게 큰 행운이 아닐까 싶다.

나를 지탱해 준 첫 번째는 '글쓰기'였다. 교실에서 있었던 일화와 나에게 하는 위로가 뒤엉킨 주절거림을 꾸준히 적었다. 휴직을 결정했던 이유 중 하나도 교직에서의 경험을 정리하고 싶었기 때문이다. 교사로서의 나를 좀 객관적으로 보고 나름의 매듭도 짓고 싶었다. 그래야 앞으로 나아갈 수 있을 것 같았다.

두 번째는 '연극'이었다. 연극에서는 배역이라는 가면을 쓴다. 첫해의 좌절로 연극치료에 문을 두드린 것이 시작이었다. 그 안에서 내밀한 이야기를 털어놓았다. 몸짓으로 표현하면서 다시 나아갈 힘도 얻었다. 그 뒤 연극연수에도 적극적으로 참여했다. 동료들과 함께 연극을 만들고 조명 뽕에 차오르며 무대에 선 순간은 여전히 생생하다. 자연스럽게 나의 경험을 교실에 종종 가져왔다. 교실 앞쪽을 무대로 약속하고, 발표를 하기 전이면 아이들과 '완벽하지 않아도 괜찮아'를 함께 말하고 시작했다. 아이들과 함께 되뇌었던 그 문장은 실은 스스로에게 했던 주문이었다. 다른 인물이 되어보는 연극 속에서 내 안에 숨어있던 다양한 감정도 만났다. 서준호 선생님이 운영하는 성장 교실에서 교사들과 '심리극'을 함께한 것도 뜻깊은 경험이었다. '모두 애쓰고 있구나. 다들 많이 아팠구나'를 공유하면서 위로를 주고받았다.

그렇게 나름 살아보겠다고 발버둥 쳤다. 이제 좀 이 일에 적응하는가 싶었는데 현타가 왔다. 주위에서 어려움을 겪고 있는 선생님들의 이야기가 들렸다. 학부모의 폭언에 지쳐서 상담을 받는다더라, 생활지도가 어려워서 담임이 여러 번 바뀌었다더라. 아이를 남겨서 지도하는 것도, 잠깐 따로 불러내서 지도하는 것도 모두 '아동 인권 침해'의 소지가 된다고 했다. 아무것도 하지 말자는 분위기였다. 아무것도 할 수 없었다. '탈출은 지능 순', '조용한 사직'이라는 글이 자주 보였다. 부정적인 공기는 빠르게 전파된다. 바뀌지 않는 견고한 벽 앞에서 "우리끼리라도 이 일에 자부심을 가져봐요."라는 말은 힘없이 겉돌았다. 위로의 목소리들은 한숨을 타고 맥없이 돌아왔다. 지금까지 나는 무엇을 위해 애쓴 거지? 점점 각박해지는 현실 앞에서 내가 할 수 없는 것만 보였다. 쉬고 싶었다.

나는 '쓰면서' 살아왔다. 직장에 에너지를 썼고, 돈과 시간을 쓰며 연수를 다녔다. 배역이라는 가면도 써봤고, 쓰디쓴 현실에서 다시 또 글을 썼다. 쓰기만 했던 나에게 스스로 '선물'을 하고 싶었다. 그렇게 휴직을 신청했다.

"농부가 최선을 다해도 가뭄이나 여러 가지 요인으로 생각보다 잘 안 되는 해도 있어요. 땅도 쉬어가게 할 때가 있고요."

휴직을 결정했던 내게 연극치료 선생님이 해준 말이다. 맞다. 내가 할 수 없는 부분이 있다. 어쩌면 아주 많을 것이다. 그래도 최선을 다했던 내 모습을, 내가 해냈던 것을 더 많이 봐줘야겠다는 생각이 들었다. 적어도 내 농사를 내가 나서서 비하하지는 않으려고 한다.

교	사	인		나	,		자	연	인		나

교사인 나 vs 자연인 나

오랜만에 연극치료 선생님과 약속을 잡았다. 근황을 말하며, 일터 안의 '교사로의 나'와 집에 돌아온 '자연인 나'를 분리하기 어렵다고 털어놓았다. 기계처럼 온앤오프 스위치를 달 수는 없지만, 교실의 일을 집에 자꾸 끌어와서 머릿속이 복잡했다. 때로는 소중한 가족에게 괜한 짜증을 부리기도 했다. 잘 쉬지 못했다. 교실로 돌아가면 나도 모르게 예민해지는 악순환이 반복되었다.

"내려놓기도, 그렇다고 힘 있게 이끌기도 버겁다는 생각이 들었어요."

연극 선생님은 내 말을 듣더니 두 개의 나무 인형을 꺼냈다. 유성 매직 세트를 내밀며 '교사의 모습'과 '교사가 아닌 내 모습'을 각각 인형 위에 그려보라고 했다.

나는 교사인 내 모습을 떠올리며 인형 하나를 집어 들었다. 네모난 가슴팍에 커다란 방패를 그렸다. 등에는 슈퍼맨, 배트맨, 수다맨 등 각종 맨이 가지고 있을 법한 망토를 생각하며 붉게 칠했다. 어떻게든 나를 지켜야 할 것만 같았다. 교실에서는 힘 있게 서 있어야 할 것 같았다. 그런데 두 다리가 자꾸 주저앉고 있다는 상상이 들었다. 표정을 어떻게 그려야 할지 한참 망설였다.

'교사인 나'를 내려두고 나머지 인형으로 넘어갔다. 교사가 아닌 내 모습은? 교실에서 분리된 나를 생각하는 것만으로도 마음이 조금 가벼웠다. 환하게 웃고 있는 입꼬리를 먼저 그렸다. 가슴에는 방패 대신 반짝이는 별을 그렸다. 두 인형 모두 붉은 망토를 등 뒤에 매달고 있었다. 별을 품고 있는 '자연인 나'는 언제든 망토를 펼치고 날아갈 준비가 된 것처럼 보였다.

반면 '교사인 나'는 똑바로 서 있기도 힘들어 보였다. 가족, 동료, 학생, 내게 힘을 주는 고마운 얼굴을 떠올렸다. 그들을 생각하며 망토 뒤에 나를 응원 해주는 손 모양을 그렸다. 하지만 결국 다리 한쪽은 주저앉은 인형으로 완성했다. 남은 한 발로 아무리 일어서려 해도 거대한 힘이 아래로 잡아당기는 것 같았다. 그간의 나를 무력하게 했던 일들을 떠올리고 나서야 교사인 나의 얼굴을 마저 완성했다. 울거나 화낼 의욕도 잃어버린, 지친 입꼬리로.☹

괜찮은 척했지만 쌓였던 작은 상처들

당시 우리 반에 큰 사건이 있던 건 아니었다. 물론 사고로 번지지 않은 작은 사건은 끊임없이 찾아왔다. 빵칼에 성냥을 그어 불이 붙은 일(다행히 교실이 불타지 않았다), 혼자 실내화를 띄우며 놀던 학생이 복도 형광등을 깨뜨린 일(인류에겐 던지기 유전자가 내재하는 게 틀림없다. 학기 초부터 물건을 던지지 말라고 아무리 말해도 보이지 않는 곳에서 던지고 논다), 문짝이 뜯어지고, 급식차가 넘어진 일 등 (다행히 다친 아이가 없어서 뉴스에 실리지 않을 수 있었다). 골치 아픈 사건은 아니었다. 아이들끼리 감정의 골이 깊어져 심각한 상황이 벌어진 것도, 누군가를 괴롭히는 일이 생긴 건 아니었으니까. 감정제어가 되지 않아 폭력적인 행동을 하는 학생도 없었고, 수시 때때로 전화해서 폭언을 내뱉는 학부모도 없었다. 교장 선생님이 찾아와 내게 고함을 치며 인격 모독을 하지도 않았다.

어느 교실이든 있을 수 있는 작은 사건이 쌓인 것뿐이었다. 이렇게 스스로 위로하며 내가 생각하는 최악의 상황으로 가지 않도록 더 애썼다. 행여 큰 사고가 벌어질까 긴장을 늦추지 않고 아이들을 바라보았다. 아이들을 보내면 교실에서 수업 준비와 업무에 몰두했다. 집에 돌아가서는 체력 관리에 신경 썼다. 식사를 잘 챙겨 먹고, 운동하고, 일기를 쓰고, 명상 유튜브를 보며 에너지를 잘 유지해야 한다고 다그쳤다. "일상에서도 잘 있어야 교실에서 더 힘있게 서 있지."라는 일종의 강박. 지금까지 해 온 대로 무사히 마무리하고 싶었다. 하지만 그러는 동안 작은 상처들은 더 부지런하게 내 마음 곳곳에 쌓였나 보다. 나도 모르는 사이

몸에 힘이 빠짝 들어갔다.

따지고 보면 사소했다. 아침에 오자마자 시간표에 붙여진 국어, 수학, 사회 등 주지 과목만 보면 크게 한숨 쉬는 일부 아이들, 전날 열심히 준비했던 수업 활동에 관해 설명도 듣지 않고 부정적으로 반응하는 고학년 특유의 모습, 쉬는 시간 복도 너머 자기들끼리 주고받는 "씨발", "아, 또 국어야. 재미없어" 같은 말. 그때마다 속상하다고 말하기도 했고, 일장 연설을 하며 지도하기도 했다. 때로는 흐린 눈으로 무시하기도 했다. "그래, 6학년이면 심드렁할 수 있지. 쟤도 힘드니까 그럴 수 있지" 측은한 마음도 들었다. 그러나 알 수 없는 분노도 올라왔다. 그럴 때마다 애써 누르며 괜찮은 척했다.

2학기, 학생들에게 교원 평가에 관해 안내하고 있었다.

"교권 나락 갔다던데."

내 설명이 끝나자 한 아이가 말했다. 순간 교실은 조용해졌다. 나는 그런 말을 하는 이유를 되물으며 그 말이 더이상 퍼지지 않도록, 별일 아니라는 듯 돌아섰다. 하지만 확인 사살을 당한 기분이었다. 솔직히 마음속으로 아이가 했던 말에 동의하고 있었다.

현장의 분위기는 거스를 수 없는 거대한 흐름 같았다. 그러자 할 수 없는 것만 보였다. 교실 안의 아이들도 무언가에 지치고 눌려있었다. 중학교를 넘어 고등학교 수학까지 선행학습을 하고, 쉬는 시간에도 영어 단어를 외우며 학원 숙제를 하는 모습. 자극적인 영상을 접하는 시기가 빨라지면서 주의집중이 점점 힘들어진 아이들. 교실 밖을 넘어서도 내가 할 수 있는 게 많지 않았다. 사고가 나서 민원이 생기면 안 되니까. 우리 반만 괜한 유난 떨면 안 되니까. 내가 할 수 없는 것이 자꾸만 내 다리를 잡고 끌어내리는 것 같았다. 그렇게 나는 연극치료 선생님에게 오랜만에 문자를 보냈다.

할 수 없는 것 / 할 수 있는 것 / 그리고 내가 해낸 것

'할 수 없는 것'을 생각하는 것만으로도 그 힘에 눌려 압도되었다. 이윽고 "혹시 한 해 농사를 잘못 지은 게 아닌가?"란 생각이 들었다. 도대체 무엇이 쌓였길래 지쳤을까? 내가 유독 민감하게 반응했던 말과 행동을 떠올렸다. 그리고 인정했다. "나는 관대하지 않다. 작은 말에 상처받고 뒤끝도 길~다."고.

그럼 내가 할 수 있는 건 없을까? '할 수 있는 것'을 찾기 전에 '내가 해낸 것'을 하나씩 적어보았다.

아이들과 함께했던 매시간의 수업과 활동, 교실에서 일어났던 사고들을 수습했던 경험, 여자아이들의 미묘한 관계를 지도한 일, 친구의 물건을 몰래 가져갔던 학생을 지도했던 경험, 화가 나면 주먹이 나가던 아이를 지도했던 일, 아이들이 상처받지 않도록 애쓰고 배려했던 말과 행동….

그랬다. 분명 아이들과 함께 즐겁고 빛나던 순간도 많았다 (문제 행동에 아무리 말해도 같은 행동을 반복하기도 했지만). 짧지만 서로 이해하고 수긍하는 순간도 있었다. 나 역시 그간의 경험으로 "방금 지도했는데 왜 또 저러나?" 대신 "5분이라도 듣는 척을 하는 게 어디인가?!"라고 생각하는 경지에도 이르렀다. 교실에서 내가 나누고 싶은 가치(존중, 도전, 감사 등)를 가르칠 수 있었고, 하고 싶은 활동도 펼칠 수 있었다. 그렇게 정말 사소하지만 내가 '할 수 있는 것'도 분명히 있었다.

오랜만에 만난 동료에게도 나의 고민을 꺼냈다.

"휴직하면 뭐 하고 싶어?"
"글을 쓰고 싶어. 몸도 자유롭게 쓰고 연극도 해보고 싶어."

동료의 물음에 하고 싶은 걸 술술 쏟아내는 자신이 새삼스러웠다. 쉬고 돌아온다 해도 불안하지 않을 것 같았다. 다시 돌아올 때의 두려움보다 쉽게 주어지지 않을 휴직 1년을 잘 보내고 싶었다. 내 말이 끝나자, "지금 말할 때 눈이 반짝여. 휴직해."라는 응원이 돌아왔다. 그 말에 힘을 얻고 결정할 수 있었다. 그렇게 나는 휴직계를 제출했다.

휴직을 결정하고 졸업식까지 남은 시간 동안, 내 감정에 조금 더 솔직해지기로 했다. 실수도 잦지만 그래서 더 인간적인 내 모습도 사랑스럽게 바라보려고 했다. 교실에서 좀 더 편안하게 서 있으려 했다. 물론 연극치료 선생님을 만난 후에도 크고 작은 사건은 일어났다. 사태를 진압해야 할 때는 방패와 갑옷으로 아이들과 나를 지켰다. 가끔은 내 마음을 보여주고 농담도 주고받았다. 그렇게 아이들과 나는 가까워졌다가 또 멀어지며 한 해를 마무리했다.

교사인 나 – 자연인 나

다시 내 눈앞에 놓인 '교사인 나'와 '자연인 나'를 바라본다.

문득 '교사인 나'와 '자연인 나'가 그리 다르지 않다는 생각이 들었다. 나를 '교사'와 '자연인'으로만 설명할 수도 없을 것이다. 기계처럼 온앤오프가 되지 않는 게 자연스러운 거지. 가르치는 나, 공부하는 나, 글을 쓰는 나, 연극 배역을 맡은 나, 수다 떠는 나, 운동하는 나, 요리하는 나…. 수많은 내 모습이 함께 있다. 이제 편안한 얼굴로 온전하게 서 있는 '교사인 나'. 그리고 그 손을 마주 잡고 언제든 날아갈 준비가 되어있는 '자연인 나'를 꿈꿔 본다.

03

'자연인 나'를
찾으러 간 시간

신규로 현장에 던져졌을 때, 그리고 오랜만에 두 번째 담임이 되었을 때 나는 교실의 일로 힘들었다. 그 당시 내가 할 수 있던 건 그저 하루하루 버티는 것밖에 없었다. 맡겨진 한 해를 어떻게든 매듭을 지어야겠다고 연극치료도 받고 정신건강의학과도 다녀보았다. 정작 그때는 휴직을 생각하지 않았다. 병가나 연가에 대해 알지 못했고 학기 중에 쓰는 엄두도 못 냈다. 휴직 역시 두려웠다. 그 사유가 학생, 학부모, 관리자, 동료 등 학교 안의 일들만 이유라면 다시 학교로 돌아올 때가 걱정되기도 했다. 그때의 나에게 휴직은 도망치는 것으로 생각되었다. 휴직에 대해, 스스로 시간을 선물하는 거라고 의미를 부여하기까지 내게는 10년의 세월이 필요했던 것 같다.

1년이라는 '자유시간'이 주어진다면

　어린 시절 나는 피아노학원보다 미술학원을 더 좋아했다. 미술학원은 빼먹지 않았지만, 피아노학원에선 땡땡이를 치곤 했다. 같은 곡을 몇 번이고 반복하는 게 싫었는지 치는 시늉만 하고 포도알을 몰래 칠하기도 했다. 피아노 연습과 달리 그림은 바로 결과가 나오는 듯 보였다. 당시 미술학원에서는 그날 무엇을 그릴 거라는 월간안내문을 주었다. 간혹 '자유화'라고만 적혀있을 때가 있었다. 주말에 가족과 갔던 곳, 가을 풍경 같은 정해진 주제가 아니라 무엇이든 그려도 되는 '자유화' 시간. 어린 나에게는 이 시간이 더 막막했다. 내가 스스로 주제를 찾기보다는 누가 정해주길 원했던 것 같다.

　몇 년 전부터 교사 커뮤니티에 '탈출은 지능 순'이라는 글이 자주 올라왔다. 실제로 많은 교사가 이직을 준비하거나 고민했다. 건너건너 학교의 누가 전문직, 자격증, 수능 시험을 다시 본다는 소식도 심심치 않게 들렸다. 나도 다시 각 잡고 공부해서 다른 길을 생각해야 하나? 근데 합격이 끝이 아닐 것이다. 나름 임용고사도 치열하게 준비해 교직에 들어왔다. 하지만 현장은 내 생각과 달랐다. 대학원도 가보니 나와 맞지 않았다. 교직에 조금 적응했다 싶었는데 현장 분위기는 10년 전과 너무 달라졌다.

　이제 내게 자유시간이 주어진다면 글을 쓰고 싶었다. 학교 밖에서는 내가 좋아하는 일, 늘 재밌을 수는 없지만 끈질기게 몰두할 수 있는 일에 에너지를 써보자고 다짐했다. 나에게는 그게 글쓰기였다. 매일 일기를 썼다. 하루 중 가장 행복한 순간이었다. 교사 커뮤니티에 신규교사를 위한 글을 한 편 써볼 기회가 있었다. 교직에 적응하며 느꼈던 감정을 한 편의 글로 완성해 본 작은 경험이 씨앗이 되었다. 혼자만의 끄적임이 아닌, 독자를 고려해 내 경험을 더 묶어보고 싶었다.

졸업식을 끝으로 아이들을 떠나보내고 곧장 에세이 교실에 등록했다. 1월에 시작한 강좌를 시작으로 글을 잘 쓰고 싶다는 열망을 따라 여러 프로그램을 경험했다. 웬걸, 학교와 잠시 떨어져 지내면서 어느 순간부터 교실보다 일상의 이야기를 썼다. 한편으로는 잊고 있었던 나를 다시 찾는 기분이었다.

'이거 재밌어 보인다.' 싶으면 따라갔다. 누군가의 말에서, 우연히 본 책이나 영상에서 힌트를 얻어 끌리는 대로 움직였다. '산림치유 프로그램'에 갔다가 맨발 걷기 열풍에 동참했다. '국악 연수'에서 단소를 불고 장구를 치며 완벽하지 않아도 자기 소리를 내며 어울리는 법을 배웠다. 뮤지컬 수업에 참여하며 사람들 앞에서 노래하고 춤도 춰 보았다. 이러한 과정을 통해 용기를 얻고 더 나아가 참여자인 동시에 치유자가 된 '연극치료 워크숍'을 경험했다.

틈틈이 본가로 내려가 다 큰 딸내미로서 부모님과 시간을 더 보내려고 했다. 템플스테이를 갔다가 만난 외국인 친구도 생겼다. 계획하지 않아서 더 반짝이고 감사한 시간이 쌓여갔다. 무엇보다 '소설 쓰기'라는 새로운 세계에 빠져 지금도 여전히 몸을 맡기고 있다.

경계인으로 만난 사람들

　카톡 친구 목록의 대부분은 교사다. 교대를 졸업하자마자 현장에 왔고, 그간의 취미는 교사 연수에 가는 거였으니까. 소개팅이나 코로나 이전 잠깐 활동했던 동호회에서 다른 직종과 이야기할 기회가 있긴 했지만 이마저도 거의 일회성이었다.

　교사는 모두가 간접경험을 해본 직업이다. 막상 내가 교사가 되고 보니 이 직업을 바라보는 외부의 시선이 불편했다. "선생님이실 줄 알았어요.", "선생님 같아 보이네요."라는 반응도 싫었다. 그래서였을까? 불특정다수 모임이나 미용실에서도 가능한 한 내가 하는 일을 숨기려고 했다. 발령을 받기 전 나도 외부자로 학교와 교직을 바라보았다. 타인의 시선이 불편했던 건 나 역시 다르지 않았기 때문이다. 학생도 교생도 아닌 교사라는 직업인으로서 보고 나서야 내부의 사정을 경험했다.

　휴직 기간에 스스로를 '경계인'이라고 칭했다. 다른 분야의 사람도 많이 만났다. 그들도 내가 외부에서만 보고 판단했던 이미지와 달랐다. 마라톤의 매력에 빠진 IT 개발자, 자신의 콘텐츠를 확장 중인 프리랜서, 이직을 준비하는 전문직 종사자 등 모두 나름의 어려움과 즐거움이 있었다. 그들 역시 빠르게 변하는 세상에서 자신의 진로를 고민하고 있었다. 만나는 횟수가 많아지고 얘기를 진득하게 나누면서 서로가 궁금해졌다. 더이상 직함이 아닌 개개인의 사정에 더 귀 기울였다. 덕분에 선생님이라는 내 직업을 잠깐 한 발짝 떨어져서 돌아볼 수 있었다.

초등교사라고 밝히면 나오는 다양한 반응에도 '그럴 수도 있겠다'라고 조금 가볍게 넘길 수 있었다. 간혹 "라떼는 교사가 이렇게 저렇게 때렸다, 요즘 애들도 체벌해야 해." 말을 들을 땐 그 자리를 떠나고 싶었지만, 이제 직업이 교사이며, 한 해 쉬는 중이고, 글쓰기에 집중하고 있는 내 모습을 굳이 감추고 싶지 않다. 이런 작은 나만의 변화를 볼 때면 스스로 좀 기특하달까? 슬며시 미소를 짓게 된다.

뜨겁고 비도 많이 왔던 지난여름, 같은 마음으로 동료들과 아스팔트 위에 있었다. "방학이 있잖아, 어린애 보는 게 뭐가 힘들다고."라고 말했던 부모님과 친척들이 이제는 걱정을 먼저 해준다. 일터에서 일어나는 비극을 연달아 접하면서 마음이 자꾸만 가라앉았다. 이런 와중에 쉬고 있으니까, 떨어져 있으니까 미안했다. 말을 걸기도 조심스러웠다.

"과도한 미안함이에요." 내 이야기를 듣던 의사 선생님이 말했다. 그 말에 뻗어 나갔던 생각을 멈추고, 여러 감정 중 '왜 억울한 마음이 올라왔는지' 더 들여다볼 수 있었다. 한 편으로는 집회에서 동료들의 힘을 느꼈다. 그 자리에 있어서, 출석 도장이지만 할 수 있는 게 있어서 다행이란 생각도 들었다.

쉬고 싶은 사람을 위해

휴직한다고 아무 일이 없는 건 아니었다. 나름의 요동이 있었다. 주제를 자유롭게 골라 그리는 게 막막했던 시절처럼, 휴직 초기엔 마음껏 쉬기도 어려웠다. 늦게 시작되는 아침도 어색했다 (돌아갈 입장에서 참 그리워지는 과거다). 아무것도 안 하는 시간이 익숙하지 않았고 불안했다. 때로는 이것저것 너무 많은 일을 벌여서 탈이 나기도 했다. 내 돈 주고 스트레스를 받고 몸도 아팠다. 아무것도 하기 싫어서 늘어져 누워있던 날 역시 많았다. 그렇게 질릴 정도로 안 하니 다시 일어나는 힘이 생기기도 했다. '적당히', '삶의 균형', '완급조절' 같은 단어를 몸으로 부딪치며 알아갔다.

처음엔 글쓰기에도 1년 안에 무언가 성과를 내고 싶다는 욕심이 생겼다. 그런데 좋은 글을 많이 읽을수록, 쓰면 쓸수록, 쓰는 게 더 신중해지고 어려워졌다. 돌아보니 이 모든 게 필요한 과정이라는 생각이 든다. 지금은 일터에 돌아가도 매일 조금씩 써야겠다고 다짐한다. 미래형 다짐이다. '꾸준히 하기'가 가장 어렵다는 거 안다. 하지만 1년 안에 끝장을 봐야 한다는 조바심을 내려놓자, 주어진 시간을 조금 편안하게 보낼 수 있었다.

알다시피 휴직이 모든 것을 해결해 주는 것도 행복을 보장하는 것도 아니다. 그러나 담임으로 있을 때만큼 매 순간 신경을 곤두세우지 않아도 되었다. 학교 안의 다양한 진동과도 잠시 떨어질 수 있었다. 그래서 감사하게도 힘을 조금 빼고 일상을 보낼 수 있었다.

무엇을 할지 스스로 주제를 정하는 것은 여전히 쉽지 않다. 그런데 막상 정하지 않고 여기저기 기웃대며 살아보니 새롭고 재밌었다. 이제 나는 같은 곡을 여러 번 연주하는 것처럼 꾸준히 무언가를 진득하게 하길 원한다. 엄마의 말을 빌리면 피아노를 그렇게 치기 싫었는지 여섯 살에 새치가 났다고 한다. 좋아한다고 외치는 글을 쓰면서도 흰머리(나이 탓이 더 크겠지만)가 하나둘 늘어났다. 그래도 쉬면서 알게 된 나만의 즐거움을 돌아가서도 계속 가져가고 싶다 (염색은 주기적으로 하면 되니까!).

'꼭 무언가를 이루지 않아도, 매듭을 짓지 않아도 괜찮다. 좋은 경험을 했던 시간으로 남겨보자.'라며 휴직 초기 나에게 했던 말은 도움이 되었다. 성장이라는 단어에는 싹이 트고 줄기가 자라나는 것만이 아니라 내 땅을 공고하게 다질 수 있는 시간도 함께 있다고 믿는다.

04

에세이를 쓰며 마주했던 '교사인 나'

독자를 위한 글을 쓰고 싶었다. 혼잣말이던 일기를 넘어서 누군가에게도 보여주고 싶었다. 에세이 강좌를 신청한 건 그 때문이었다. 매주 A4 한 장을 써야 하는 과제가 있었다. 목요일 저녁이었던 마감까지 주어진 주제에 대해 고민했다. 자연스럽게 내 경험을 들춰보았다. 당연히 그동안 내 몸에 철썩 붙어있었던, 한때는 머릿속을 온통 차지했던 교사로의 내 모습을 제일 먼저 끄집어냈다.

나를 지키는 작은 행동

오랜만에 두 번째 담임을 맡았을 때였다. 신규로 담임을 맡고 힘들었다. 둘째 해는 교과전담을 맡게 되면서 교직에서 처음 보람을 느꼈다.

내 수업에 반짝거리는 눈빛으로 봐주는 아이들을 보며 들뜨고 고마웠다. 이후 갑작스러운 사고로 수술해야 했고, 자의와 타의로 교과전담을 길게 맡았다. 담임에 대한 갈증이 커졌다. 담임을 맡아서 잘할 수 있다는 걸 증명하고 싶었다. 그동안 많은 연수에 참여해서 여러 기술도 배웠겠다, 첫해보다는 잘하고 싶었다. 하지만 쉽지 않았다. 매일 터지는 크고 작은 아이들 간의 다툼, 학부모의 전화, 익숙하지 않은 업무⋯. 무엇보다 내가 봐도 학년에서 우리 반이 제일 시끄러운 것 같았다. 간혹 학년 행사로 반별로 줄을 설 때면, 우리 반만 삐뚤빼뚤하고 소란스러워 보였다. 나와 우리 반을 바라보는 동료와 관리자의 눈길에도 괜히 위축되었다. "고생이 많아." 같은 스치는 걱정이나 위로의 말도 듣고 싶지 않았다. 정확히는 그 말을 그대로 받아들일 여유가 없었다.

"자기는 지금 수업 신경 쓸 때가 아니지 않아?"

학년 부장님과 내일 할 수업에 관해 이야기하는데 함께 있던 동학년 선배 한 분이 내게 말했다. 그럼 나는 뭐에 신경을 써야 한다는 말인가? 선배의 물음 속 행간이 짐작이 갔다. 수업을 연구하기 전에 교실 분위기가 잡혀야 한다는 말이 생략된 것이었겠지. 좀 더 세게 말하면 애들 관리부터 하라는 말이구나. 순간 지금 내가 수업에 대해 고민하는 것이 쓸데없는 짓처럼 보이나 싶었다. 나는 얼굴이 달아올랐다.

선배가 나에게 상처를 줄 의도는 없었을 것이다. 걱정했던 마음으로 해준 조언이거나 별 뜻 없이 나온 말이었을지도 모른다. 하지만 의중이 어떻든 간에 그 자리에서 나는 상처를 받았다. 그리고 '그 말은 저에겐 상처예요.'라고 전할 수도 없었다. 대신 곱씹으면서 상처를 더 키워나갔다. 실은 선배의 말 이전에 내가 나를 겨냥하며 끊임없이 공격하고 있었다. '왜 그때 그 방법을 썼을까? 내가 안 그랬어야 했는데…, 나는 왜 이럴까? 우리 반은 왜 이럴까?'라며 스스로를 무능하다며 호되게 몰아세웠다.

문득 내가 먼저 빌미를 제공했을 수 있겠다는 생각이 들었다. 오래 방치된 음식처럼 나를 돌보지 않았던 것은 아닐까? 누가 뭐라 하든 나는 내 편이었어야 했는데…. 열심히 해보려던 나를 내가 먼저 초라하게 바라봤던 것 같아 미안했다.

당시 한 달에 한 번 만났던 연극치료 선생님에게 "나를 지키고 싶어요."라고 말했다. 연극치료 선생님은 지금까지 나를 위해 했던 행동 중 다섯 가지만 종이에 적어보라고 했다. 떠올리기만 했을 뿐인데 미소가 번졌다. 하나씩 정지 동작으로 표현하고 사진을 남겼다. 그날 작업을 마치며 연극 선생님은 일상에서 하는 모든 행동도 나를 위하는 것이라고 덧붙였다. 두 번째 행동으로 적었던 공연 보기, 야구장 가기, 여행 같은 특별한 이벤트가 아니더라도 말이다. 매일 내가 먹는 그릇을 설거지하고 이부자리를 정돈하고 집을 청소하는 것도 나를 위하는 행동이었다. 나를 지킨다는 건 그렇게 자신을 소중히 여기는 작은 습관이 모이는 거였다.

그날의 작업 한 번이 나를 다른 사람으로 바꿔주진 않았다. 방전된 나를 급속 충전하려면 때때로 특별한 날이나 장소 같은 비싼 약도 필요했다. 하지만 보통의 일상에서 작은 약속도 쌓여갔다. 배달 음식을 줄이고 음식을 해 먹기 시작했다. 일터와 일상은 의식적으로 분리하려 했다. 학교에서의 일을 집에 가져오지 않도록 일부러 USB는 책상 위에 두고 퇴근했다.

상처받지 않고 살 수는 없다. 상대가 의도했건 안 했건 받기도 했고, 나 역시 누군가에게 무수히 주었을 것이다. 그리고 유독 크게 느껴질 때도 있다. 하지만 스스로 생채기를 내면서 덧내지 않으려고 한다. 받고 싶지 않은 위로에는 속으로 '그냥 신경 꺼 주세요.'라고 말하기로 했다. 사람들을 대할 때도 내 기분과 욕구부터 들여다보려고 했다. 그때그때 표현하려고 했다. 필요하다면 경계도 세웠다. "그 말이 무슨 뜻인가요?"라고.

그렇다고 나만 괜찮으면 된다는 건 아니다. 나를 소중하게 여기면 다른 이도 소중하게 바라볼 수 있다고 생각한다. 내가 했던 성취만이 아니라 좌절과 실패에도 좀 더 너그럽게 봐주는 것, 필요하다면 애틋하게 바라봐주는 것. 그렇게 나를 지키는 건 작은 행동부터 시작이라는 걸 겪어보고 나서야 이해할 수 있었다.

완벽하지 않아도 괜찮아

한희정의 노래 〈우리 처음 만난 날〉은 '수많은 바람은 그저 우리를 멀어지게 할 뿐인걸'이라는 가사로 시작된다. 새 학기 아이들은 담임 선생님이 어떨지를 추측하며 기대와 두려움을 안고 교실에 들어선다. 교사인 나도 '올해 만날 아이들은 어떨까?', '어떻게 한 해를 잘 보낼까?'를 생각하며 첫 만남을 준비한다. 처음 만난 연인처럼 교사와 학생 간에도 서로 바라는 것이 많을 것이다.

기대가 너무 크면 더 쉽게 부서지고 갈등이 생긴다. 그러니 애초에 기대하지도 받지도 말라는 의미였을까? 이미 상처받았던 선배들이 후배들을 걱정하는 마음에서 전해진 건 아니었을까? 교직에는 심심치 않게 '처음 만날 때 아이들 앞에서 웃지 마라.', '3월에는 잡다가 서서히 풀어줘야 한다.'라는 경고가 전해졌다.

안타깝게도 주변에서 표정을 못 숨긴다, 순하게 생겼다는 말을 많이 들었다. 아이들은 어른보다 더 본능적으로 교사의 첫인상을 간파했다. 첫해 선생님으로 섰던 나는 거의 매일 쌍욕을 듣고, 아이들의 싸움을 목격했다. 그저 하루하루가 지나가기를 버티었다. 2학기 말이었나? 같은 학교의 한 선배가 다음번에는 스모키 화장도 하고 세 보이게 옷을 입으라며 애정 섞인 조언을 했다. 그러나 그게 안 된다는 걸 스스로 알고 있었다. 마치 시트콤 〈하이킥! 짧은 다리의 역습〉에서 박하선 배우가 가죽 재킷을 입고 아이라이너를 진하게 치켜올린 채, 복식호흡으로 학생들에게 '야야야!'를 외치는 모습. 그 모습은 내게도 어울리지 않는 옷이었다.

　나만의 방법을 찾아야 했다. 키가 크거나 근육이 많아서 비주얼로 압도하는 게 아니라면, 카리스마(스스로 없다고 생각했다)가 없다면 다른 걸 찾아야 했다. 살아보려고 여러 연수를 쫓아다녔다. 연수에서 만난 선생님과 선배들도 첫 만남을 강조했다. 새 학기가 시작되고 2주 안에 모든 것이 결정된다고 말했다. 이후 나 역시 '첫 만남 프로젝트'*에 심혈을 기울였다. 2주 동안 무엇을 할지 빼곡하게 계획했다. 자연스럽게 말하려고 대본을 썼고 몇 번이고 시뮬레이션했다. 이렇게 하면 학급의 문제가 발생하기 전에 미리 예방할 수 있다고 생각했다.

　한창 첫 만남 프로젝트를 진행했던 3월의 수요일 5교시였다. 아이들끼리 친해질 수 있도록 '원놀이'를 준비했다. 본격적인 놀이를 하기 전에 준비 놀이였던 '도미노 박수'를 안내했다. 교사 먼저 박수를 한 번 치고 다음 사람에게 전달한다. 전달받은 방향으로 한 번씩 박수를 이어 나간다. 끊김이 없이 도미노처럼 이어져서 한 바퀴를 돌면 성공이었다. 중간에 실수하는 친구가 있으면 "괜찮아."라고 말하기로 약속했다. 몇 번의 실패가 있었다. 여러 차례 시도한 끝에 비로소 한 바퀴가 돌았다. 마침내 성공하자, 아이들이 크게 손뼉 치며 환호했다. 그러고는 한목소리로 한 번 더 하자고 했다. 원래 '도미노 박수'는 한두 번 하고 끝내려고 했던 연습 놀이였다. 우리는 '도미노 박수'를 꽤 오랫동안 계속했다.

---

* 정유진 선생님이 운영하는 사람과 교육 연구소-〈행복교실〉의 첫 만남 프로젝트 프로그램,
  인디스쿨 신규교사를 위한 자율연수, 허승환 선생님의 책 〈황금의 2주일을 잡아라〉 등에서 소개받은
  3월 첫 2주의 프로그램들

그런데 그날 아이들을 보내고 나니 깜빡 잊고 못 나눠준 가정통신문이 눈에 들어왔다. 완벽한 하루였다고 들떴던 기분은 갑자기 바닥으로 가라앉았다. '다른 반은 전달했을 텐데… 우리 반만 못 받아서 어떡하지? 학부모가 따지면 어떡하지?' 걱정에 휩싸여서 잠이 오질 않았다. 그때의 나는 그날의 기쁨보다 가정통신문을 깜박한 게 더 크게 느껴졌다.

2주라는 허니문 기간이 채 끝나기도 전의 교실에서 크고 작은 사건이 연이어 터졌다. 검증된 예방주사를 잘 놓으면 문제가 생기지 않을 것이라는 내 생각에도 금이 갔다. '이렇게까지 공부하고, 준비하고, 실행했는데 문제가 터진다고?!' 당황스러웠다. 아이들에게도 괜히 화가 났다. 3월이 끝나갈 무렵, 이대로 안 되겠다 싶었다. 왜 내 마음과 의지와 열정과 다르게 문제가 계속 생기지? 내가 뭘 잘못한 건가? 책을 다시 찾아보기도 했고, 친한 동료들에게 도움도 요청했다. 그러다 이 말을 하고 싶었다.

"애들아, 선생님도 완벽하지 않아."

수업 중에 아무 맥락 없이 말했다. 그러자 그 순간 좀 가벼워졌다. '교사라면 이렇게 해야 해!', '아이들 앞에서 실수하면 안 돼!' 그동안 나를 압박하고 있었다. 완벽하지 않다고 말하니 숨구멍 하나 트인 느낌이었다.

교실에서 갈등은 기본값이고 자연스러운 것이었다. 내가 첫 만남 프로젝트를 완벽하게 못 해서도 아니고, 아이들이 집중을 안 해서도 아니었다. 예방주사를 맞아도 감기에 걸리는 것처럼 아무리 좋은 프로그램을 전달해도 다양한 욕구가 만나는 교실에서 갈등은 언제든 생길 수 있다. 이후의 나는 '천천히 하나씩 하자.'를 다짐하며 첫 만남을 준비한다. 일어나지 않은 갈등에 미리 불안해하며 에너지를 쏟기보다 아침에 일어나 이불을 개는 것처럼 지금 이 자리에서 할 수 있는 것에 집중해보자고 마음을 먹었다.

서로를 제대로 알지 못하고 타인을 판별했던 수많은 바람은 사이를 멀어지게 할 뿐이었다. 선생님인 나도 아이들도 실수할 수 있다고 생각하자 교실의 상황을 조금 너그럽게 바라볼 수 있었다. 우리는 서로 완벽하지 않기에 기대기도 하고 때론 위로가 되어준다. 그랬을 때 "우리는 낯설게 느껴지는 비밀들을 밀어냈어."로 이어지는 다음 가사처럼 '더 깊은 관계로 나아가지 않을까?'란 생각이 든다.

'도미노 박수'를 해내고 아이들이 환호하던 모습은 몇 년이 지난 지금도 선명하다. 우리는 누군가 실수해도 괜찮다고 말해주기로 했다. 고맙게도 그때의 아이들은 "괜찮아!"라고 말하며 기다렸다. 그래서 서로에게 기억될 짜릿한 순간을 얻었다. 교실에서 드물게 찾아오는 찰나의 기쁨이다. 사실 한동안 이 기분을 느껴보려고 수업 활동에 열과 성을 쏟으며 내달리기도 했다. 하지만 그것만이 또 답은 아닌 것 같다. 이제는 누군가 실수를 하더라도 괜찮다며 기다려주던 마음을 더 품고 싶다.

단점을 홱 뒤집으니 장점으로

'보드게임 FLIP(플립)'을 접한 것도 두 번째 담임을 맡았던 그해였다. 오랜만에 이전 학교에서 동학년이었던 동료들을 만났다. 내가 다른 지역에서 파견근무를 했을 때 만났던 동료들이다. 우리 넷은 나이대도 성향도 비슷했다. 서서히 친해졌던 우리는 각자 지역을 옮기고 난 후에도 종종 만났을 정도로 끈끈해졌다. 내 눈에 비친 그들은 학급경영을 잘하고 있었다. 그날 내 고민을 털어놓았다. 동시에 동료들에게서 어떤 해결책을 받기를 바랐다. 마침 그날 동료 중 한 명이 함께 하면 재밌을 거 같다며 '보드게임 FLIP'을 가져왔다.

총 50장의 카드로 구성된 '보드게임 FLIP'은 심리테스트처럼 활용할 수 있다. 개인의 성격을 5개 유형의 커피(에스프레소 / 카푸치노 / 아이스커피 / 마키아토 / 디카페인)로 비유해서 구분한다. 영어사전에 FLIP을 치면 "홱 뒤집는다"라는 뜻이 나온다. 내 성격을 나타내는 카드를 홱 뒤집으면, 같은 내용인데 긍정적으로 표현한 문장이 나왔다.

'자신감이 부족하다' 뒷장에는 '겸손하다'고 쓰여 있었다. 상대의 눈치를 많이 보는 단점에는 '예의 바르게 행동한다'는 장점이 보였다. '차분하게 결정하지 못해요' 뒷면에는 '기발한 생각을 잘해요'라는 장점이 있었다.

한 장의 카드에 장단점이 함께 있었다. 어느 문장에 힘을 실어줄지는 내 선택에 달려있었다. 오랫동안 가지지 못한 걸 동경했다. 내가 가진 모습의 어느 쪽을 볼지는 나의 선택에 달렸을 것이다. '요즘 안 좋은 면만 보고 있었구나.'를 새삼 느꼈던 순간이었다. 이후 내가 가진 장점을 더 소중하게 보려고 했다.

"너무 자책하지 마."
"언니가 아이들에게 이것만은 용납하지 않는 것을 생각해봐. 그것에 대해서만은 원칙을 지켜나가면, 조금 더 안정될 수 있을 거야."
"누군가 예의 없이 말하면, 나도 존중하지 않겠다고 이야기해. 내가 존중하는 만큼, 존중받길 원한다고 이야기할 것 같아."

그날 만났던 동료들은 내 이야기를 듣고, 같이 고민해주고 조언했다.
교실이 조금 나아졌냐고 묻는다면 그건 아니었다. 두 번째 담임을 맡았던 그해 내내 고민했고 주변에 도움을 요청했다. 당시 정신건강의학과에서 일주일에 한 번씩 상담을 받았다. 의사 선생님은 필요한 시행착오를 겪는 걸 거라고 내게 말했다. 그 말이 그때는 참 야속했다. 몇 년이 지난 지금, 지난 과거이기에 미화된 거 아니냐고 생각할 수도 있다. 하지만 내 모습처럼 주어진 상황을 볼 때도 마찬가지인 것 같다. 이제는 두 번째 담임을 맡았던 그 시간은 지나올 가치가 있었고 헛되지 않았다고 말하고 싶다. 힘들 때 자기 일처럼 진심으로 도와주었던 동료들에게도 고맙다.

05

에세이를 쓰면서 마주한 '자연인 나'

독자가 이해하도록 쓰려면 과거의 상황에 나를 다시 데려가야 했다. 잊고 싶었던 일을 떠올리는 게 즐겁지는 않았다. 그럼에도 '쓴다'는 것이 놀라웠다. 마음과 생각이 좀 더 명확해졌다. 당시에는 내 상처, 내 마음만 보였다면 조금씩 주변의 마음도 되짚어보게 되었다.

내가 그동안 민감하게 생각했던 걸 조금씩 알아차릴 수 있었다. 에세이 수업 마지막 과제에서 내 삶의 큰 주제 중 하나가 외할머니였다는 것도 발견했다. 지금은 돌아가셨지만, 어릴 적부터 나는 할머니와 한방에서 함께 살았다. 할머니는 과거에 중학교 무용 교사셨다. 자기는 아무것도 안 하면서 남을 시키기만 하는 할머니가 싫었다. 어린 나는 '선생님은 안 될 거야.'라고 다짐했다. 혹여나 교대에 가라고 할까 봐 고등학교에서는 일부러 이과를 선택했다. 그러나 원하던 학교에 가지 못하고 갑자기 집안 사정이 어려워지면서 교대에 왔다.

몇 년 전에도 할머니에 대해 쓴 적이 있다. 그때보다 지금 써본 할머니에 관한 글이 더 가벼워진 것 같아 좋았다. 이제는 할머니의 삶도 좀더 이해해 보고 싶었다. 오랫동안 할머니를 미워했다. 그 미워하는 마음때문에 괴로웠고 죄책감을 느꼈다. 그래서였을까? 교사가 된 나는 아이들이 혹여나 상처받지 않을지 과하게 민감했다. 때로 아이가 미워질 땐지나치게 자책했다.

미워하는 마음

"솔직히 미워요. 그 마음 때문에 힘들었어요. 준혁이를 보면 첫해 제자였
던 동욱이가 떠올라요."

준혁이는 두 번째 담임으로 만났던 제자였다. 준혁이가 또 때렸다고했다. 허공에 손을 휘두르면서 위협을 가했다고 했다. 들어오시는 교과선생님마다 매번 준혁이 얘기를 했다. 준혁이만 없으면 우리 반이 평화로울 것 같다는 생각이 들었다. 내심 아이가 미웠다. 아무리 지도해도바뀌지 않는 준혁이를 볼 때마다 원망이 들었다. 동시에 첫해 동욱이가자꾸 생각났다. 그때처럼 또 교실이 무너지면 어떡하나 두려웠다.

첫해 만났던 동욱이는 운동도 잘하고 똑똑한 학생이었다. 아이들이동욱이를 잘 따라서 임원도 맡고 있었다. 학기 초부터 몇몇 아이들의 입에서 동욱이가 괴롭혔다는 얘기가 들렸다. 동욱이를 불러 말하면 장난

이었다고 했다. 아이는 그때마다 사과했다. 그래서 대수롭지 않다고 생각했다. 솔직히 동욱이에 대한 내 믿음은 줄어갔다. 아이 역시 이런 내 마음을 눈치챘을 것이다.

　동욱이와 나의 싸움은 1년 내내 지속되었다. 아이의 행동을 저지하려고 하면 동욱이는 책상을 발로 차거나 욕을 했다. 동욱이가 문제 행동을 할 때마다 나는 얼어붙었다. 어떻게 해야 할지 몰랐다. 지금 뭐 하는 거냐고 소리를 지르고 화도 내봤다. 돌아서면 마음이 더 불편했다. 그 순간 나를 바라보는 다른 학생들 시선도 의식되었다. 어느 시점부터는 다른 아이들이 내 말보다 동욱이 말을 더 듣는 것 같았다. 무력한 내 모습을 원망하지 않을까? 지켜주지 못한 것 같아 미안했다. 자신의 아이가 학교에 가는 걸 힘들어한다는 민원이 잦았다. 당시 초임 교사였던 나는 학부모 한 명 한 명 대하기도 어려웠다.

　여름 방학이 몇 주 안 남은 무렵이었다. 사태의 심각성을 알게 된 교장 선생님은 특별한 조처를 내렸다. 방학 전까지 학부모들이 돌아가면서 우리 반 교실 뒤에서 수업을 지켜보는 것이었다. 몇 년 전이라서 가능했을 것이다. 지금 생각해 보면 교장 선생님의 결정이 교사인 나를 위해서였는지, 아이들을 위해서였는지, 학부모를 위해서였는지, 누구를 위해서였는지 모르겠다. 당시는 그 의미를 생각할 겨를이 없었다. 그때는 지푸라기라도 잡는 심정이었다. 나 때문에 벌어진 일 같았다. 그렇게 해서 반 분위기가 좋아진다면 무엇이든 받아들일 수 있었다. 교장 선생님의 말에 나는 그저 고개를 끄덕였다. 이후 학부모들은 감시자가 되어서 혹은 조력자가 되어 나와 아이들이 있던 교실을 뒤에서 매일 지켜보았다.

그날은 동욱이 어머니가 하루 종일 뒤에 계셨다.

"한동욱, 나와!"

6교시가 끝나갈 무렵 동욱 어머니가 소리를 질렀다. 동욱이도 엄마가 왔던 그 날은 더 긴장하고 신경 썼을 것이다. 어머니 입장에는 동욱이만 보였을 것이다. 그래서 마음에 안 든 모습이 더 보였을 수도 있다. 그동안 자신의 아이에 대해 다른 학부모로부터 들었던 불만이 쌓였을지도 모른다. 동욱 어머니는 화를 내며 동욱이를 끌고 나갔다. 그 상황에서 나는 아무것도 할 수 없었다. 더이상 어떤 자책도 변명도 누구의 탓도 하고 싶지 않다.

노력하면 상황이 나아질 줄 알았다. 그동안 내가 알던 세계는 노력한만큼 결과가 좋았으니까. 하지만 달라지지 않았다. 그래서 더 좌절했다. 2학기에는 연구부장님이 부담임으로 들어와 도와주었다. 방과 후에는 매주 연극치료를 받기 시작했다 (여름 방학 때 우연히 연극치료를 다룬 TV 프로그램을 보고 센터를 검색했다). 그렇게 어찌어찌 한 해를 보냈다. 돌아보니 동욱이뿐 아니라 힘든 학생이 많았다. 죽고 싶다고 자해하던 아이, 자기 방에서 나오지 않는 아이, 욕을 입에 달고 사는 아이, 그리고 계속되던 도난 사건…. 초임인 나에게 난도가 높은 반이었다. 그해 겨울방학 교사 커뮤니티의 자율연수였던 '힐링캠프'에서 만난 선생님이 해준 말은 당시 내게 큰 위로가 되었다. 여전히 따뜻하게 남아 있다.

"선생님 탓이 아니에요. 학급 내 문제에 선생님이 기여한 것도 있겠지요. 하지만 아이, 학부모, 관리자, 동료, 학교 안과 밖의 상황 모두 연결되어 있어요."

다음 해 나는 교과 전담으로 여러 학년과 반에 들어갔다. 감사하게도 그 해 여러 아이와 행복하게 만났다. 어느 날 동욱이가 수학여행에서 동급생 친구를 괴롭혔다는 이야기를 들었다.

준혁이를 볼 때면 동욱이가 떠올랐다. 그러나 준혁이와 동욱이는 달랐다. 동욱이를 만났던 나와 준혁이를 만났던 나도 달라져 있었다.

2학기 어느 날 아이가 갑자기 귀여워 보였다. 준혁이는 꼭 다른 아이들이 알림장을 쓸 때는 뭉그적거리다가 남아서 적곤 했다. 안 쓰고 가도 나는 상관없었다. 얼른 집에 가길 바랄 뿐이지. 여느 때처럼 알림장 화면을 띄워 보여주었다.

"먼저 간다. 정준혁 나 먼저 간다."
"기다려. 같이 가."

준혁이는 친구랑 집에 가고 싶은데 그 친구가 먼저 가겠다고 장난을 치는 모양이었다. 그런 와중에 엄마에게 보여줘야 한다는 알림장 글씨는 반듯하게 써서 내게 가져왔다. 서둘러 도장을 받고 "안녕히 계세요!"를 외친 후 준혁이는 친구를 쫓아갔다. 뛰어가는 뒷모습이 왜 문득 귀여워 보였나 모르겠다. '아이구나, 쟤도 아이야.'란 생각이 들었다.

듣고 싶던 말, 하고 싶은 말

한 번은 준혁이의 행동을 상담하기 위해 학부모에게 전화했다. 갑자기 준혁이 어머니에게 애쓰신다고 말하고 싶었다. 어머니가 있어서 준혁이는 앞으로 잘될 거라고 말했다. 내 말이 끝나자, 어머니가 우셨다. 어머니처럼 나도 그 말을 듣고 싶었던 것 같다.

그해 동욱이와 같은 반이었던 다른 제자가 나를 찾아왔다. 마구 휘청이던 교실이 힘들었는지 한 번은 가위를 들고 죽고 싶다고 외쳤던 제자였다. 아이는 어느덧 키가 훌쩍 커서 고등학교 교복을 입고 있었다.

"혹시 선생님이 처음이라 서툴러서, 힘들지 않았니?"

그날 제자에게 용기를 내어 물었다. 내 말이 끝나자 아이는 고개를 숙였다. 그리고 좌우로 천천히 고개를 저었다. 제자는 내게 "많이 힘드셨죠? 감사해요."라고 답했다. 옛 제자 앞에서 나도 눈물이 나왔다. 고맙게도 듣고 싶은 말을 들었다.

"언니가 이제 첫해를 보내주라고 제자가 왔나 보네." 동료의 말을 들으며 동욱이를 보낼 수 있었다. 이제 동욱이는 어엿한 성인이 되었을 것이다. 지금은 동욱이가 잘 자랐기를 바라는 마음뿐이다.

06

나를 압도한 소설 쓰기

시작은 호기심이었다. 소설을 쓴다는 건 어떨까? 플롯이란 소설의 법칙을 알면 잘 쓸 수 있을까? 몇 년 전에도 동화 쓰기 수업을 듣고 직접 몇 편 써본 적이 있다. 당시 작가들은 주인공을 끝까지 물고 늘어져 보라고 강조했다. 나는 끝장을 보는 게, 주인공을 궁지로 몰아넣는 게 어려웠다. 플롯 강좌를 들으면 '내가 마주했던 벽을 넘을 수 있지 않을까? 내 경험을 넘어 새로운 이야기를 만들 수 있지 않을까?' 하는 막연한 기대감으로 수업에 등록했다.

처음 4주는 기성 작가들의 단편소설을 과제로 읽었다. 읽으면서 내내 놀랐다. 흥미롭고 세련되고 기발하게 잘 쓰는 작가들의 역량에 감탄했다. 수업에서 문우들과 감상평을 나누었다. 그냥 좋다는 것을 넘어 왜 좋았는지, 인물을 어떻게 세웠는지, 문장은 어떤지, 관계와 갈등의 빌드업은 어떤지 등을 말했다. 마지막으로 작가님이 중심을 잡으며 갈무리

했다. "좋은 소설은 단점도 있겠지만 그걸 압도할 만한 장점이 더 많은 것 같다."는 작가님의 말이 내내 인상적이었다.

　문제는 문우들의 합평이 시작되고부터였다. 나 역시 한 편의(한글 10포인트로 대략 A4용지 10장 분량)의 단편소설을 제출해야 했다. 작가들이야 프로 아닌가? 그런데 문우들이 쓴 작품도 너무 좋아서 읽으면서 입이 떡 벌어졌다. 분명 입문반이라고 해서 신청했던 건데… 내 차례가 다가올수록 부담이 되었다. 시작할 엄두도 안 났다. '왜 나는 경험 밖으로 더 상상이 뻗어 나가지 못하나?' 하며 머리를 쥐어짰다. '왜 내 돈 내고 스트레스를 받고 있나.'라는 씁쓸한 기분도 함께.

"망가져 보는 것도 경험이죠."

　이런 내 얼굴을 보고 마음을 읽었는지 작가님이 웃으며 말했다. 처음부터 망하려고 쓰는 사람은 없다고. 잘 망가지는 것도 중요하겠지만 그냥 망해도 괜찮다고. 이 말에 힘을 얻었다. '그래 쓰고 싶던 것 다 써보자. 제출에 의의를 두고 소설 쓰는 데 소질이 없으면 그만두자.'란 마음으로 도서관에 갔다. 실력이 없으면 앉아있기라도 해야겠다는 생각으로 궁둥이를 붙였다.

　의외로 쓰는 과정이 재밌었다. 혼자 하는 인형 놀이 같았다. 비록 납작한 종이 인형이지만. 인물을 세우라고 강조했지만, 입체적인 인물을 만드는 데에 아직 서툴고 배경도 조악했다. 그래도 주인공 이름을 붙이고 인물들이 뚝딱거리며 관계를 쌓아가는 과정을 쓰는 게 재밌었다. 도서관에 앉아 한참 타자를 두드리다가 중간중간 화장실을 갔다. 거울에 비친 얼굴에 미소가 번지는 걸 보고 이게 뭔가 싶었다.

한 편의 글을 완성하면 뿌듯했다. 특히 내겐 10쪽 분량의 긴 호흡의 글은 처음이니 더 특별했다. 마침표를 찍고도 흥분이 쉬이 가라앉지 않아 방안을 한참 서성였다. 합평 전날에는 잠이 오지 않았다. 내 글을 누군가 읽어준다는 것이 부끄럽기도 했지만 고마웠다. 글을 끝낸 후의 후련함은 그래도 익숙했다. 그런데 쓰는 과정에서 느낀 즐거움이 생소했다. 더 이어가고 싶었다. 내가 느꼈던 '이 재미와 매력은 무엇일까?'라는 마음의 가닥을 찾아보려 나아갔다. 작가와 문우들이 추천해 준 소설을 읽어보고 강좌에서 만났던 사람들과도 후속 모임을 진행하고 있다. 그리고 또 다른 소설강좌도 신청했다.

힘을 줘봐야 뺄 수도 있을 테니

두 번째 소설을 완성했다. 후속 모임에서 쓴 소설이다. 수업을 함께 듣고 더 써보고 싶은 몇몇이 모였다. 자발적으로 돌아가며 우리끼리 마감을 정했다. 이번에는 쓰는 과정이 즐겁지 않았다. 그동안 좋은 소설을 읽으면서 아는 게 생겼다. 모르니까 내 마음대로 쓰는 단계는 즐거웠다. 어설프게 알고 나니 글에 힘이 들어갔다. 자꾸 내 글 속의 단어 하나, 문장 하나마다 곱씹으며 검열했다. 넘어지는 게 두려워 온몸에 힘을 꽉 주며 아이들과 첫 만남을 준비했던 두 번째 담임 때처럼 자유롭게 나가지 못하고 힘만 바싹 들어갔다. 그 와중에 신기한 건 이렇게 골치 아프고 어려운데 잘 쓰고 싶다는 욕망이 자꾸 생기는 것이었다. 마치 벗어나기 힘든 늪에 빠진 것 같았다. 문장이든 구성이든 인물도 자꾸 통제하려고 한다는 걸 쓰면서도 느꼈다. 하지만 잘 쓰고 싶은 욕심 때문에 쉽게 힘이 빠지지 않았다. 다 완성하고 나서야, 다음번에는 조금 더 힘을 빼고 싶은 마음이 확실해졌다.

조금 가볍게, 그리고 즐겁게 하고 싶다는 마음을 따라 다른 강좌를 신청했다. 여기서는 2주에 한 번씩 모든 수강생이 짧은 분량의 과제를 무작위로 골랐다. 강사의 표현을 빌리면 랜덤 밀키트다. 바로 요리를 시작하기 어려우니 상황이나 주제가 주어진 밀키트를 뽑았다. 전에 썼던 소설은 내가 쓰고 싶은 것을 썼던 자유화 같다면 이번에는 주제와 재료가 미리 정해졌다. 무작위로 뽑은 외부의 주제를 끌고 오는 것도 새로웠다. 좀 더 멀리 바깥의 이야기를 할 수 있지 않을까? 그러나 여전히 외부로부터 시작한 글에도 내가 많이 들어있다. 당연하지만 나와 닮은 이야기를 쓰고 있다.

두 번째 소설 수업을 들으며 여러 텍스트를 접했다. 오래전 집 나갔던 교양이 다시 차곡차곡 쌓이는 느낌이 들었다.

수업 중 작가님이 『어머니의 기원』* 속 문장을 소개했다.

"소설을 쓴다는 건 일어난 적 없는 일을 기억하는 일 같다. 기억하기 위

---

* 어머니의 기원. 시리 허스트베트. 뮤진트리. 2023.

해서는, 내가 나에게 타자가 되어야 한다. 소설가로서 내가 찾는 진실은 과거를 다큐멘터리처럼 기록한 것이 아니다. 나는 감정적 진실을 찾고 있다."

기억한다는 건 상상하는 거라는 말에 다음 소설은 좀 더 가볍게 쓸 수 있었다. 다른 문우의 작품을 읽으며 감탄하고 자극도 받았다. 나도 잘 쓰고 싶은 욕망이 끓어올랐다. 좋은 책도 읽고, 많이 궁리하고, 잘 쓰고 싶었다.

즐거움을 나누고 싶어

호기심으로 잠시 들려본 것이 시작이었다. 발만 한 번 담가보고 금방 나오려고 했다. 그러나 소설이란 세계가 나를 압도했다. 기존의 글쓰기를 제쳐놓고 이 안으로 걸음을 디디며 빠져들었다. 때로는 푹 빠져서, 때로는 더 깊이 잠수해서 내 안의 이야기를 캐오기도 한다. 쓰면서 다른 이들의 삶이 궁금해졌다. 자연스럽게 사람들의 이야기에 더 귀 기울이게 되었다. 지나쳤던 풍경 하나하나도 새로웠다.

요새는 나 혼자 '범국민 소설 쓰기 운동'을 하고 있다. 거창해 보이지만 그냥 누군가 만나면 소설을 써보라 권하는 것이다 (한두 번만 말하고 자제하려 한다). 소설 수업에서 만난 문우들끼리는 우스개로 말한다. 짧은 글이 넘쳐나고 세상에 글보다 재밌는 게 너무 많은 시대인데… (나도 도파민

중독인지 숏폼을 많이 본다). 이 와중에 소설을 쓴다는 건 시대를 역행하는 일이죠. 심지어 챗GPT가 글도 대신 써준다는데요.

그래도 이렇게 외치고 싶다.

"사람들이 많이 쓰면 좋겠어요. 꼭 소설이 아니더라도. 무언가 창조하고 싶은 욕구가 있을 테니까요. 각자 자신만의 무엇을 만드는 사람이 많아지면 세상이 지금보다는 덜 각박하지 않을까요?"라고.

쓰면서 단어, 문장 하나하나를 고민하게 되었다. 의미를 다시 찾고 뉘앙스를 살펴보기도 했다. SF나 시대극 소설을 접하며 과학, 역사에도 더 관심이 생겼다. 외국 문학을 읽고 단어를 고민하며 외국어에도 관심이 생겼다. 템플스테이에서 우연히 만났던 외국인 친구와 친해지며 영어를 더 공부하고 싶어졌다. 그녀가 한국어를 배우겠다고 했지만 나도 친구에게 내 글을 영어로 전해보고 싶다. 주인공을 묘사하려고 생각하다 보면 길가에 핀 꽃 이름도 찾아보게 되고, 입고 있는 옷의 질감이나 원료도 궁금해진다. 영화 대사와 책 속의 문장도 하나하나 특별해진다. 돌아가면 내가 지금 빠져있는 이런 경험을 아이들과도 나누고 싶다.

무	대		위	에		선		내		눈	빛

주인 할매와 그릇

‘뮤지컬 수업’ 공고를 보았다. 분명히 굵은 글씨로 듀엣곡과 단체곡만 해도 된다고 적혀있었다. 노래를 못 해도 괜찮겠다 싶었다. ‘같이 부르니까 적당히 묻어가도 되겠지?’ 바로 호기롭게 신청했다.

‘첫날 자기소개와 노래 발표 시간이 있겠습니다. 각자 노래 한 곡씩, 되도록 뮤지컬 곡으로 준비해 주세요.’ 그전까지 안녕하세요, 환영합니다, 같은 의례적인 인사말을 주고받던 단체 대화방은 금세 조용해졌다. 시간은 점차 다가왔다. 이왕 하기로 했으니, 성의는 보여야 할 것 같았다. 나는 뮤지컬 〈빨래〉의 ‘슬플 땐 빨래를 해’ 장면을 보고 연습했다.

뮤지컬 〈빨래〉 속 여주인공 나영은 상사에게서 그만두라는 통보를 듣고 집에 돌아온다. 같은 건물에 사는 희정 엄마와 주인 할매는 서럽게

우는 그녀의 사정을 듣고 노래를 부른다. 나는 내 나이 또래인 나영보다 주인 할매 역할이 더 끌렸다. 주인 할매에게는 뇌성마비를 앓는 딸의 똥 기저귀를 40년째 빨아온 사연이 있다. 그녀는 남에게 차마 말하지 못했던 자신의 삶을 나영에게 털어놓는다. 그러고는 자신은 힘들 때마다 빨래를 한다고 얘기한다. '젖은 빨래가 결국 햇빛에 마르는 것처럼, 눈물 젖은 나영의 상황도 축 처진 어깨도 결국엔 뽀송해지고 활짝 펴질 것'이라며 위로를 건넨다. 주인 할매의 이런 가사와 동작은 마치 세상의 모든 아픔과 슬픔을 다 품어주는 것처럼 느껴졌다.

10년 전 나도 나영이처럼 서울살이를 막 시작한 사회 초년생이었다. 좋은 교사가 되고 싶다는 마음을 품고 학생 앞에 섰지만, 현장은 내 기대와 달랐다. 매해 일기를 써왔지만, 그해는 한 줄도 남기지 않았다. 집에 오면 머리를 대자마자 잠이 들었기 때문이다. 너무 지치면 기록할 수 없다는 걸 알게 되었다.

2학기부터 연극치료를 찾았다. 연극 선생님과는 매주 작업실에서 만났다. 그녀와 나는 당시 교실을 재연하거나 옛이야기 한 장면을 재구성했다. 그날은 먼저 종이로 원하는 것을 나타내보라고 했던 것 같다. 내가 무엇을 만들었는지는 기억나지 않는다. 당시 나를 힘들게 했던 대상이든, 생각이든 그게 무엇이든, 모조리 없애고 싶었을 수도 있다. 내 손에 주어진 하얀 A4용지를 접어도 되고, 구겨도 되고, 갈기갈기 찢어도 되었다.

연극 선생님이 만든 건 확실히 기억한다. 그녀는 종이의 귀퉁이를 한 방향으로 접어 나가며 테두리를 세워나갔다. 가운데는 옴폭 파여있었다. '그릇'이라고 했다. 넓고 깊은 입구를 가진 그릇처럼 그녀는 더 많은 것을 품어주고 싶다고 했다. 나는 그녀가 만든 그릇을 두 손으로 감싸 쥐고 한동안 그 입구를 바라보았다. 글로 남기지는 못했지만, 그 장면은 담아두었다. 그해 마지막 작업에서 그녀는 나를 꼭 껴안아 주었다. 나를 감싸주었던 두 팔은 단단했고 또 따뜻했다. 연극 선생님의 품은 그녀가 품고 싶다고 했던 그릇처럼 거대하게 느껴졌다.

어느덧 나는 경력이 쌓였다. 완급조절을 할 수 있게 되었고, 때론 맺고 끊으며 거리도 둘 수 있었다. 학생, 학부모, 동료, 관리자와도 어느 정도 경계를 세우는 방법도 배웠다. 운이 좋았든 어쨌든 시간이 흘렀다.

이제 나도 누군가를 품어주고 싶다는 마음이 든 것일까? 주인 할매의 가사에 더 눈길이 갔다. 남들까진 아니더라도 과거의 나 자신을 꼭 껴안아 주고 싶다는 생각이 들어서인지도 모르겠다. 저마다의 삶에 강력한 순간들이 있다면, 나에겐 신규 시절이 각인되어 있다. 그대로 마주하는 데에도 시간이 더 필요했다. 되돌아볼 수 있을 때부턴 많이, 자주 만지작거렸다. 주인 할매가 찌든 때와 더러운 얼룩으로 물들었던 빨랫감들을 깨끗하게 씻어내듯이, 울퉁불퉁하고 까칠한 시간이 뭉툭해지고 희미해질 때까지. 그래서 잔뜩 구겨진 것들이 펴질 때까지. 찢었던 기억의 조각들을 다시 맞추기도 했고, 일부러 버리기도 했다. 그리고 그때마다 애썼던 나 자신을 안아주고 싶었다.

내 차례가 되었다. 모르는 사람들 앞에서 연기하고 노래했다. 이 순간만큼은 무엇이든 품어줄 눈빛을 지닌 주인 할매가 되고 싶었다. 젖었던 빨래가 햇빛에 쨍쨍하게 마르는 것처럼, 잔뜩 구겨졌던 내 기억들도 조금씩 퍼졌다. 물론 자국은 여전히 남아 있을 것이다. 영광도 상처도 아닌, 그냥 자국으로 바라보고 싶다. 때때로 그 흔적을 꺼내 보이며 누군가에게 작은 위로를 전하고 싶다. 품어주는 것까지 안 되더라도 손을 내미는 사람이 되고 싶다. 무엇이든 따뜻하게 품을 준비가 된 그릇처럼, 그렇게 나이를 먹어가고 싶단 마음이 들었다.

다시 한번 해볼까요?

첫날 뮤지컬 강사님은 한 사람이 노래가 끝나도 그냥 들여보내지 않았다. 다시 불러 그 자리에 세웠다. 그러고는 "이 부분에서 캐릭터는 어떤 마음일까요? 그러면 목소리는 어떤 톤이 좋을까요? 크기는? 표정은?"과 같은 세세한 질문을 하고 시범을 보였다. 그 뒤 아주 친절하게 "다시 한번 불러볼까요?"라고 말했다.

문화 충격이었다. 같은 자리에서 노래를 세 번 부른 분도 있었다. '와, 예술 수업은 이런 건가? 이 정도면 된 거지에서 안주하지 않고 계속 가는 건가?' 나라면, 만약 내가 교실에 있었다면 잘했다고 말하고 들어가도록 했을 것이다. 친구들 앞에서 노래를 부르는 아이도 떨렸을 것이고 기다리는 다음 아이도 있으니까. 내게는 그게 배려였다. 그런데 주위를 신경 쓰기보다 지금 노래를 부르는 학생에 집중하면서 끝까지 물고 늘어지는 강사님의 모습이 인상적이었다.

동화에서도 소설에서도 끝까지 물고 늘어지는 걸 강조했다. 돌이켜

보면 내가 선망했던 선배들도 하나를 붙잡고 차근차근 지도했다. 자신이 중요하게 생각하는 그 무언가를 끝까지 물고 늘어졌다. 그 무언가는 각자 다르지만, 시작은 사소한 행동부터였다. 신발장에 신발을 가지런히 놓는 것, 급식 판을 깨끗하게 천천히 정리하는 것, 아이들이 쓰는 단어 하나 하나같은. 그걸 끊임없이 반복하는 일인 것 같다는 동료의 말이 이제는 조금 이해가 간다. 아이들에게도 정말 조금씩 더디게 전달이 되는 것 같다. 당연히 그해에도 그걸 모를 수도 있다. 그렇게 가르치고 싶은 저마다의 가치들이 묻어나는 것 같다는 생각이 들었다.

이후 3~4명씩 팀을 이뤄서 뮤지컬 넘버를 연습했다. 나는 뮤지컬 〈금발이 너무해〉의 '어쩌면 좋아'에 나오는 캐릭터 중 하나를 맡았다. 곧 프러포즈를 받을지도 모르는 주인공에게 '네가 해냈다, 어쩌면 좋니'를 외치며 축하하는 친구 역할이었다. 캐릭터가 밝고 활기차서 그런지 팀원과 아이디어를 짜고 합을 맞추는 게 즐거웠다. 마지막 발표날을 위해 의상도 맞추었다. 누가 먼저랄 것 없이 한 시간을 일찍 와서 본 무대 전에 연습했다.

다섯 번의 짧은 수업이었지만 두 번의 뮤지컬 무대를 경험했다. 첫날 낯선 이들 앞에 섰던 독무대, 마지막 날 팀원과 함께 준비하고 연습했던 무대. 준비하는 과정도 발표하는 순간도 좋은 기억으로 남았다. 자주 무대에 서 보니 덜 떨리는 것 같다. 아무렇지 않은 건 아니지만 조금 더 즐길 수 있게 되었다고나 할까? 아이들에게도 스스로 발표하고 무대에 서 보는 기회를 더 많이 주어도 되겠다 싶었다.

그대로 바라보기

뮤지컬 수업의 여운을 이어가고 싶었다. 연극치료사가 되는 과정도 궁금했다. 마침 청년을 위한 소규모 과정이 있어 참여했다. 내담자보다는 관찰자로 연극치료 과정을 지켜보고 싶었다.

치유가 들어간 수업은 '눈 맞춤'을 강조했다. 산림치유에서도 그랬고, 심리극을 다루던 성장교실에서도, 전국교사연극연수, 춤의 학교(춤을 통한 치유와 삶의 변화를 추구하는 곳. 몇 년 전 이곳에서 탱고를 춰본 적이 있다.)의 프로그램에서도 그랬다.

'눈 맞춤' 말 그대로 상대의 눈을 응시하고 그대로 바라보는 힘을 중요하게 여겼다. 이곳의 첫날도 서로 눈을 맞추는 것이었다. 강사가 먼저 시범을 보였다. 중앙에 자리를 잡고 반대편에 앉은 나머지 사람의 눈을 한 명씩 바라보았다. 그저 눈을 본 것뿐인데도 울컥하게 만드는 힘이 있었다. 내가 관객이었을 때는 주인공의 눈 맞춤을 최대한 그대로 받아보려고 했다. 내 차례가 끝나면 앉아있던 각각의 주인공들의 자세, 표정, 얼굴 근육을 관찰했다. 바른 자세를 하려고 애쓰는 모습, 민망해서 먼저 웃어버리며 분위기를 바꾸려는 모습, 눈을 맞추기 어려워하는 모습…. 모두 나와 닮은 부분들이 있었다.

이번엔 내가 혼자 앞에 나가서 바라볼 차례였다. 사람들과 눈을 마주치는 게 겁나지는 않았다. 오히려 내 딴에는 지금 나는 여유가 있으니, '상대방을 품어주고 싶다, 응원해줘야지.'란 마음도 들었다. 그런데 이것도 어찌 보면 오만일 수도 있는 것 같다. 누군가는 그게 불편할 수

있을 것이다. 그래서 눈이 마주치는 그 순간에 집중하면서 바라보려고
했다. 문득 누군가의 눈을 보고 '행운을 빌어요'란 말이 생각나면 속으
로 말했다.

이후 몇 회기 동안 각자의 사연을 드러내는 시간을 가졌다. '나는 용
서한다 / 용서하지 않는다'로 시작되는 문장을 각자 채우고 이를 대사로
표현했다. 주로 가족, 친구, 자신에 관한 이야기가 많았다. '용서'는 관계
속에서 받았던 상처와 이어진 것 같다. 가장 가까운 사람끼리 상처가 가
장 크게 느껴지니까. 나는 '할머니를 미워했던 나를 용서한다.'로 첫 문
장을 쓰고 이어 나갔다.

독백 극을 발표할 때 참여자들이 보여준 호흡, 목소리의 떨림은 꾸며
낸 것이 아니었다. 당시에는 자신이 하지 못했던 말, 지금 전하고 싶은
말을 떨리지만 내고 있었다. 진심이 느껴질 때 그 울림도 커진다는 걸
다시금 느꼈다.

마지막 수업을 하러 가기 전 내 역할에 대해 고민했다. 그 사람의 아
픔이나 상처를 해결하는 데 도움을 주고 싶다는, 혹은 잘하려는 욕심도
내려놓고 싶었다. 첫날 눈 맞춤처럼 그대로 보고 싶다는 생각이 들었다.
주인공이 하는 말을 잘 듣다가 만약 내 마음속에서 대사가 올라오면 그
때 해주자고 마음먹었다. 마지막 작업 후에 강사님도, 내가 상대자였던
주인공도 나에게 따뜻했다고 말해줘서 뿌듯했다. 아마 함께 참여했던
모든 사람들도 그런 마음이지 않았을까? 자신의 이야기를 쏟아내면서
후련하고, 다른 이에게 조금이나마 도움이 되고 싶던 마음. 누군가에게
좋은 영향을 주었을 때 자신이 오히려 더 충전된다는 걸 느꼈을 테니까.

08

일상을 '잘' 보낸다는 건 뭘까?

휴직하고 제일 먼저 들었던 걱정은 강제적인 일과가 없는 것이었다. 풀어질까 봐, 기한 없이 늘어질까 봐 두려웠다. 일상을 잘 보내는 게 중요하겠다고 생각했다. 그런데 그게 뭘까? 잘 먹고, 잘 자고, 몸을 움직이면 되나?

잘 먹기: 건강한 음식 제때 먹자. 그런데?

교실에서 점심을 여유롭게 먹는 건 쉽지 않다. 저학년을 맡으면 아이들 요구르트 뚜껑 따주고 챙겨주기에 바빴다. 교실 급식을 하는 학교에 근무할 때는 매번 배식과 뒷정리로 시간에 쫓겼다. 그날 접수된 갈등 사건을 점심시간에 해결해야 한 적도 많았다. 복도로 불러서 한 명씩 얘기하고 중재하고 나면 밥을 먹을 시간도 없거니와 먹을 기력도 없었다. 고학년 아이들은 밥을 금방 먹는다. 먹기보다는 마신다고 하는 게 적합한 것 같다. 아무리 내가 먼저 먹기 시작해도 그 속도를 따라갈 수 없다. 나역시 밥도 반찬도 제대로 씹지 못하고 그저 입에 쑤셔 넣어야 했다. 당번 아이들은 급식 차를 정리하며 "선생님 천천히 드세요."라고 말한다. 그렇게 말해도 얼른 치우고 놀고 싶은 마음으로 온몸으로 들썩거리는 게 보였다. 마음 편하게 급식을 먹는 게 쉽지 않았다. 퇴근하고 직접 음식을 해 먹기도 쉽지 않았다. 재료를 손질하고 먹고 치우면 시간이 훌쩍 흘렀다. 그러다 보니 밖에서 간단히 끼니를 때우기 일쑤였다.

올해는 식사를 잘 챙겨 먹고 싶었다. 웬만하면 직접 해 먹으려고 했다. 반복하면 기술이 느는지 요리가 조금 능숙해졌다. 그러다 '더 건강하게 먹겠어.'란 열망으로 알고리즘을 따라가다 채소 찜에 빠졌다. 냉장고에 있는 자투리 채소를 썰어 찌기만 하면 되니 간편했다. 소금, 후추, 들기름만으로 간을 해도 맛있었다. 왠지 속도 편해지고 피부도 좋아진 것 같았다. 오지랖이 발동해 지인을 만날 때마다 자랑하며 전도했다.

건강한 음식을 먹는다고 과신하던 무렵, 탈이 났다. 장염이었다. 이렇게 잘 챙겨 먹는데 왜 아픈 건지 억울하기도 했다. 본의 아니게 장염으로 다이어트를 했다. 이후 좀 괜찮아지자 못 먹었던 날을 보상받으려는 심보인지 과식을 넘어 폭식했다.

'야식은 몸에 안 좋아, 떡볶이도 되도록 먹지 말고 참자, 밀가루도 끊어야지.'라며 참았던 게 임계치에 다다랐는지 더 큰 폭발음을 내며 터졌다. 내일이 없는 것처럼 먹고 있는 나를 보았다. 요즘은 집 앞 편의점에서 종종 과자나 아이스크림을 먹으면서 작은 보상을 하고 있다. 터지기 전에 조금씩 바람을 빼주기로 했다.

모두가 좋다고 하는 것은 내게도 실제로 좋았다. 그러나 꾸준히 지키기란 어려웠다. 애써서 참으면 꼭 터져서 더 자극적인 MSG를 찾았다. 얽매이는 순간 문제가 생겼다. 그렇게 앞서가고 뒷걸음치며 나아갔다. 그래도 요리 실력이 좀 늘었고, 나를 위해 만든 한 끼 사진도 많이 남겼다.

잘 자기: 일찍 자고 일찍 일어나야 하는데…

낯선 장소에 가면 잠을 자지 못하는 한 예민한 성격이다. 어릴 때 수학여행을 가도 늘 마지막에 겨우 잠이 들었다. 엄마의 말을 빌리면 애착 이불이 없으면 밤새 우는 아이였다고 한다. 지금도 침대에 누워도 잠이 안 오는 날이 많다. 그런 밤이면 '잠을 자야 하는데, 왜 안 오지?'부터 생각이 꼬리를 물고 늘어난다. 그동안 명상도 해보고, 수면 환경도 바꿔보고, ASMR도 듣고, 약도 먹어보고 온갖 방법을 동원했다. 어떤 때는 잠을 못 자는 나에게 더 반항하려는 듯 괜히 유튜브를 하염없이 보기도 했다. 쉬는 동안은 강제적인 장치가 없었다. 일정한 기상 시간은 금세 허물어졌다.

그런데 '일찍 자고 일찍 일어나야 해.' 역시 내가 만든 강박이란 생각이 들었다. 잠이 드는 시간에 민감해지는 게 잘 자는 데 도움이 되지 않았다. 대신 '늦게 잠이 들면 조금 늦게 일어나면 되지.'로 마음을 고쳐먹었다. 알람 맞추지 않고 눈이 떠질 때 일어나는 것. 이게 휴직의 특권 아닌가?! 잠에 대해 신경을 덜 쓰려고 하는 중이다. 물론 여전히 어렵지만.

잘 움직이기: 자세 똑바로 해야지, 그보다

나는 척추에 심을 박는 수술을 했다. 이후 재활치료와 운동을 해야만 했다. 허리를 숙이는 동작을 할 수 없는 등 이전 몸과는 달랐다. 머리로는 힘들다는 걸 알지만 남들처럼 자세가 되지 않을 땐 화도 났다.

우연히 명상 수업에서 "호흡도 하다 보면 깊어져요."라는 말을 들었다. 의식하지 않아도 하다 보면 자연스럽게 된다는 말이 딱딱했던 내 몸을 순간 녹여주었다고 해야 할까? 애쓰는 것도 가치 있고 중요하지만, 그냥 하다 보면 언젠가 된다는 그 믿음이 수술 이후 내가 가장 듣고 싶은 말이었다.

이후 낮에 혼자 헬스장에 가서 무게를 적게 두고 스쿼트, 데드리프트 등을 하고 왔다. 자발적으로 개인 운동을 하러 간 건 처음이었다. 바른 자세보다는 '하고 왔다'에 의의를 두기로 했다. 다녀오면 왠지 모르게 뿌듯했다. 신기하게도 정말 자세도 좋아지고 무게도 늘었다. 할 수 없다고 느낀 동작도 해내는 나를 보았다. 왜 많은 이들이 운동에 중독이 되는지 조금 이해할 수 있었다. 자세에 대해서도 완벽하지 않아도 된다고, 틀려도 큰 사고가 나지 않을 거라고 나를 더 믿어주기로 했다.

수술과 재활 때문이었는지 '건강'은 내게 0순위가 되었다. 그러나 점점 지나쳐 무적의 기준이 돼버린 것 같다. '술, 담배는 무조건 안 돼! 밤늦게 먹지 마! 일찍 자야 해! 무리해서 운동하면 큰일 나!' 점차 '하지 마'로 끝나는 잣대가 뚜렷해졌다. 그리고 이 안에는 일상을 잘 보내야 한다는 강박이 있었다. 기준을 세우지 않으면 불안했다. 빨리 좋은 결과가 나오길 바랐다. 때로 유혹을 못 참고 지키지 못하면 나약하다며 자책했다. 불안하고, 조급하고, 나약했던 나. 그래서 더 인간적인 내가 아닐까?

도대체 일상을 잘 보낸다는 게 뭘까? 잘 먹고, 잘 자고, 잘 움직이는 것이라고 대답하면 될까? 그런데 '잘'이라는 부사도 어느 수준인지 어떤 기준인지 참 어렵다. 뭔가를 강하게 나누고 가두는 것도 재고해 보았다. 과거에 선/악, 흑/백으로 나누었던 뚜렷한 기준이 점점 희미해지고 옅어진다는 생각이 든다. 나를 가두는 규칙이 많아지면 그 틀을 부수고 도망치고 싶어 하는 나를 여전히 마주한다. 물론 여전히 건강은 내게 중요하지만.

아무것도 안 하는 고요한 시간도 필요했다. 스스로 준 '자유시간' 동안 잘 먹고, 잘 자고, 움직이려고 했다. 뿌듯해서 스스로 취한 적도 있었고 잘 안되는 날도 많았다. 그 모든 시도가 포함된 시간이 진정으로 '잘' 보냈던 내 일상이 아닐까 싶다.

돌아갈 채비를 하며

다시 내 일, 파도 앞에서

2023년, 올해 여름을 지나며 분노, 무력감, 안타까움, 슬픔, 미안함 여러 감정이 휘몰아쳤다. 그중 억울하다는 생각이 나를 더 건드렸다. 교직을 선택하고 나름으로 열심히 했다. 이런 내가 인정받기는커녕 왜 교직 환경은 갈수록 더 힘들어질까? 애초에 나는 잘못된 길로 온 것 같았다.

돌이켜보면 '나 이렇게 열심히 살았어! 근데 왜 세상이 몰라줘! 근데 앞으로도 자꾸 실패하며 불행한 것 같아. 어떡하지?'라는 마음속 깊은 비관에서 억울함이 올라왔던 것 같다. 사람들이 자리에 없는 누군가에 대해 평가하는 걸 들었다. 그의 불행과 실패에 대해 안타깝다며 입을 모아 걱정했다. 듣고만 있는 데도 불편했다. 문득 당사자는 그들의 걱정과 다를 수 있다는 생각이 들었다. 오히려 남들의 평가와 달리 자기 삶이 불쌍하다거나 초라하다고 느끼지 않을 것 같았다. 타인이 '걱정'이라는 단어에 숨어서 마음대로 내 삶에 대해 말한다면 화가 날 것 같다. 그러면서 나도 실은 끊임없이 자신을 평가해 왔다는 생각이 들었다. 나아가 다른 사람도 그런 눈으로 보았다. 성공과 실패, 행운과 불행 등의 이분법으로 가르면서.

각자 자신의 가치관대로 선택하는 것 같다. 교직을 선택할 때는 '안정성'이란 가치가 중요했다. 막상 내부로 오니 교직이라고 안정이 보장된 것도 아니었다. 매번 다른 파도에 끊임없이 흔들렸다. 안전하고 정해진 길이 때로는 가장 위험한 길일 수 있다는 걸 몰랐다. 안정이라는 것은 밖에서 내가 품었던 환상 같다는 생각이 든다. 돌이켜보면 교직에 온 것도, 집회에 참여하는 것도, 휴직을 결심한 것도, 그리고 그 외의 모든 내 발자국도 내 선택이었다.

그렇다면 정답만 쏙쏙 골라서 사는 삶이라는 건 있을까? 쉬면서 다양한 직종과 나이의 사람들을 만났다. 모두 자기 자리에서 좌절도 겪고 보람도 느꼈다. 다시 자신의 삶을 어떻게 해석할까로 나아간다. 남의 시선이 아니라 스스로 어떻게 바라보는 게 중요하니까.

『빨간 머리 앤』 전시회에서 본 앤의 대사가 마음에 남았다.

"이제 제 앞에 길모퉁이가 생겼어요. 그 모퉁이 너머에 뭐가 있는지 저도 몰라요. 하지만 가장 좋은 것이 있다고 믿을 거예요. 길모퉁이는 그 나름대로 매력이 있어요. 그 길 너머로 또 어떤 길이 이어질지, 어떤 초록빛 영광과 다채로운 빛과 그림자가 있을지, 아니면 새로운 풍경, 새로운 아름다움이 기다리고 있을지, 저 멀리 어떤 구부러진 길, 언덕, 골짜기가 펼쳐질지 궁금하거든요."

뜻밖의 사건으로 앤은 대학에 진학하지 않고 초록 지붕 집에 머물러 교사가 되어 마릴라와 함께 집과 농장을 돌보기로 한다. 앤의 꿈이 희생될까 봐 만류하는 마릴라에게 앤이 말한 문장이다. 나도 나를 위해 내 모퉁이를 사랑해 보려고 한다.

그럼에도 붙잡고 싶은 내 일의 가치

밴드 '데이브레이크'의 오랜 팬이다. 공연장에서 그들의 노래하는 모습을 보고 빠졌다. 관객에게 밝은 에너지를 전달하려고 애쓰는 게 느껴졌다. 타인을 즐겁게 하고 일으켜 세워 춤추게 하는 건 멋진 일이라고 생각한다. 그들에게는 이미 대표곡(들었다 놨다, 꽃길만 걷게 해줄게, 좋다 등)이 있다. 나름 인디밴드 계의 아이돌이고, 그들 입으로도 이제는 음악만으로도 먹고살 수 있다고 했다. 그럼에도 꾸준히 음반을 내는 중이다.

올해도 어김없이 나를 위한 이벤트로 그들의 콘서트를 다녀왔다. 이날 역시 무대에서 최선을 다하는 그들의 진심이 느껴졌다. 팬들에게 자기들만의 방식으로 끝까지 노래하고 싶다고 말했다. 음악에 대한 열정을 잃지 않고 늘 새로운 시도를 하는 것처럼 보였다. 생업을 넘어서 자기 일에 자부심을 느끼는 사람들에 대해 생각해 보았다.

내 주변에는 스스로 의미를 찾아 일하는 동료가 많다. 그들에게도 2023년은 유난히 힘들었던 한 해였던 것 같다. 경계인으로 동료를 만나, 그럼에도 교직을 붙잡고 있는 이유를 함께 나눴다.

누군가에게 뭔가를 처음 알려주는 사람이란 게 좋다는 C 선생님, 시간을 투자하고 고민한 프로젝트가 교실 안에서 시너지를 일으키고, 아이들이 즐거워할 때 매력을 낀다는 L 선생님, 교직에서 동학년으로 만났던 동료들이 너무 좋아서 영향을 받았다는 K 선생님, 마음 맞는 친구와 방학을 통해 같이 여행 가는 것이 좋다는 P 선생님, 첫 제자들과 좋은 기억으로 연을 이어가는 게 좋다는 M 선생님. 어느새 제자들이 성인이 돼서 같이 술을 먹기도 하고 콘서트를 간 적도 있다며, 자기를 끼워줘서 고맙다고 웃으며 말했다.

나는 왜 이 일을 붙잡고 있었는가? 생각해 보았다. 처음에는 '수업'이었다. 교생실습에서 처음 수업을 구상하고 직접 해보면서 이 일의 매력을 발견했다. 나는 작가이고 감독인 동시에 배우도 될 수 있었다. 잘 구현한 수업을 만들고 싶었다. 수업에서는 즉각적으로 관객의 반응을 볼 수 있다. 좋아하는 표정을 숨기지 못하는 아이들을 볼 때면 박수갈채를 받는 배우처럼 신났다.

현장에 가서야 수업이 주가 아니라는 걸 알았다. 그래도 수업에 대한 욕심이 쉽게 놔지지 않았다. 그런데 내가 힘을 줘서 준비한 수업에서 기대와 다른 반응을 만난 적도 많았다. 괜히 화가 났다. 오히려 힘을 빼고 준비한 수업이 의외로 빵빵 터지기도 했다. 이게 뭔가 싶었다. 똑같은 수업을 구성해도 아이들에 따라 반응이 달랐다.

그랬다. 나는 아이들이 열광하는 수업이 좋은 줄만 알았다. 그게 다가 아니라는 것을 알기까지 오래 걸렸다. 반짝이는 아이디어나 화려한 교구 없이도, 아니 그보다도 배움이 일어날 수 있는 수업을 더 고민하게 되었다. 의식적으로 힘을 빼보기도 했고 수업 공부 모임에 참여하기도 했다.

화려한 이벤트뿐 아니라 일상의 작은 습관도 중요한 것처럼 특별한 수업이 아닌 매일 반복되는 교실의 모습을 생각해 본다. 등교해서 자기 자리에 앉아 친구들이 다 오기까지 기다리고, 다음 수업 시간에 필요한 책을 미리 준비하고, 자기 자리를 깨끗하게 정돈하는 매일의 작은 행동이 모여 한 해의 교실살이가 된다는 걸 새삼 돌아본다. 수업에 신경 쓸 때가 아니라던 선배의 말에 담긴 의미를 다시 생각해 본다.

수업 다음으로 찾은 건, 교사란 직업 덕분에 내 모습을 많이 만날 수 있던 거였다. 어쨌든 담임은 교실 속의 리더다. 스스로 선택하고 책임지면서 몰랐거나 지나쳐왔던 내 모습을 많이 만날 수 있었다. 시간이 흐르면서 교사가 되어 겪은 상처도, 이전의 사연도, 그대로 바라보는 힘이 생겼다. 돌이켜보면 좌절과 부침을 겪으면서 자신을 돌아보았고 단단해졌다. 그렇게 맷집이 조금씩 세졌다. 전에 겪었던 상처에 잔 매듭을 짓기도 했다. 좋은 동료들도 생겼다.

출근 시간이 있기에 삶에 규칙도 생겼다. 잠시 떨어져 있는 지금, 내겐 강제적인 일과 역시 중요한 것 같다. 그리고 그래도 '아이들과 즐거운 순간'이 있다. 아이들은 참 솔직하다. 표정에서 감정이 그대로 드러난다 (그래서 상처받을 때도 많지만). 생동하는 아이들의 순수한 웃음이 귀여워서 때때로 무장해제가 되기도 한다. 그런 찰나지만 서로 연결되었다고 느끼는 순간들도 소중했다.

"직장은 글감 얻으러 다니죠."란 문우의 말도 생각났다. 글감 얻으러 출근한다고 생각하면 발걸음이 좀 가벼워질 것 같기도 하다. 하나 더, 올해 나는 이런 쉼이라는 '시간'을 찾았다. 돌아갈 곳이 있다는 것도 새삼 감사했다.

올해 그동안 해보고 싶었던 것을 하나씩 해보았다. 계획했던 것도 있었지만 소설처럼 뜻밖의 만남이 다른 것을 압도하기도 했다. 그렇게 내가 좋아하는 게 무엇인지 찾아보았다. 여러 사람을 만났고 그 안에서 또 배울 수 있었다. 이제는 가르치는 내용보다도 가르치는 사람의 모습에 더 눈길이 간다.

돌아갈 채비를 하며

돌아가면 전보다 힘을 빼고 싶다. 어렵다는 거 알고 있다. 지금까지 힘을 꽉 주고 달려보았으니 힘을 빼는 데도 연습이 필요할 것이다. 하지만 힘을 쥐어보았기에, 그런 시절이 있었기에, 빼고 싶다는 마음도 생겼다. 교실 안에서 '교사로의 나'도, 교실 밖에서 '자연인으로의 나'도 적당히 중심을 맞추며 가보고 싶다.

미래는 알 수가 없기에 불안했다. 과도한 불안 뒤에는 잘하고 싶은 욕심도 있었다. 이왕이면 잘해서 좋은 평가도 받고 싶었다. 그러나 그건

부록 같다는 걸 이제는 알고 있다. 노력으로 할 수 있는 것도 있지만 할 수 없는 것 역시 많다는 걸 점점 알아간다. 전에는 그래서 무력해졌다면 이제는 그래서 겸허해지려고 연습 중이다.

마지막으로 내게 휴직이란 '시간'을 주기로 결심하고 일기장에 썼던 문장을 가져왔다.

"파도는 기본값 같다. 좋고 나쁨이 반복된다. 이렇게 받아들이니 한결 편해졌다. 지금 밑바닥이라고 해도 끝끝내 다시 올라오고 좋아질 거라는 믿음이 생겼다. 해를 거듭하면서 파도를 마주하는 힘도 조금씩 세졌다. 전에는 나를 삼키는 파도 앞에서 힘들었지만, 이제는 그 너울에 고개를 빼꼼 내밀고 숨이 쉬어지고, 때론 허리까지만 왔다 지나가는 파도도 있다. 지금까지 나 참 애썼다. 감사하게도 주위에 좋은 사람이 많다. 그래서 이후에 또 큰 파도가 와도 지금처럼 또 끝내 걸어 나가겠다고 믿어본다. 인생은 알 수가 없어서 계획대로 되지 않아서, 새롭고 즐겁다. 올해는 또 어떤 이야기가 펼쳐질까? 기대와 믿음으로 기다려본다."

돌아가기 전 남은 시간도 그 이후에도, 불안과 욕심보다 모퉁이 뒤에 어떤 새로운 아름다움이 기다리고 있을지 기대와 믿음을 품으며 나아가고 싶다.

쓰면서 살았다. 다 써보고 나니까 비워졌다. 비워지니 채우고 싶어졌다.

두 번째 삶.

학교라는
무대

김미주

김미주

"엄마 T야?"를 외치는 사춘기 딸과 티격태격하는 갱년기 엄마다.

초등교사 23년 차. 머리보다는 가슴으로 이해하려는 시도와 '왜 저럴까'보다는

'그럴 수도 있지'를 되뇌는 횟수를 늘리려 애써왔다.

하지만 교사로서 감당하기 힘든 상대를 만날 때면 여전히 외롭고 막막하다.

크고 작은 파도를 만났지만 씩씩한 척 지내왔고 지금까지 운 좋게 교직 사회에서 살아남았다.

명예퇴직을 꿈꾸면서도 혹시나 해서 승진 가산점을 챙기기도 한다.

명퇴와 승진 사이에서 애매하게 발을 걸치고 있는 요즘이다.

01

내 인생 무대의 주인공은 나야 나!

학생 때 학교 가는 것이 너무 싫었다. 교실에서 하루 종일 몇 마디 하지 않고 조용히 앉아있다가 하교하곤 했다. 덕분에 붙여진 별명은 학교에 설치되었던 동상 '책 읽는 소녀상'이었다. 어린 마음에 발레리나, 피아니스트같이 화려한 무대 위에 서는 직업이 좋아 보였다. 전공하려면 많은 돈이 필요하다는 것을 알게 되었고 집안 형편을 생각하고는 꿈을 접었다. 매일 접하는 교사라는 직업을 마음에 두기 시작했다. 닮고 싶은 한두 분의 선생님을 만났고 교대에 입학했다.

교직 15년 차쯤 되었을 때, 내게 특별한 존재였던 외할머니가 요양원에서 학대받은 일이 있었다. 분노와 슬픔을 느끼면서 처리해야 할 일이 있었다. 우선 요양원을 찾아가 CCTV를 확보했다. 요양원 관계자가 나를 가족이 아닌 제삼자로 착각했을 정도로 감정이 드러나지 않았던 것 같다. 학교에서 괴로운 사안이 발생했을 때 감정을 배제하면 크게 느껴지는 일도 작아지는 효과가 있었다. 치과 신경치료가 치통을 느끼지 못하도록 신경을 뿌리째 뽑아버리는 것처럼 교직 생활을 덜 힘들게 수행하기 위해 감정을 제거하는 전략을 오랫동안 써온 건 아닐까 싶었다.

학교라는 공간에서는 학생답게, 교사답게 모범 답안의 이미지대로 살아야 한다는 부담이 작동했다. 내가 어떤 사람인지 살필 마음의 여유가 없었다. "함께 있되 거리를 두라. 그래서 창공의 바람이 너희 사이에서 춤추게 하라."는 칼릴 지브란의 조언대로 학교라는 공간과 거리를 두고 다양한 무대에서 본래의 나를 찾기로 했다.

'무대'라는 단어를 표준국어대사전에서 찾아보았다. 주로 활동하는 공간, 객석 정면에 만들어 놓은 단, 이야기의 배경이 되는 곳, 일정한 방향으로 움직이는 바닷물의 흐름이라는 여러 뜻이 있었다. 내 삶에 대입해 보면 주로 활동하는 학교라는 공간, 실제 관객 앞에서의 공연, 스스로를 치유하는 배경이 된 곳, 퇴직과 죽음이라는 인생의 방향 정도 되겠다. 무대의 의미를 담아 구성해 보았는데, 써놓고 보니 나르시시스트가 등장하는 모노드라마 같아 겸연쩍다. '이런 교사도 있구나.' 하고 가볍게 읽어주면 좋겠다.

다섯 살 무렵 외가에서 함바집(현장식당)을 운영했다. 함바집 구석 조촐한 무대의 주인공은 나였다. 모르는 손님들 앞에서도 감정을 발산하며 막춤을 추곤 했다. 육체노동으로 고단했을 노동자들이 꼬마의 막춤 공연에 잠시나마 손뼉을 치시면서 즐거워했다. 내 생애 처음 맛본 '뿌듯함'이 아니었을까.

외할머니의 요양원 사건 이후, 본격적으로 학교를 벗어나 새로운 사람들과 활동하며 나답게 에너지를 충전했다. 신나게 놀면서 쌓은 에너지로 다음날 출근하여 임무를 완수하는 '소박한 이중생활'의 막을 지금 올려보려 한다.

02

1막 . 학교라는 무대

이부망천 – 다섯 번의 전학

부○○초, 부○초, 오○초, 영○초, 주○○초.

교사가 아닌 학생으로서 내가 부천과 인천에서 다닌 초등학교 이름들이다. 기억나는 학교가 이 정도니까 한두 학교 더 추가될 수도 있겠다. 전학을 다닐 때마다 배가 자주 아팠다. 새벽에도 갑자기 아파서 응급실에 업혀 갔지만, 검사 결과 이상은 없었다. 의사는 심리적인 원인이라고 했다.

전입한 학교마다 등본을 제출해야 했다. 등본에는 내 이름 옆에 가족관계가 아닌 '동거인'으로 표기되어 있었다. 당시는 호주제가 폐지되기 전이었고, 난 친엄마에게도 새아버지에게도 자녀가 아닌 동거인일 뿐이었다. 같이 사는 아버지 그리고 동생들이 나와 성이 다른 것은 감춰야 할 나의 치부가 되었다. 초등학교 저학년 어느 수업 시간에 아버지 이름을 적어보라고 한 적이 있다. 새아버지 이름은 성이 다르니 적으면 안 될 것 같고, 친아버지 이름은 얼핏 듣긴 했는데 정확하게 기억나지 않았다. 망설이다가 아버지 이름의 가운데 글자 '종'자를 '족'이라고 썼다. 선생님은 고개를 갸웃거리며 다시 물었다.

> "이상하다. 이름에는 '족'자를 쓰지 않는데, 확실해? 자기 아버지 이름 정
>   도는 쓸 줄 알아야지."

친아버지는 다섯 살 무렵 부모님의 이혼 과정에서 잠깐 만났던 기억이 전부였다. 엄마와 아빠 중에서 누구와 살 것인지 나의 의견을 물어보기 위한 만남이었다. '엄마가 좋아? 아빠가 좋아?'를 묻는 말에 '둘 다 좋아'를 말하는 것이 지혜로운 대답이지만, 나는 '엄마 아빠 둘 다 함께 살래'라고 말할 수 없었다. 내가 태어난 지 얼마 되지 않아 아버지의 외도로 이복동생이 생겼고, 그 이후 아버지와 함께 산 적이 없으니 당연히 나의 선택은 엄마였다. 엄마와의 대화에서 친아버지는 암묵적인 금기어였다. 친아버지와 제대로 대면한 것은 스물여섯 살에 결혼하면서 청첩장을 전달할 때였다.

결혼을 준비하면서도 부모의 이혼은 나의 콤플렉스가 되었다. 그때 당시 남자친구는 이혼한 집안과 사돈을 맺을 수 없다는 자기 부모님 때문에 고민했다. 우리 집안이 무시당할 것을 염려해서 이혼 사실을 숨기자고 하였다. 뭔가 익숙한 비참함이었다. 신입 교사 시절 나의 집안 사

정을 모르던 한 선배 교사는 "저 학생 이혼한 집안 애잖아. 집안이 복잡하니 행동이 저 모양이지."라며 이혼가정을 비하하는 발언을 서슴지 않았다. 그 일을 떠올리며 남자친구에게 내 잘못이 아닌데 왜 숨기냐며 그럴 거면 결혼은 없던 일로 하자며 정색했다. 남자친구는 부모님에게 사실대로 얘기했고 이혼가정이 탐탁지 않았던 시댁에서의 몇 마디가 점차 집안싸움으로 번져 결혼식을 취소하기에 이르렀다. 몇 사람에게 청첩장까지 돌린 상태였지만 그 상황에서 결혼을 강행할 수는 없었다. 그 후 남자친구가 1년간 양가를 설득했고 어느 정도 갈등이 봉합되어 결혼식을 올릴 수 있었다.

지방선거를 앞두고 TV 토론에서 어느 의원이 '이부망천'이라는 지역 비하 발언을 한 적이 있다. 멀쩡한 사람이 서울 살다가 이혼하면 부천 가고, 망하면 인천 간다는 뜻이다. 난 부천에서 부모님이 이혼했고 그 후 인천에서 살았는데 경제적으로도 어려웠으니 그 발언을 뒷받침하는 예시가 된 셈이라 더 불쾌했다. 배제와 차별의 시선이 담긴 사자성어 아닌 사자성어 같은 표현에 내 상처가 따끔거렸다.

새로운 학교에 전학을 가면 아이들이 하루 이틀은 다가와 말을 걸어주고 호기심을 보였다. 처음에는 부담스러웠는데 그것도 다섯 번 이상이 되니 익숙해지고 심지어 이런 관심을 약간은 즐긴 것도 같다. 하지만 관심받는 건 순간이고, 낯선 학교에 빨리 적응해야 해야 했다.

오○초에 전학을 가서 만난 선생님은 매일 일기 숙제를 내줬다. 하루는 평소 쓰던 일기장을 이모네 두고 와서 다른 일기장에 정성스럽게 써 갔다. 사정을 말했지만, 평소 쓰던 일기장이 아니라는 이유로 손바닥을 여러 대 맞았다. 아프고 분한 마음의 하굣길에 같은 학교 다니던 동갑내기 사촌에게 알렸다.

"저 선생님 촌지 안 주면 트집 잡아서 때린다고 소문났어!"

사촌의 말에 억울한 마음이 두 배가 되었다. 내가 기억하는 첫 번째 촌지 유감이다.

영○초로 전학을 가서 얼마 후 교내그림대회가 있었다. 낯선 환경 속에서도 그림을 그리는 동안은 마음이 편했다. 틈만 나면 그림을 그렸다. 덕분에 그림 실력이 쌓였는지 상도 곧잘 받았다. 담임 선생님은 내 그림을 보더니 학급에서 제일 잘 그렸다고 말했다. 내심 상장을 기대했다. 그런데 다음날 우리 반 서윤이 엄마가 교실까지 들어와 학생들 보는 앞에서 촌지를 주고 갔다. 얼마 뒤 서윤이가 상을 받았다. 물론 서윤이의 작품 점수가 더 높았을 수도 있다. 그러나 촌지 덕분에 상을 받았다는 친구들의 수군거림에 받은 상을 빼앗긴 것처럼 억울했다.

주○○초에서는 〈다달 학습〉, 〈이달 학습〉 같은 문제집을 사 오라고 하였다. 아는 것도 없고 의욕도 없어서 문제집을 푸는 일이 괴로웠다. 문제집 살 때 문구점 사장님이 서비스로 주는 간식거리를 고르는 것이 그나마 작은 행복이었다. 수업이 끝나면 곧장 집으로 와서 문제집은 구석에 박아두고 함께 살던 외삼촌들의 책을 봤다. 떨어져 살던 엄마에 대한 그리움을 활자 중독으로 달랬던 것 같다. 이해할 수도 없는 수준의 책도 닥치는 대로 봤다. 그 시절 책장에서 뽑아서 읽은 책 중에서는 밀란 쿤데라의 〈참을 수 없는 존재의 가벼움〉도 있었다. 내용은 생각도 잘 안 나는데 지금까지 기억 속에 강렬하게 남아 있는 것을 보니 그 제목이 꽤 인상적이었나 보다. 내 존재는 한없이 초라했고 떨어져 사는 엄마는 보고 싶었다.

전학 다니는 학교마다 진도가 제각각이어서 수업을 이해하기 힘들었다. 교실에 멍하게 앉아있기 일쑤였다. 소아 우울증 증상인지 권태감 때문에 체육활동조차 하기 싫고 힘겨웠다. 그러면서도 이렇게 못난 나에 대해 다른 사람들이 어떻게 생각할까 싶어 어디론가 숨고만 싶었다. 난 열등감이 강한 성적부진 학생이었다. 소위 '양갓집 규수'였다. 당시 '수우미양가' 5단계 절대평가 방식을 썼는데, '양'이나 '가'를 받는 공부를 못하는 학생을 우회적으로 표현한 말이다. 나는 수학(당시 산수)과 체육 성적이 특히 낮았다. 창피한 점수의 수학 시험지를 어른들에게 보여주기 싫어서 하수구에 버리기까지 했다. 완전범죄를 노렸지만 결국 들켰다.

이 초등학교에서 저 초등학교로 옮겨가며 적응했듯 중·고등학교의 줄 세우는 경쟁교육에도 잘 적응했던지 결과적으로 내신 1등급을 획득하고 교대에 당당히 입학했다. 인생은 역시 알 수 없다. 초등학교 시절 기초 학력 부진 학생이던 내가 부진 학생의 심정을 뼛속까지 공감하며 지도하고 있다.

뇌과학자 장동선이 〈알쓸신잡〉이라는 프로그램에 나와서 이런 말을 한 적이 있다.

"갑각류는 단단한 껍질 안에 있잖아요. 그렇다면 이들은 언제 성장할 수 있을까요? 허물을 벗고 탈피하며 성장을 해요. 몸을 드러내면 공격받고 상처받을 수 있는 상태가 되는 거예요. 인간의 마음도 갑각류와 같지 않을까요? 우리 마음에 단단한 껍질이 있으면 좋겠지만 스치기만 해도 아프고 상처받죠. 하지만 그 과정에서 우리는 성장합니다."

전학을 다닐 때마다 허물을 벗은 약한 상태로 새로운 환경 앞에 홀로 놓였지만, 그 과정에서 나는 성장했다. 사람들을 파악하고 새로운 환경에 적응하는 능력치도 올라갔다. 새로운 학교로 전근 갈 때마다 나름 빠르게 적응하는 편인데 잦은 전학이 나에게 준 예기치 않은 선물일 수도 있겠다.

교실 속 교사들 – 체벌에 대한 고해성사

"내일 쪽지시험 10문제 볼 거야. 틀린 개수대로 따귀 때릴 거니까 잘 준비해!"

중학교 입학한 지 얼마 안 된 어느 날 수학 선생님이 말했다. 흡사 스릴러 드라마 대사 같았지만 현실이었다. 뺨을 맞지 않기 위한 나의 수학 공부가 시작되었다. 수학시간 직전 쉬는 시간은 편히 쉬기는커녕 긴장감이 최고조에 이르는 시간이었다. 초조함에 눈물을 글썽이는 친구, 처형을 기다리는 죄수 같은 표정의 친구, 공포에 질려 비명을 질러대는 친구까지 교실 안은 웃지 못할 진풍경이 펼쳐졌다. 영어 시간도 마찬가지였다. 알파벳도 모르고 중학생이 되었는데 선생님은 다짜고짜 교과서 본문 2장을 그대로 외워 오라고 하였다. 통과하지 못하면 매를 맞아야 했기에 체벌을 피하기 위한 매운맛 영어 공부도 시작되었다.

초등학생 때도 손바닥 정도는 맞아 봤지만, 중학생이 되니 맞는 부위가 발바닥, 귓불, 허벅지, 엉덩이 등 다양해졌다. 일부 교사들은 소위 침좀 뱉는 일진을 지도한다는 명목으로 가슴 발차기 등 격투기를 방불케 하는 폭력을 행사하기도 하였다. 점심시간이면 복도에 자전거를 타고 다니는 교사가 있었다. 자전거로 만족을 못 했는지 양파망을 들고 다니며 학생의 머리에 기습적으로 씌웠다. 점심을 먹다가 양파망 굴욕을 당한 학생의 당황하는 모습을 보며 즐거워하는 교사의 얼굴은 마치 조커 같았다. 내가 당하면 어쩌나 초조해하며 점심 도시락을 먹었다. 조커 같은 교사가 수업 시간이면 자기 고등학생 딸이 예쁘고 똑똑하다며 사랑이 솟아나는 눈빛으로 자랑을 늘어놓곤 했다. 집에서는 누군가의 인자한 아빠였을 수도 있겠다. 역시 세상에는 소름 끼치게 입체적 인물들이 많다.

내가 입학한 중학교는 시사프로그램 PD수첩에 사학비리로 방영되며 전국적으로 유명해진 ○○재단 소속 학교였다. 당시 인천대 학생들이 재단 비리 수사를 촉구하며 지속적인 시위를 벌였는데, 학교 앞 골목에서 시위하는 학생을 곤봉으로 폭행하는 장면을 본 적도 종종 있다. 어떤 배경에서 시위가 진행되는지는 잘 몰랐다. 학교에서 맞지 않고 무사히 하루를 보내기 위해 하루만 살 것처럼 정신없이 공부하던 나날이었다. '밤의 교육부 장관'으로 불린 이문세가 진행하는 라디오 프로그램 '별이 빛나는 밤에'를 듣는 것이 하루 일 중 유일한 위로였다.

기초실력이 없었기에 이해보다는 깡그리 암기해 버리는 방법으로 중간고사를 치렀고 성적 발표일이 되었다. 담임 선생님이 반 편성 고사보다 엄청나게 오른 사람이 있다며 내 이름을 불렀다. 나는 반에서 1등이라도 했나 생각하며 쭈뼛쭈뼛 일어났다. 결과는 반에서 13등. 아마 학급에서 거의 꼴등으로 입학했던 모양이다. 다음 기말고사에서 성적이 내려가면 혼나지 않을까 걱정하는 마음으로 공부에 집중했다. 다음 기말고사 결과는 반에서 1등. 매를 피하려고 고군분투해서 받은 성적에 웃어야 할지 울어야 할지 헷갈렸지만, 주변의 놀라는 모습에 일단 우쭐했다. 그 달콤한 결과에는 폭력에 대해 무뎌지는 부작용도 따라왔다.

고등학교는 공립으로 가고 싶었는데 무작위 추첨으로 배정된 곳은 또다시 사학재단이었다. 학교에는 같은 성씨(그것도 흔치 않은)의 교사들이 많았는데 학생들 사이에서는 이사장의 친인척 채용으로 그렇다는 말들이 돌았다. 운동장 한구석에서 이사장이 교사를 폭행하는 장면도 목격했다. 당시 야간자율학습은 밤 11시까지 강제로 이루어졌다. 야간 자율학습 시간에 떠드는 학생이 있으면 복도에서 감시하던 교사가 들어와 단체 기합을 받았다. 연대책임식 체벌이었다. 수업 시간에 숙제를 못 해가서 긴 막대로 엉덩이를 맞은 적이 있다. 맞는 순간 몸이 바르르 떨렸지만 악착같이 버텼다. 처음부터 엉덩이를 낮추며 피하는 친구도 있었는데, 그런 경우 더 센 강도로 때렸다. 엉덩이에 까맣고 빨간 멍이 잔뜩 들었지만, 집에는 말하지 않았다. 말해 봤자 변하는 것도 없고 엄마만 속상할 테니까.

　폭력이 싫으면서도 익숙해졌고 나 또한 체벌 교사의 행동을 닮아갔다. 하교 후 온갖 스트레스를 받고 집에 왔는데 동생들이 버릇없게 굴면 짐짓 선생님의 표정을 흉내 내며 때리기도 했다. 맏이의 권위를 세우려면 우월한 힘을 증명해야겠다고 생각한 모양이다. 여동생이 그때를 떠올리며 착한 언니가 때릴 때는 엄청 무서웠다고 말한다. 폭력 감수성 제로였던 나로 인해 괴로웠을 동생들에게 미안한 마음이다.

　스물셋-열둘. 첫 발령을 받고 11살 차이가 나는 학생들의 담임 교사가 되었다. 나는 열정 많지만 서툰 초보였고 학생들을 체벌하기도 했다. 그해 제자들은 이불킥을 할 만한 나의 행동을 지켜본 산증인이다. 성인이 된 그해 제자들과 만났을 때 체벌한 것을 사과했다. 아이들은 선생님에 대해 좋은 기억만 있다며 웃음으로 넘겼다. 시대적 분위기나 관습을 핑계 댈 수는 없다. 나의 체벌에 상처를 입은 학생들에게 이 지면을 빌어서 진심으로 용서를 구한다.

　체벌이 만연했던 학창 시절을 보냈지만 좋은 기억으로 남아 있는 은사님이 있다. 고등학교 2학년 담임 교사였던 P 선생님이다. 얼굴이 울퉁불퉁 감자처럼 생겼다고 별명이 감자였는데 감자 과자를 즐겨 드셨다. 학생들이 잘못하면 등짝을 인디언밥 게임 하듯이 손바닥으로 번갈아 여러 차례 때리는 것이 선생님의 시그니처 체벌이었다. 그해 수학 선생님은 늘 밥상머리 교육을 강조하며 요즘 애들은 싸가지가 없다고 비난하는 분이었다. 어느 날 수학 시간에 왜 그렇게 이해를 못 하냐고 화내며 팔짝팔짝 뛰는 몸짓이 웃겨서 피식 웃고 말았다.

"야, 너 왜 웃어? 너 이해 못 하지? 꼭 이해 못 하는 것들이 이러더라."

곧이어 선생님의 주먹이 나의 머리를 힘껏 내려쳤다. 눈앞이 캄캄하고 어지러웠다. 교사의 권위를 침해당했다는 참을 수 없는 분노가 응집된 강력한 한 방이었다. 부당하다는 생각에 눈물도 나지 않았다. 수업이 끝나고 수학 선생님이 담임 선생님에게 그 반 학생 예의 좀 가르치라고 항의한 모양이었다. P 선생님이 내게 와서 말했다.

"수학 선생님이 오해했나 봐. 넌 그런 애 아니잖아. 머리는 괜찮아?"

나를 신뢰한다는 마음이 느껴져 참았던 감정이 복받쳤다. 선생님 앞에서 아기처럼 엉엉 울었다.

"밥 잘 먹어라. 체력 좋아야 수능 때까지 버틸 수 있다."
"고생했다. 내일 보자."

무뚝뚝함 속에서 자상함이 느껴지는 선생님이었다. 자세하게 말로 표현하지 않아도 무심코 던진 말 한마디, 눈빛 하나가 인생에서 따뜻함의 한 페이지로 남을 수 있다는 것을 배웠다. 한 번도 말하지 않았던 집안 사정을 토로한 유일한 선생님이다. 사정을 듣고 추천서를 써준 덕분에 1년 동안의 학습교재와 장학금도 받을 수 있었다. 고등학교 졸업 후 대학생이 되어 P 선생님을 찾아뵌 적이 있다. 댁에 초대받아서 사모님이 해주신 음식도 먹었다. 여전히 무뚝뚝하지만, 진심으로 나를 걱정해주는 아버지 같은 느낌을 받았다. 태어나서 한 번도 느껴본 적 없는 부성애란 것이 이런 것일까. 그때 지금의 내 나이 정도였던 선생님이 지금쯤 어떤 모습으로 지내고 계실까. 지금 생각하면 선생님도 교사로 살아내느라 참 고달프셨을 텐데 사느라 바빠서 20년 가까이 연락을 못 했다. 매년 잊지 않고 나에게 안부를 묻는 제자가 새삼 대단하게 느껴진다.

학교체벌은 법적으로 금지되었다. 지금의 교사들이 학창시절에는 교사에게 당하고 교사가 되고 나서는 학생이나 학부모에게 당하는 신세라며 탄식하기도 한다. 선배 교사들의 업보이니 당해보라고 하는 건 또 다른 야만이다. 교사 권위를 위해 체벌이 부활해야 한다는 의견 또한 서글프다. 위장된 권위는 무너지게 되어있다. 폭력의 대물림을 끊어낸 것은 다행이다. 그러나 억압받던 세대가 학부모가 되어 자녀의 마음을 읽어주는 것에 매몰된 나머지 다른 학생과 교사의 존엄성을 간과하는 경우가 발생하기도 한다. 훈육을 위한 말 한마디가 아동학대죄가 되어버리는 현실을 보면 아무것도 하지 않는 것이 교사를 지키는 유일한 방법이 아닐까 싶다. 하지만 나도 교사이자 학생을 자녀로 둔 학부모로서 교사-학생-학부모 사이의 갈라치기 시도는 멈추었으면 한다. 언젠가는 서로를 존중하는 문화가 형성되는 날이 오길 바란다.

교실에서 만난 학생들 - 담배 그리고 프레즐

중·고등학교를 다니면서 친구들이 놀자는 제안도, 매점 가자는 제안도 모두 거절하고 교실에서는 항상 공부만 했다. 재수 없다고 따돌림을 당했을 수도 있었을 텐데 별일 없이 지나간 것에 감사한 마음이다. 그 시절 친구 H가 너는 학급의 모든 학생을 따돌린 셈이었다고 농담하곤 한다. 교실에 앉아 평소처럼 조용히 공부하고 있던 어느 날이었다. 누가 나의 등을 툭툭 쳤다. 돌아보니 학교에서 유명한 일진이었다. 머리를 노란색으로 염색하고 면도날을 입으로 씹고 다닌다는 같은 반 친구였다.

"야, 너 가방에 내 담배 좀 숨겨."

가슴이 철렁 내려앉았다. 거절하면 씹고 다닌다는 면도날이 내 얼굴로 날아들 것만 같았다. 찰나에 많은 생각이 오고 갔다. 난 말랐지만, 깡은 있어서 덩치 큰 사촌과 싸울 때 서로의 쌍코피를 터뜨리며 싸운 전력이 있었다. 혹시 날 건드리면 나도 가만있지 않겠다는 각오로 나름 카리스마를 최대한 장착한 눈빛으로 말했다.

"싫은데?"

물론 맘속으로는 덜덜 떨었지만 '모 아니면 도'라는 마음으로 무표정하게 내뱉었다.

"알았어."

간단한 대답에 오히려 내가 어리둥절했다. 이렇게 쉽게 지나가나? 나에 대한 복수의 날이 오지 않을까 내심 걱정했으나 그날 이후 그 일진 학생은 나에게 곤란한 부탁을 하지 않았다. 순순히 담배를 숨겨줬다면 더 큰 부탁을 하지 않았을까. 학교폭력을 다룬 드라마 〈더 글로리〉가 내 얘기가 되지 않았을지 가끔 오싹하다. 가만히 있으면 가마니로 볼 텐데 평소 말도 없던 애가 할 말을 하니까 건드리면 안 되겠다 싶었나. 가만히 생각해 보니 힘들어도 가만있던 교사들이 검은 점으로 할 말을 하던 그 거리 위의 풍경이 겹친다.

중학교 입학 당시 나의 키는 138cm, 몸무게는 27kg이었다. 학급에서 가장 왜소한 아이였다. 어느 날 학급에서 가장 키가 크고 덩치도 있는 가람이가 돈을 빌려 갔다. 애처로운 눈빛으로 매점에 가려는데 잔돈이 모자란다며 100원씩, 200원씩 빌려 갔다. 그렇게 빌려 간 것이 학년 말 1,000원이 되었다. 돌려달라고 하면 다음에 갚겠다고 귀찮은 듯 말하더니 갚을 기미가 없었다. 스멀스멀 분노가 올라왔다. 일전의 일진을 통해 얻은 용기 덕분인지 가람이에게도 학년 올라가기 전에 갚으라고, 지금 몇 번째냐고 따졌다. 1:1로 말하면 무시당할 것 같아서 일부러 여러 친구 앞에서 공개적으로 말했다. 물론 속으로 덜덜 떨었다. 전략이 통했는지 다음날 바로 빌려 간 돈을 받을 수 있었다. 빌려 갈 때는 '을'의 자세였던 사람이 갚을 때는 '갑'처럼 구는 것을 몸소 체험했다. 그 일을 계기로 나는 돈을 그냥 주고 싶은 것 아니면 절대 빌려주지는 말자고 다짐했다.

교사로서 학생들 앞에서 학교폭력예방교육을 할 때면 무용담처럼 나의 이런 일화들을 들려주곤 한다. 실전에서는 힘보다는 기세라고, 쫄지 말고 싫으면 싫다고 말하라고.

학생들에게 이렇게 말하긴 했지만, 머리채를 잡힐까 봐 쫄아서 출근이 두려운 적이 있었다. 태균이는 똑똑한 학생이었다. 키가 크고 얼굴도 잘생겨서 말과 행동만 아니면 인기가 많았을 타입이었다. 같은 반이었던 학생들의 증언에 따르면 태균이가 5학년 때 담임 선생님의 머리채를 잡고 패대기친 일이 있었다고 한다. 태균이의 책상에 동전들이 가득했는데 담임 선생님은 공부에 방해되니 치우라고 했다. 며칠째 안 치우자 선생님이 직접 치우려고 시도했다. 이에 격분한 태균이는 담임 선생님과 몸싸움을 벌였고, 그 일로 정학 처분을 받아 일주일 동안 학교에 나오지 못했다. 모두 태균이 지도하기를 꺼렸다. 역시 나의 뽑기 운으로 태균이의 담임 교사가 되었다.

3월 개학식 날, 심란했지만 일진도 상대하던 담으로 학생도 대담하게 상대해보자 마음먹고 태균이를 만났다. 얼마 지나지 않아 태균이는 나를 당황스럽게 했다. 급식시간에 김치를 배식하는 영주가 김칫국물 한 방울을 태균이의 다른 반찬에 살짝 떨어뜨리는 실수를 했다. 태균이는 일부러 그런 거라며 격분하여 소리를 치는 것에서 나아가 하교 후 영주의 집으로 찾아갔다. 영주가 학원 끝나고 올 때까지 몇 시간을 기다렸다. 검은 모자를 뒤집어쓰고 노려보는 태균이를 보고 불안을 느낀 영주의 어머니가 나에게 전화했다. 이외에도 내가 잠시 자리를 비운 교실에서 성냥으로 불을 붙이는 방화 시도, 혼내는 자신의 아버지를 폭행한 일,

장난으로 2층 아파트 높이에서 뛰어내리는 사건이 이어졌다. 방과 후 태균이를 남겨 '마음 읽어주기'를 시도해 보았으나 큰 변화는 없었다. 태균이의 마음은 굳게 닫혀 있었고 난 졸업하는 날이 빨리 오길 기다렸다.

어느 날 수업 시간에 태균이가 체중이 많이 나가는, 앞에 앉은 친구의 등에 '돼지 새끼'라고 써서 붙이고는 낄낄거렸다. 내가 혼을 내자 나를 향해 '씨발' 등 쌍욕을 외치며 교실을 뛰쳐나가 집으로 가버렸다. 힘든 사람을 만났을 때는 '전생에 내가 진 빚을 받으러 왔나 보다.'라고 생각하라는 불교 교리를 들은 적이 있다. 전생에 내가 태균이에게 많은 빚을 진 게 틀림없다고 생각했다.

태균이에게 적합한 교육방법이 무엇일까 고민하다가 무언가를 모으는 수집 의지가 강했던 성향을 포착하고 칭찬스티커 제도를 시행했다. 학급 규칙을 잘 지켜서 칭찬스티커를 모으면 사제동행 활동으로 맛있는 것을 먹거나 가보지 못한 장소를 탐방했다. 스티커를 매우 열심히 모으는 것으로 보아 싫지는 않은 듯했다.

주말에 딸아이를 데리고 서점에 갔는데 우연히 계산대 앞에서 곤란한 표정을 짓고 있는 태균이를 보았다. 다가가려다 잠시 멈칫했다. 미안한 상상이지만, 혹시 나에게 불만을 품고 같은 학교 병설유치원에 다니던 내 딸에게 해코지하지 않을까, 순간 걱정이 되었다. 태균이는 책을 사려는데 돈이 모자란다며 혹시 빌려주실 수 있냐고 말했다. 선생님이 그 정도는 줄 수 있다고 대신 '고맙다.'고 말해줄 수 있냐고 물었다. 고맙다는 말을 한 번도 하지 않았던 태균이로부터 '고맙습니다.'를 듣는 수확이 있었다. 밥은 먹었냐는 물음에 대답이 없었다. 따끈한 프레즐을 얼른 사서 한 봉지 건넸다. 이전 사제동행에서 프레즐을 맛있게 먹던 모습이 생각나서였다. 태균이는 프레즐을 들고 무표정하게 꾸벅 인사를 하고는 갔다. 얼마 후 태균이 어머니와 통화했는데 아들 기분이 매우 좋아 보여 왜냐고 물어보니 그냥 서점에서 담임 선생님 만났다고 했단다. 그날 건넨 하트모양 프레즐의 힘이었는지 태균이의 태도는 전보다 온화해졌다. 학년이 끝날 즈음 학급 아이들이 나에게 감사를 전하는 깜짝 이벤트를 준비했는데, 태균이도 같이 도왔다는 말을 들었다.

태균이의 아버지는 부부싸움 할 때마다 아들을 가리키며 저 새끼를 낙태하라고 하지 않았냐며 소리치곤 했다고 한다. 태균이 어머니는 돈벌이에 신경 쓰느라 아들과 소통할 시간이 거의 없었다. 『선량한 차별주의자』*에서 '그 사람이 서 있는 곳에 따라 풍경이 달라 보인다.'고 하였는데 태균이가 서 있는 곳에서의 풍경은 이러했다. 친아빠가 생각났다. 친아빠는 내가 아기였을 때 엄마와 다투면서 나를 해외로 입양 보내 버리라는 말을 했다. 그런 아빠와 함께 살아왔다면 나도 태균이처럼 행동했을까. 물론 나쁜 행동을 개인의 불우한 환경이라는 서사로 합리화하려는 것은 아니다. 그해 태균이와 많이 친해지지 못했지만, 결과적으로 머리채는 잡히지 않고 졸업시킬 수 있었다. 태균이는 어떻게 살고 있을까. 오늘 태균이가 서 있는 곳이, 태균이가 바라보는 풍경이 차갑지 않은 곳이었으면 좋겠다.

---

* 선량한 차별주의자. 김지혜. 창비. 2019.

03

2막. 찐 무대 : 관객 앞에서 맘껏 놀기

피난처가 되어준 국악 오케스트라

새로운 학교로 전근 간 첫해 희수를 만났다. 희수는 학교 구성원 모두가 기피하는 유명한 학생이었다. 병원에서 장기 입원 치료를 필요로 할 정도로 조현병(정신분열) 증상이 심한, 의료의 영역이 필요한 아이였다. 희수의 직전 담임 교사는 1년 내내 힘들어했고 다음 해 휴직에 들어갔다.

드라마 〈내 남편과 결혼해줘〉에서 주인공은 죽었다가 다시 살아나면서 과거로 돌아가 2회 차 인생을 살게 된다. 그녀는 자신의 가혹한 운명을 전 배우자의 불륜녀에게 넘긴다. 극 중에서 '일어날 일은 반드시 일어나지만, 그것이 꼭 내가 아니어도 된다.'는 법칙이 작용했기 때문이다. 매년 학년이나 학급 담임을 배정할 때도 '나만 아니면 좋겠다.'는 마음이 작동하곤 한다. 감당하기 힘든 상대와 함께해야 하는 가혹한 운명을 내가 아닌 다른 교사가 가져갔으면 하는 것이다. 타인의 불행이 나의 덜 힘든 1년을 보장할 수도 있기에 제발 내가 아니기를 바라지만, 막상 가혹한 운명을 대신 가져간 동료의 절망적인 눈빛을 보면 뒷맛이 쓰다. 정기전보 첫해는 점수가 없는 전입 교사에게 가장 힘든 학년이나 학급이 기다리고 있는 경우가 많다. 그렇게 희수를 만났다.

희수는 3월 초부터 예사롭지 않았다. 허공의 무언가를 보며 혼잣말을 중얼거리거나 소리치곤 했다. 친구가 쳐다보면 왜 자기 욕을 하냐며 상대를 향해 물건을 집어 던졌다. 벽에 머리를 박으며 자해시도를 하기도 했다. 관리자에게 도움을 요청했지만 처음 돌아온 대답은 '사랑의 힘으로 지도해 보세요.'였다. 사랑의 힘을 불어넣어 보았지만, 덕이 부족한지 전혀 먹히지 않았다. 내가 부드럽게 말하면 오히려 친구들을 더 때렸고 단호하게 지시하면 얌전해지기도 했다. 단호하게 지도하는 쪽으로 마음을 굳히자 희수는 교무실을 더 편한 곳으로 인식했다. 교무실 앞에서 관리자의 이름을 부르며 나오라고 소리쳤고 간식을 내놓으라고 소동을 피웠다. 자신의 요구를 들어주지 않으면 교감 선생님의 팔을 물기도 했다. 하루에 한 번 이상은 교문 밖으로 뛰쳐나갔다. 희수를 가까스로 붙잡은 학교 보안관의 따귀를 때리기도 했다. 매일 9개 이상의 알약을 먹으며 등교하는 아이였다. 교육청, 복지센터, 정신건강센터 등에 연락해서 학교에서 다자간 회의도 자주 했다. 특수반 입급에 대한 논의도 오고 갔지만, 인지능력이 떨어지거나 신체장애가 있는 것은 아니었기에 특수반에 입급할 수 없었다.

상황이 심각하다고 파악한 교장 선생님이 학부모를 불러 병원 치료를 받지 않으면 학교에서는 조처를 할 수밖에 없다고 말했다. 희수 아버지는 도대체 어떤 조치냐고 화를 냈다. 희수 아버지는 허리디스크 통증으로 인해 일을 쉬고 있어서 경제적으로 어려움이 있었다. 우울증을 앓고 있던 희수 어머니는 아이가 어려서 장기간 입원으로 아이를 분리하긴 마음 아프다고 하였다. 일단 입원 치료는 미루고 약을 바꿔보는 것으로 변화를 주었다. 희수의 폭발적 공격 행동은 계속되었고, 나는 희수가 때린 다른 학생들의 보호자 전화를 수시로 받았다. 정신적으로 아픈 아이니까 학교폭력 신고는 하지 않겠다면서도 자녀를 보호해 주지 못하는 것에 대해 담임을 원망하는 눈치였다. 별다른 변화가 없자 관리자는 매시간 희수의 행동을 나이스에 기록하고 영상도 찍으라고 조언했다. 담임을 보호하기 위한 조언이었겠지만 희수 한 명의 일거수일투족을 기록하는데 온 신경을 집중하느라 다른 학생들에 대한 지도는 구멍이 생길 수밖에 없었다. 운전하는 출근길에 가슴이 답답해져 오며 나쁜 생각이 들기도 했다.

　　'이대로 차 사고 나서 입원하면 한 달 정도는 쉴 수 있지 않을까?'

　　어리석은 상상을 할지언정 병가를 낸다는 생각은 못 했다. 아파도 학교에 가는 것은 학생 때부터 몸으로 익혀온 미련한 불문율이었다. 그 무렵 공문을 보다가 국악 오케스트라 교사단원을 모집한다는 내용이 눈에 들어왔다. 피난처가 필요했던 나는 지푸라기라도 잡는 심정으로 즉시 신청했고 타악기 파트를 선택했다. 음악적 재능이 없는 내가 가락악기보다는 부담 없이 접근할 수 있을 것 같았다. 학급을 어떻게 운영해야 할지 답답함으로 마음이 타들어 갔지만 하나의 문이 닫히면 다른 문이 열리는 것처럼 타악기의 세계가 열렸다. 비트에 맞춰 북과 장구를 두드릴 때면 내 심장에 대고 '괜찮다, 괜찮다.' 하며 나를 토닥이는 듯했다. 타악기의 감촉과 리듬을 온전히 즐기면서 피곤한 몸과 마음이 가뿐해졌다.

국악 오케스트라를 시작한 이후로 교실에 북과 장구를 가져다 놓았다. 희수가 악기에 흥미를 보였다. 흥분할 낌새가 감지되면 친구를 때릴까 봐 얼른 북과 장구를 쳐보라고 권했다. 희수에게 '괜찮다, 괜찮다.'를 외치며 두드려 보라고 했다. 대부분 실패였으나 가끔은 타악기를 치며 흥분을 가라앉히기도 하였다. 매일 꾸준히 연습한 악곡으로 추계예술대 콘서트홀과 KBS홀 무대에 올라가 공연해 보는 영광도 맛보았다. 실수할까 봐 조마조마했지만, 지휘자의 손끝을 바라보며 연주에 집중했다. 공연이 끝난 후 무대에서 관객석을 바라보는 순간 벅차고 행복했다. 수많은 관객 앞 큰 무대에 서고 싶었던 어린 시절 꿈은 그렇게 실현되었다. 학급 진로교육을 할 때면 '꿈꾸면 이루어진다'는 실제 예로 내 모습이 담긴 공연영상을 써먹곤 한다.

의도하진 않았겠지만 나에게 타악기의 세계로 통하는 문을 열어준 희수는 1년을 함께한 후 결국 대안학교로 갔다. 입원 치료도 병행할 예정이라고 했다. 교사로서 해가 갈수록 학생들의 정신건강 문제가 점점 심각해지는 것을 느낀다. 하지만 치료 연계가 쉽지 않은 것이 현실이다. 교육부와 교육청의 실질적인 실태조사 및 국가 차원의 지원이 필요하다. 전문의가 학교를 방문해서 의심 학생을 관찰하고 치료를 권고하는 방식을 제안하는 의견도 있다. 나는 타악기에 의지해서 1년을 간신히 버텼지만 다른 교사들은 더이상 나와 같은 고통을 겪지 않았으면 좋겠다. 학생의 정신적 문제를 혼자 짊어지지 않도록 시스템이 하루속히 변화되길 바란다.

푼수 역할이 이렇게 편할 수가

'말이 없고 소극적임. 적극성이 요구됨'

초등학교 다닐 때 선생님들이 써주신 내 행동발달사항 단골 멘트였다. 발표를 할 때는 수줍어서 눈물까지 찔끔 나곤 했다. 대학에 와서도 여러 명 앞에서 이야기하는 발표 수업이 큰 괴로움이었다. 대학 신입생 시절 교대 선배로부터 연극동아리 가입 권유를 받았다. 무대에 서보는 것이 로망이었으므로 용기를 내어 하루 나갔다. 연극공연에 대해 설명을 들었는데 도저히 관객 앞에 설 용기가 없어 다음날부터 나가지 않았다. 하루 만의 빠른 포기였다. 동아리 활동은 안 해도 그만인 선택사항이었으나 졸업을 위한 필수코스인 교생실습이 큰일이었다. 교생실습에 대한 해결책으로 웅변학원을 떠올렸다. 알아보니 교대역 근처에 스피치 학원이 있었다. 초등학교 다닐 때 친구들이 웅변학원에 다니는 걸 보긴 했지만, 성인이 되어 내가 등록하게 될 줄은 몰랐다. 걱정을 안고 스피치 학원 첫 수업에 갔다. 다양한 연령대 수강생들이 앉아 있었다. 강의실 앞쪽 연단에 서서 차례대로 아무 말 대잔치를 벌였다. 부끄러움에 얼굴이 빨개져서 이야기하면, 듣고 있던 수강생들이 열정적으로 박수를 쳐주는 식으로 수업이 진행되었다. 시답잖은 발언에도 열렬히 반응해주는 상황이 시트콤 같았다. 박수와 지지의 힘으로 학원에 다닌 한 달 만에 어느 정도 다른 사람들 앞에서 말하는 것이 익숙해졌고 교생실습도 무사히 마칠 수 있었다.

교생실습을 무사히 통과했다는 안도감에 기분이 한결 가벼워진 어느 날 친구 J가 나이트클럽 체험을 제안했다. 어색함도 잠시 금방 적응하여 홍대, 이태원, 강남 등지의 클럽을 탐험하며 내가 놀기 좋아하는 명랑한 캐릭터라는 것을 깨달았다. 댄스를 즐긴 대가로 학점이 겸손해졌다. 교대에 들어와 보니 성실하고 인내력 있는 학생들의 집합소였다. 가령 미술수업에서 교수님이 서예 10장 연습해오라고 과제를 내주면 50장 이상 써내는 친구들이 수두룩했다. 대학에 와서까지 경쟁에 뛰어들기 싫다는 반발심에 과제를 대충해서 제출했다. 수업을 빼먹고 친구들과 중앙 잔디밭에서 짜장면을 안주 삼아 대낮부터 술 한 잔 기울이는 대범한 일탈을 시도하기도 했다. 중고등학생일 때는 공부하느라 그 흔한 분식점도 안 갔는데 역시 늦바람이 무섭다. 억눌렸던 댄스 본능을 풀어내며 그럭저럭 즐거운 대학 시절을 보냈지만, 하루 만에 포기했던 연극동아리 활동은 못 이룬 숙제처럼 가슴 한편에 남아 있었다.

퇴근하고 지쳐서 소파에서 멍때리고 있던 어느 날 한 통의 전화를 받았다.

"안녕하세요? 저번 공연 잘 봤습니다. 여기는 지역 극단입니다. 연극을 준비하고 있는데 진솔희 역할 맡으셨던 배우분이 갑자기 그만두셔서 캐스팅하려고 연락드렸습니다."

캐스팅? 낯설지만 설레게 하는 단어였다. 극단에서 연락이 오기 몇 개월 전 지역아트센터에서 시민 뮤지컬 단원을 모집해서 공연에 참여한 적이 있었다. 초등생이었던 딸아이에게 가족과 함께 무대에 서는 즐거운 경험을 시켜주고 싶어서 친정엄마, 이모, 나, 딸까지 3대가 함께 지원했었다. 처음 도전한 뮤지컬이라 노래, 춤, 연기 모두 서툴고 엉성했는데 극단에서 함께 하자고 제안해줘서 얼떨떨했다. 그렇게 연극 작품 속 '진솔희'라는 인물과 조우했다. 두툼한 대본을 처음으로 받은 날 연애를 시작할 때의 설렘으로 대사를 소리내어 읽고 또 읽었다. 진솔희는 푼수 같은 면을 지닌 못생긴 이혼녀였다. 자신이 좋아하는 남자에게 직진으로 들이대는 밝고 꾸밈없는 성격의 캐릭터였다.

학교 다닐 때 여자 친구들과는 간혹 대화를 나눴는데 남자친구들과 말해 본 기억은 거의 없다. 본의 아니게 '남녀칠세부동석'을 실천한 것이 신비주의 전략처럼 보였는지 하굣길에 같은 반 남학생이 날 좋아한다고 고백한 적이 있다. 그 말을 듣자마자 무슨 모욕이라도 당한 듯 울면서 집으로 달려가 버렸다. 그 남학생이 얼마나 무안했을지 지금 생각해도 어이가 없고 미안하다.

'난 참 바보처럼 살았군요' 노래가 절로 나오는 나의 연애 태도와 대비되는 진솔희 역할이 마음에 들었다. 좋아한다고 당당히 말하고 거절당

해도 허허 웃어버리는 진술희를 연기하면서 대리만족의 쾌감을 느꼈다. 일부러라도 웃으면 뇌가 진짜 웃는 것으로 판단한다는데, 웃음 헤픈 진술희 역할을 하니 행복지수가 마구 올라갔다.

지역마다 여러 극단이 있는데, 당시 내가 속한 '이룸 극단'에는 본업이 있으면서 연기의 열정을 이어가고 있는 사람들이 많았다. 회사원, 공인중개사, 온라인숍 운영자, 방과후강사 등 다양한 시민들이 퇴근 후 연습을 함께 했다. 연습실은 극단 대표가 운영하는 연기학원을 이용했다. 직업인으로서의 배우에 도전하고 있는 사람들도 있었다. 영화나 드라마 오디션을 보면서 아르바이트로 생계를 유지한다고 했다. 연습하면서 단원들과 많이 친해졌다. 자신의 프로필을 제출하러 제작사나 에이전시를 열심히 찾아다니는 경우도 보았다. 그러나 프로필 투어를 아무리 많이 해도 오디션 연락이 잘 오지 않는다고 고민을 털어놓았다. 그들은 고정적인 수입이 있으면서 취미로 연기하는 나를 부러워했다.

시민극단이라 재정 사정이 넉넉하지 못하니 홍보활동부터 의상준비까지 출연 배우가 직접 발로 뛰면서 준비했다. 배우들에게 돌아가는 돈은 없었고 표를 팔아서 얻은 수익은 극단의 공연준비를 위해 모두 지출했다. 드디어 시민회관 극장에서 공연하는 날이 왔다. 무대 올라가기 직전 대기실에서 연기자 중 한 명이 나에게 말했다.

"공연 시작 직전 많은 배우가 긴장하는데 언니는 다르네요. 속된 말로 '똘끼'라고 하는데 평상시와 눈빛과 많이 달라지는 것 아세요?"

무대에 올라가면 '조신한 척(?)하지 말고 신나게 놀아보자.'는 흥이 생겼다. 당시 공연을 복기해보면 상대 배우와 대사를 주고받는 장면 연기에서 눈을 지나치게 깜빡였고 발성도 미숙했다. 프로들의 무대에 비하면 보잘것없지만, 무대 위의 나는 참 자유로웠다. 딸아이에게 연극표를 주며 보러오라고 했다. 엄마가 이렇게 열심히 살고 있다고 보여주고 싶었다. 딸아이는 퇴근 후 항상 피곤에 찌들어 있는 교사로서의 엄마만 보다가 배우로서의 엄마를 보니 신기해했다. 엄마가 참 잘살고 있는 것 같다며 엄지를 치켜세웠다. 다른 사람으로 살아보는 매력적인 연기의 세계는 나를 살아가게 만드는 또 하나의 이유가 되었다. 현재는 지역 극단 활동을 잠시 멈추었지만, 기회가 되면 다시 돌아갈 예정이다. 교실 속 외로운 어른인 다른 교사들에게도 용감하게 가까운 지역 극단의 문을 일단 두드려 보길 권한다.

3	막	.	커	튼		뒤	:		
셀	프		치	유	의		배	경	이		된
곳									

멀미해방일지 – 여행으로 치유하다

학생 때 현장학습을 가는 날이면 검정 봉지는 필수품이었다. 특유의 경유 냄새와 덜컹거림이 더해져 탈 때마다 구토했다. 영종도 섬에 살 때는 육지로 나가기 위해 배를 자주 이용했다. 뱃멀미도 심해서 어디론가 이동하는 행위 자체가 고역이었다. 초등학교 6학년 때 낯선 나라에 유학할 기회가 생겼다. 큰아버지 댁이 호주로 이민 가면서 나를 데리고 가고 싶다고 했다. 낯선 곳으로의 이동이 기회가 아닌 공포로 다가왔다. 따라가는 게 좋겠다는 엄마의 설득에 싫다는 말도 못 하고 밤새 구토를 했다. 멀미 증세였다. 나의 등을 두드려주던 엄마가 울면서 솔직히 자신도 보내고 싶지 않다고 가지 말라고 하였다. 안심되어 바로 잠들 수 있었다.

나는 자전거를 타지 못한다. 시도는 몇 번 해보았으나 실패했다. 자전거도 못 타는 내가 성인이 되면 가장 먼저 해보고 싶은 것은 운전면허증 취득이었다. 수동 2종 자격증을 따자마자 오만하게도 여러 명을 태우고 부산까지 갔다. 직진은 쉬운데 휴게소를 들어가는 것이 문제였다. 속도를 줄이며 차선 바꾸는 기술이 부족했다. 방향지시등을 켜고 차선을 변경하려는데 뒤에 차들의 경적이 엄청났다. 사각지대에 있는 옆 차를 못 보고 거의 부딪힐 위기에 뒤차들이 이를 알리기 위해 빵빵거렸다. 나의 잘못으로 타고 있던 일행과 상대 차에 치명적 위해를 가할 뻔했으니 그 경솔함을 반성한다. 아찔했던 그 사건 이후 늘 방어운전을 하고 있다. 덕분에 김포에서 서울까지 10년 넘게 출퇴근하면서도 무사고를 기록하며 나름 베스트드라이버가 되었다. 신기한 것은 운전을 시작하면서 그 심했던 멀미가 씻은 듯이 사라졌다는 것이다. 멀미는 흔들리는 외부 자극과 내부 감각이 일치하지 않을 때 일어난다고 한다. 수동적으로 탑승한 차에서 심했던 멀미가 능동적으로 운전을 하고부터 씻은 듯 없어졌다. 수동적인 환경에서는 답답함을 느끼지만, 능동적으로 찾아간 낯선 장소에서는 해방감을 느끼는 것과 같은 이치일까 싶다.

　멀미로부터 해방되고 난 후 능동적으로 선택한 첫 번째 여행지는 제주도였다. 처음 타보는 비행기, 풍덩 뛰어들고 싶던 움푹 파인 오름들. 세상에 대한 호기심이 마구 생겼다. 돈을 아끼기 위해 모기망도 없는 민박집에서 모기에 얼굴을 뜯겨가며 흑돼지를 구워 먹었다. 함께 간 친구들과 같이 부대끼고 동네 주민들과 이야기를 나누면서 비로소 대인관계를 배웠다. 초·중·고 12년 동안 친구들과 나눈 대화보다 제주도에서의 일주일 수다의 양이 더 많았다. 얽혀있는 매듭이 풀리듯 마음속 얘기도 술술 나왔다. '아, 이거구나! 내 소심함을 치유하는 방법은 여행이다!'라고 결론 내렸다.

대학교 3학년이 된 해, 친구들과의 유럽 배낭여행을 여름 방학 목표로 잡았다. 목돈이 필요했기에 과외, 백화점 점원, 공장일 등 다양한 아르바이트로 돈을 모았다. 백화점 전자제품 코너에서 일했을 때 인상적이었던 손님은 한 달 동안 사용한 전기밥솥을 가지고 와서 당당하게 마음에 안 드니 환불해 달라는 진상 고객이었다. 일머리가 부족해서 선배 직원으로부터 그따위로밖에 못 하냐며 자주 혼났다. '공부가 가장 쉬웠어요.'를 깨달으며 화장실에 가서 눈물을 훔치고 자리로 돌아왔다. 종일 서 있느라 다리에 감각이 없을 정도가 되면 한구석에 마련된 휴게공간에서 잠깐 쉴 수 있었다. 창문 하나 없는 비좁은 공간 안에 다닥다닥 붙어서 구두 속 땀 냄새 나는 발을 꺼내 놓으며 쪼그려 앉은 휴게실 풍경은 화려한 백화점과 대비되었다. 직원으로서 가장 부러운 것은 사람들이 여유롭게 걸으며 쇼핑하는 것이었고, 가장 싫은 것은 폐장을 알리는 음악에도 불구하고 여유롭게 걸으며 쇼핑하는 것이었다.

힘들게 번 돈으로 탑승에 성공해서 기내식으로 제공받은 따끈한 빵은 꿀맛이었다. 배낭여행이 호락호락하지만은 않았다. 돈을 아끼느라 매일 끼니를 바게트로 때우며 여행하고 있는 와중에 마드리드 전철 안에서 여권을 소매치기당했다. 3일을 더 머물며 대사관에서 받은 임시여행자 여권을 받고 헝가리행 기차에 올랐다. 여권검사를 하던 헝가리 경찰이 임시 여권이라 국경을 넘을 수 없다며 당장 내리라고 했다. 죽으라는 법은 없는지 때마침 같은 칸에 타고 있던 미국 국적 일행 중 한 명도 여권을 잃어버린 상태였다. 그런데 그 사람에게는 내리라는 말을 하지 않았다. 우리 일행은 경찰이 지닌 총이 무섭지도 않았는지 왜 미국인은 되고 한국인은 안되냐고 따져 물었다. 영어 울렁증도 막다른 골목에 몰리니 극복할 수 있었다. 그렇게 무사히 국경을 넘을 수 있었다.

여행에 대한 노하우도 쌓였겠다, 마음의 근력을 더 키우기 위해 이번엔 혼자 여행을 해보기로 했다. 신규 임용된 2002년, 퇴근 후면 월드컵 거리응원에 열정을 불사르다가 여름 방학이 시작되자 비행기에 올랐다. 과연 내가 잘한 결정인가 여행을 떠나기 전날까지 초긴장했지만, 지나고 보니 나의 화양연화(花樣年華)*가 아니었나 싶다. 미코노스섬에서 야간 배를 놓치는 바람에 노숙하며 들었던 김광석의 '서른 즈음에', 나른함 속에 바라본 나일강 노을, 더위 속에서 힘겹게 걷는 나를 향해 '알라'를 외치며 돌덩이 같은 배낭을 들어주던 할머니의 푸근함, 바이킹도 못 타는 내가 패러글라이딩을 감행하며 바라본 욜루데니즈. 내 마음의 소리를 들을 수 있었던 혼자 여행은 고단하지만 반짝였던 추억으로 남아 있다. 개학하고 다시 만난 학급 아이들에게 모험담을 들려주니 눈빛을 빛내며 자기들도 꼭 배낭여행을 갈 것이라고 떠들었다. 그때의 학생들은 몇 명이나 그 계획을 실행에 옮겼을지 궁금해진다.

무례함을 마주했던 학교에서의 상처를 치유하기 위해 매년 방학을 이용해 낯선 곳을 여행한다. 비행기 몇 시간을 타고 전혀 다른 세상을 만나면 K 장녀로서의 책임감도 잠시나마 날아가 버리는 기분이다. 딸아

---

* 인생에서 가장 아름다운 순간, 청춘의 화려하고 빛나는 시기

이가 유치원 다니기 전까지는 친정에 맡기고 여행을 떠났고 그 이후부터는 다양한 나라를 데리고 다녔다. 잘 따라다니던 딸내미가 사춘기가 되니 카메라 없는 '나혼자 산다'를 찍고 싶다며 여행을 거절했다. 내가 불량 엄마라는 생각도 들었지만, 독립연습을 하고 싶다는 딸을 남겨두고 과감히 여행을 떠났다. 언젠가 함께 근무했던 캐나다 국적의 원어민이 나에게 이렇게 말한 적이 있다.

"어렸을 때부터 부모님 두 분이 저를 두고 여행을 떠난 적이 많아요. 섭섭하기도 했는데 성인이 되어보니까 자신의 인생을 참 멋지게 사신 것 같아요. 잠깐 떨어져 있을 때 부모님에 대해 생각도 많이 했어요. 저도 지금의 남자친구와 결혼하면 그렇게 살고 싶어요."

천체는 무게 중심이 밖이 아닌 안에 있어서 안정적으로 궤도운동을 한다고 배웠다. 세상을 살아가며 타인에게 맞춰야 하는 게 너무 많다. 여행하는 동안은 내 중심으로 가치판단을 하는 나를 만나서 좋다. 내 딸아이도 자신을 만나 치유할 수 있는 여행 같은 시간을 자주 갖기를 소망한다.

아모르 파티(Amor Fati) - 취미앱으로 치유하다

몇 년 전 로컬큐레이터 수업에 참여했다. 로컬큐레이터란 동네 구석 구석을 즐길 수 있는 프로그램을 운영하는 사람을 말한다.

"언니를 두고 갓생 산다고 하는 거야."

퇴근 후 로컬큐레이터 수업 장소로 향하는 나를 두고 동생이 한마디 했다. 갓생은 영어 '갓(God)'과 '인생'을 합친 말로, 현실에 집중하면서도 새로운 계획을 실천해나가는 삶을 의미한다. 특히 남편은 안 해도 될 일을 만들어서 실천하는 내가 참 피곤하게 산다고 생각한다. 나는 교사가 되기 전 갓생과는 거리가 먼 사람이었다. 행동이 느리고 뭐든 귀찮았다. 입은 옷을 벗고 나면 허물 벗듯 그대로 두고 책상 위는 학용품 등 잡다한 물건으로 가득 쌓여 있었다. 밥은 멍때리다가 1시간씩 먹는 느린 아이였다. 교사가 되고 나서는 급식시간 5분 컷으로 먹을 수 있는 기술을 익혔다. 자칫 학급 일로 점심을 거르는 상황이 생길 수 있으므로 먹을 수 있을 때 빨리 먹자는 심정으로 속도가 빨라졌다. 그러나 소화 기능은 그 속도에 따르지 못해 곧잘 체하곤 한다.

수능 금지곡이라고 불리는 가수 김연자의 '아모르 파티' 가사가 좋아서 나도 모르게 자주 흥얼거렸다. 제목의 '파티'가 사교를 목적으로 여러 사람을 초청하여 즐기는 모임의 의미로 생각했는데 프리드리히 니체의 운명관을 나타내는 용어라고 한다. 라틴어로 '사랑'을 뜻하는 아모르

(Amor)와 운명을 뜻하는 파티(Fati)의 합성어다. 니체는 필연적인 운명을 긍정하고 사랑할 때만 인간 본래의 창조성을 발휘할 수 있다고 설명했다. 내 맘대로 해석하여 '타인과 비교하지 말고 오늘을 즐겁게 살자.'쯤으로 받아들였다. 작가 김영하가 말한 '상처를 몽땅 흡수한 물건들로부터 달아나는' 심정으로 퇴근 후 교실을 벗어나 '내가 하고 싶은 것을 하고 살자.'로 실천했다. 그런 의미에서 로컬큐레이터 수업에도 참여했던 거였다.

로컬큐레이터는 자신이 계획한 프로그램을 취미앱에 올려두고 손님을 초대하기도 한다. 취미앱*에는 대부분 유료 프로그램이 등록되어 있고, 남녀노소 다양한 직종의 사람들이 만나 함께 활동한다. 본업이 있던 어느 로컬큐레이터는 퇴근 후 외국인들을 대상으로 재래시장을 소개하는 로컬큐레이터 프로그램을 운영하였다. 신청자가 점점 많아지고 인기 만점 프로그램이 되면서 본업을 아예 관두고 본업의 몇십 배에 달하는 고정수익을 벌고 있다고 한다. 겸직금지로 수익 창출이 어려운 나는 주인(호스트)보다는 손님(크루)의 역할에 집중하여 취미앱을 활용했다. 로컬큐레이터 수업에서 얻게 된 수확은 취미앱을 알게 된 것이다.

햇살 좋은 어느 날, 성북구 예쁜 단독주택 살림집 주인과 홍차를 마시며 영국식 찻잔 쥐는 법을 익혔다. 내 얼굴에 어울리는 여름 쿨톤 컬러를 찾기도 하고 이탈리아에서 배웠다는 발효 빵 기술을 전수받고 따끈한 빵을 만들어 먹기도 했다.

뒷골목 구석진 카페에서 향긋한 드립 커피 내리는 법을 배운 후에는

---

* 취미 앱에는 FRIP, 솜씨당, 웬지, 모하나, 탈잉 등이 있다.

학생들이 교과수업을 간 틈에 정성스레 날 위한 커피를 내리고 수업 준비나 행정업무를 시작했다. 교과 시간이 끝나 아이들이 교실로 들어오며 커피 향 좋다며 코를 킁킁댄다. 녀석들에게는 미리 구매해 둔 핫초코 한 잔씩을 돌린다. 분위기가 말랑말랑해져서 발표할 때 마음에 있는 이야기가 잘 나온다.

천연오일 클래스에 참여해서 내가 좋아하는 향을 찾고 나의 시그니처 오일향수를 만들기도 했다. 짜증 내는 학생이 많을 때는 스윗 오렌지를, 여기저기 지방방송을 해대며 방방 뜰 때는 페퍼민트와 유칼립투스 오일로 방향제를 만들어 내 교실의 분위기를 바꿔보는 데 활용하기도 하였다.

그럴만한 시간과 돈이 어디 있냐 묻는다면 나에게는 든든한 마이너스 통장과 집안일은 미룰 수 있는 유연함이 있다고 답하겠다. 먼지 하나 없는 집안을 만들거나 통장 잔고가 쌓이는 것보다 경험하지 못한 것을 배워보고 결핍을 해소하는 것이 더 좋았다. 고맙게도 아이의 저녁 식사는 남편이 장을 봐서 손수 만든 음식으로 해결했다. 비록 순두부찌개에 찐빵을 넣는 등 독창적인 음식이 탄생하곤 하였지만. 결혼 전까지는 내 취향이라는 게 없고 남들이 하는 대로 따라 하는 것이 편했다. 옷도 엄마가 골라주는 대로 입었고 먹는 것도 친구들 의견을 따라서 먹었다. 어느덧 40대가 되니 내가 좋아하는 것이 무엇일까 찾아보고 싶었다. 취미앱을 통해 내 취향이 무엇인지 차차 알아갈 수 있었다.

영화 〈카모메 식당〉에서 주인공 사치에는 식당 운영을 하다가 손님이 뜸하다 싶으면 문을 닫고 수영장에 가서 수영을 즐긴다. 손님이 많은 시즌이라도 과감히 하루 문을 닫고 바다를 바라보며 한적함을 즐기기도 한다.

"하기 싫은 일을 안 할 뿐이에요."

이런 말을 할 수 있는 사치에의 태도가 부러웠다. 직장과 가정에서 하기 싫은 일을 안 하고 살 수는 없다. 취미앱은 잠깐이지만 하기 싫은 일은 안 하고 사는 인생을 맛볼 수 있었다. 그 기분은 일주일 이상 지속되어 주기적으로 예방주사 맞듯 취미앱 예약 버튼을 누르곤 한다.

암전*: 제대로 숨 쉬며 치유하다

작은 학교에 근무하며 학년부장과 특수부장을 몇 년 동안 겸임한 적이 있다. 아이스크림 골라 먹는 재미도 아니고, 매년 다른 특수부장을 경험했다. 몇 년 동안 방과후부장, 과학정보부장, 생활인성부장, 진로부장을 하면서 정신없이 공문을 처리하고 퇴근하면 초등학교 저학년인 딸의 학교생활도 챙겨줘야 하니 하루하루 행동이 급해지고 숨이 가빴다. 만성 피로감을 참아가며 교실에서 친절한 웃음을 짓다가, 집에 와서는 소파에서 그대로 잠들거나 작은 일에도 딸아이에게 화가 폭발했다. 쫓기듯 바쁜 일상을 대변하듯 출근길과 등굣길 나와 딸의 머리는 간밤에

---

* 막을 내리지 않은 상태에서 무대의 조명을 끈 다음 장면을 바꾸는 일

감고 잔 그대로 뻗쳐 있기 일쑤였다.

　방과후 부장을 맡은 해였다. 교실 컴퓨터 주위에 해야할 일을 잔뜩 써놓고 하루를 시작했다. 강사채용 및 관리 제반 업무 그러니까 채용공고, 면접, 강사급여, 학교 사용료, 환불, 각 강좌 공개수업 기안 등의 업무를 처리했다. 금액을 틀려 시말서를 썼다는 동료의 사례를 접했기에 숫자 하나라도 실수하고 싶지 않았다. 방과후 시간에 발생한 학생 간 다툼 문제 조율, 방과후 교실 관리까지도 나의 일이었다. 학년부장으로서의 업무까지 더해져 급한 것부터 닥치는 대로 처리했다. 그 때문에 교사 본연의 업무인 수업과 생활지도가 버거워졌다. 업무를 시작할 때면 흡사 사격하기 직전 떨림을 막기 위해 잠시 숨을 멈추는 것처럼 호흡을 멈추며 온몸이 경직되는 것 같았다. 두통이 잦았다. 그 무렵 오랜만에 만난 큰외삼촌이 내 얼굴을 보고 놀라며 말했다.

　"너 얼굴이 왜 그래? 큰 병 걸린 것 같아. 휴직이라도 하고 좀 쉬어야 하지
　않겠어?"

　주먹을 있는 힘껏 쥐어보면 표정도 함께 구겨진다. 매일 긴장하며 살고 있으니 얼굴로 드러날 수밖에 없었나 보다. 휴직은 다음 해로 미루고 우선 요가학원에 등록했다. 명상과 함께 깊은 호흡을 할 수 있는 복식호흡을 배웠다. 건강한 호흡 속도는 1분 기준으로 10~14회라는데 나의 경우 30회가 넘었다. 과호흡과 얕은 흉식호흡을 하고 있었다.

　숨을 아주 깊게 들이마시면서 풍선이 커지듯, 폐를 최대한 팽창시키

면서 복부가 부푸는 것을 느낀다. 내쉴 때는 복부가 홀쭉해지는 것을 느낀다. 숨을 내쉴 땐 마실 때보다 '속도'를 천천히 하면서 내쉰다. 복식 호흡법으로 4-3-5-3 규칙을 따르기도 하는데 숨을 4초 동안 들이마시고, 3초 숨을 멈추고, 5초 동안 내쉬고, 다시 3초 숨을 멈추는 방식으로 호흡하는 것이다. 복식호흡을 하며 명상하는 시간이 늘수록 나의 솟아오른 승모근도 조금씩 얌전해졌다.

호흡법과 더불어 사랑하는 요가 자세는 짧은 시간에 깊은 휴식을 취할 수 있는 일명 송장 자세(사바사나*)이다. 천장을 보고 누워 두 무릎을 펴서 골반 너비로 벌린다. 양팔을 넓적다리에서 약간 떨어진 곳에 두고 손바닥이 바닥을 향하도록 한다. 눈을 감고 숨을 깊이 들이마시고 내쉬며 온몸이 바닥에 가라앉는 상상을 한다. 몸의 구석구석을 의식하며 힘을 빼면 근육이 이완되면서 긴장이 풀어진다. 고생한 내 몸이 존중받는 느낌이다. 불면 증세가 있다면 잠시나마 내려놓음을 경험할 수 있는 송장 자세를 추천한다.

나처럼 긴장도를 낮추는 호흡법이 절실하게 필요한 학생이 있었다. 혜성이는 교사들과 친구들이 완벽하다고 평가하는 학생이었다. 운동, 노래, 춤, 공부까지 빠짐없이 잘하며 예의가 바른 모범생이었다. 그런데 학기 시작하고 몇 주 관찰해본 결과 뭔가 불편해 보였다. 시험문제가 하나라도 틀리면 매우 괴로워했고, 다른 사람에게 인정받기 위해 끊임없이 눈치를 보는 느낌이었다. 그냥 성격이려니 생각하고 일단 지켜보고 있었다.

---

* 산스크리트어로 사바(Sava)는 송장(시체)를 뜻함

새 학기가 한 달쯤 지난 어느 날 수업을 진행하고 있는데 교실로 전화가 왔다. 혜성이 어머니였다. 얼핏 스친 혜성이 얼굴은 많이 불안해 보였다. 혜성이 어머니는 발음이 어눌했고 같은 얘기를 반복하며 통화를 계속하려고 했다. 그 후로도 몇 번 전화가 왔고 계속 요점 없는 이야기를 반복했다. 아버님과도 통화를 해봐야겠다고 생각한 날 혜성이가 상담을 요청했다.

"엄마가 참 좋은 분인데 알코올 중독이세요. 제가 어렸을 때부터 소주를 매일 드셨어요. 제가 기억하기로는 매일 네 병씩은 드세요. 가족들이 무엇을 해봐도 안 되니까 너무 답답해요. 죽을 것 같다는 생각이 들어서 숨 쉬기도 힘들어요."

　나의 어린 시절 집안 곳곳에 굴러다닌 빈 소주병들이 떠올랐다. 삶이 괴로울 때마다 술로 해결하던 새아버지는 결국 알코올성 고관절 괴사로 수술받고 이후 장애 판정을 받았다. 혜성이는 그동안 어머니의 알코올 중독에 대한 고민을 털어놓지 못했다고 한다. 친구나 선생님들께 얘기해봤자 해결되지 않을 것 같아서였단다.

"말하기 힘들었을 텐데 솔직하게 말해줘서 고마워. 혜성이가 씩씩해서 그런 사정이 있는지 몰랐네."
"저로 인해서 분위기가 어두워지는 게 싫었어요. 그래서 일부러 더 밝게 웃고 뭐든 더 열심히 했어요. 사실 집에서는 너무 화가 나서 주먹으로 유리를 깨서 피가 철철 난 적도 있어요."

혜성이 어머니는 나에게 전화할 때마다 술에 취해서 전화한 것인데 흔치 않은 경우라 예상치 못했다. 그 전 학교에서 학생의 부모님이 나에게 전화해서 서로가 맞바람의 원인이라며 험담을 늘어놓았던 흔치 않은 경우가 있긴 했지만.

혜성이 아버지가 상담을 위해 학교로 찾아왔다. 아무래도 엄마와 떨어져 지내는 것이 답이라며 아이를 친척 집으로 보내야겠다고 했다. 혜성이는 며칠 뒤 친척이 있는 곳으로 전학을 갔다. 그런데 한 달 만에 다시 우리 학급으로 전입 왔다. 정신과 공황장애 관련 약을 먹기 시작했다고 하였다. 못 본 사이에 10kg 가까이 빠져 너무 야윈 몸으로 변해 있었다. 식사를 거의 못 했다고 했다. 식사할 때도 100m 달리기 출발선에 서서 출발 총소리를 기다리는 순간처럼 심장이 엄청나게 뛰면서 음식을 넘길 수 없다고 했다. 우선 살은 좀 찌워야겠다 싶어서 라면, 과자 등 조금이라도 먹을 수 있는 간식거리들을 자주 챙겨줬다. 지역 복지센터와 정신건강센터에도 연락했다. 담당자에게 약물 관련 가족 상담 및 병원 치료를 도와달라고 부탁했다. 그로부터 몇 달 뒤 혜성이는 조금씩 체중이 늘었고 어머니도 많이 좋아졌다고 했다. 중독은 의지로만 해결되는 것이 아니라 어머니를 비난하기에 앞서 인간적인 궁금증이 생겼다. 혜성 어머니는 무엇이 괴로워서 술을 마시기 시작했을까? 약을 조금씩 줄여가던 혜성이는 아침에 제일 먼저 등교해서 마음속에 있는 말을 많이 했다.

"엄마의 아버지, 그러니까 외할아버지가 너무 가부장적이었다고 해요. 아버지와 겪었던 일이 너무 괴로워서 술을 드시기 시작했나 봐요. 그래도 술을 정말 왜 마시는지 이해가 가지는 않아요."

엄마가 언제 또 나빠질지 몰라 불안하다고도 했다. 집보다 학교가 편한 아이들이 있다. 혜성이도 그랬다. 방학이 싫다고 하고, 학교에서 생활하고 싶다고 했다. 사정을 모르는 친구들은 모범생티 내냐고 의아해했다. 나는 혜성이에게 말했다.

"지금까지 충분히 잘했어. 정말 잘 컸다. 착하다."
"잘하지 않아도 괜찮아. 존재 자체로 넌 가치 있고 소중한 사람이야."

나 자신에게 하고 싶던 말이기도 했다. 혜성이 어머니는 학년 말 학교에 와서 미안한 표정으로 말했다.

"선생님 걱정 끼쳐서 죄송해요. 덕분에 많이 좋아졌어요."

졸업식이 있는 날 혜성이가 말했다.

"힘든 일이 참 많았지만 담임 선생님 덕분에 이겨낼 수 있었고, 행복한 순간은 더 행복할 수 있었어요. 사랑합니다."

자기 상처를 치유 받은 경험이 최고의 치유자를 만든다는 정혜신 박사의 말처럼 학생인 혜성이가 상처 입은 치유자가 되어 교사인 나를 치유해 준 장면이 아닐까 싶다.

05

피날레 (Finale):
퇴직과 죽음이라는
인생의 방향

한 달 간격 두 번의 장례식

외할아버지 하면 떠오르는 것은 우울함과 자애로움이 섞인 눈빛이다. 친정엄마가 딸로서 기억하는 외할아버지는 먹을 것이 없어도 책을 붙들고 있는 지독한 독서광이면서 풍류를 즐기는 분이었다. 유복한 가정에서 태어났지만 계속된 사업 실패로 당장 먹을 것을 걱정해야 할 상황을 만든 분이다. 나의 낮은 경제 감각은 아무래도 외할아버지로부터 물려받았나 보다. 다섯 살 무렵 동네에 리어카 말놀이기구가 등장하면 타고 싶은 마음이 샘솟았다. 옆에 있던 외할아버지에게 태워달라는 말은 하지 않았다. 다만 기마 자세로 말놀이기구를 바라보며 엉덩이를 계속 들썩거렸다. 할아버지는 유일한 낙이었을 약주 한잔 잡수실 돈을 포기하고 나를 말에 태워주셨다. 그해 여름 할아버지는 발에 자그마한 상처를 입었고 그 상처는 파상풍과 패혈증이 되어 할아버지를 영원히 데려가 버렸다. 외할아버지 나이 51세였다. 가족으로 인연을 맺은 사람 중 내가 기억하는 첫 번째 죽음이었다. 미친 사람처럼 서럽게 울어대는 엄마와 이모들을 보며 의아했다. 죽음이 뭔지, 다시는 볼 수 없다는 것이 어떤 의미인지 그때는 잘 몰랐다.

외할아버지의 죽음 뒤 20여 년이 지나고 교사가 된 첫해였다. 옆 반이었던 화림이는 우리 반에 가끔 놀러 오는 넉살 좋은 학생이었다. 학급 행사로 음식을 만드는 날이면 우리 반에 놀러 와 "한 입만 주세요."를 외치며 아기 새처럼 입을 벌려 받아먹곤 했다. 어느 주말 화림이네 가족은 지방을 다녀오다가 교통사고가 났다. 사고로 인해 밝고 맑았던 화림이를 다시는 볼 수 없었다. 학교에서 맺은 인연의 첫 번째 죽음이었다. 내가 가르치고 있는 학생도 갑자기 죽음을 맞이할 수 있다는 큰 충격과 슬픔에 사로잡혔다. 등교 시간마다 교실로 들어오는 학생들을 보며 살아서 와준 것 자체에 안도감이 들곤 했다.

애틋했던 두 사람의 죽음을 한동안 잊고 지냈다. 화림이의 죽음 뒤 다시 20년이 지난 2022년 3월과 4월 한 달 간격 두 번의 장례식을 치렀다. 외할머니와 새아버지였다. 코로나로 인해 강사를 구하기 힘든 시기였기에 학교 측에 눈치가 보였고 온전히 슬퍼하지 못하고 강사를 구할 수 있는지를 먼저 걱정해야 하는 것이 좀 서글펐다.

외할머니는 내가 한 농담에 깔깔 웃으며 다정하게 손을 잡아 주고 나를 위해 정성스레 과일을 깎아주곤 했다. 어른들로부터 받은 동전을 모왔다가 할머니에게 드리며 돈 더 많이 모으면 커서 좋은 집에서 같이 살자고 약속했다. 그 약속은 지키지 못했지만 혼자 사는 할머니를 자주 모시고 함께 데이트를 했다. 지금도 백발의 어르신이 가족과 카페에 앉아 있는 모습을 보면 할머니 생각에 가슴이 싸하게 아려온다. 돌아가시기 몇 년 전 정신이 맑을 때 나를 보면 선생 하기 얼마나 힘드냐며 안쓰러워하곤 했던 할머니였다. 따뜻한 나의 할머니는 코로나를 이기지 못하고 그렇게 내 곁을 떠났다.

그로부터 한 달 후 새아버지의 장례식이 있었다. 친아버지가 살아 있었기 때문에 친아버지 장례식에는 5일 특별휴가를 쓰지 않는 조건으로 장례를 도울 수 있었다. 아버지와 성이 다르긴 하지만 빈소의 알림판에는 나의 이름이 동생들과 나란히 상주로 올라갔다.

새아버지는 가족 외에 타인에게는 사람 좋은 분이었다. 팀을 모아서 목수 일을 하고는 받은 돈을 팀원들에게 챙겨주고 본인 몫은 챙기지 못했다. 그 후로도 여러 일을 했지만, 임금체불을 당해 돈을 못 받기 일쑤였다. 가족의 생계를 책임지는 쪽은 엄마였다. 엄마는 식당일, 배달일, 부업까지 가릴 것 없이 하면서도 자장면까지 손수 만들어주는 슈퍼우먼이었다. 새아버지에 대해 특별히 따뜻한 기억은 없지만 친자녀와 차별하지는 않았다. 친딸의 생일을 모를 정도로 자녀 모두에게 무관심했으니까. 어느 날부터 새아버지의 말수가 줄고 집을 못 찾는 일이 자주 생겼다. 병원에서 뇌암 말기라고 하였다. 치료하지 않으면 6개월, 치료하면 1년 시한부 판정을 받았다. 마지막으로 할 수 있는 도리는 하고 싶었다. 여기저기 암에 대한 정보를 알아보았다. 동생과 함께 유명하다는 의사를 만나고 치료법을 알아보았다. 새아버지가 돌아가시기 한 달 전쯤 마늘이 들어간 돼지고기볶음을 먹고 싶다고 하였다. 형편없는 음식 솜씨지만 새아버지에게 해드리는 처음이자 마지막 음식일지 모른다는 생각에 공들여 조리했다. 정성이 통했는지 하나도 남김없이 맛있게 드셨다. 한 달 뒤 새벽 전화벨이 울렸다. 요양병원이었다. 위독하니 빨리 방문하라고 하였고 임종을 지켰다. 동생은 아버지의 유골이 담긴 함을 들고 많이 울었지만 난 외할머니가 돌아가셨을 때만큼 많은 눈물이 나지 않았다.

몇 달 뒤 낙지요리를 먹다가 흐르는 눈물을 훔쳤다. 새아버지는 휴일에 갯벌에서 낙지를 잡아 가족들에게 주었다. 별생각 없이 먹곤 했는데 한 번 따라가 보고 나서는 낙지가 다르게 보였다. 갯벌에 다리를 넣고 빼는 것 자체가 힘든 데다가 낙지 구멍에 손을 수없이 찔러 넣어도 낙지 한 마리 잡기 힘들었다. 새아버지는 휴일에 종종 전화해서 잡은 낙지를 가져가라고 하였다. 쉬고 싶은데 가지러 오라는 전화에 슬그머니 짜증이 나곤 했다. 아버지가 돌아가신 후 냉장, 냉동, 국산, 수입 등 여러 낙지를 구매해보지만, 아버지가 잡아서 준 그때의 낙지 맛은 아니다.

두 번의 장례식에서 입관 전 마지막 인사를 하였다. 장례지도사는 고인을 씻겨 옷을 입히고 얼굴에 메이크업을 해준다. 다음으로 상주들을 불러 입관하기 전에 고인에게 마지막으로 한마디씩 하라고 했다. 죽은 사람을 직접 본 것은 처음이었다. 할머니와 아버지 모두 싸맨 몸이 생각보다 작았고 창백한 얼굴이 낯설었다. 다행히 잠든 듯 편안해 보였다.

"할머니, 저에게 진심을 다해 주셔서 감사했어요. 내 할머니라 좋았어요. 사랑해요."

"아빠 차별 없이 키워주셔서 고마워요. 그곳에서는 아프지 말고 편히 쉬세요."

이후 매스컴을 통해 수많은 교사들의 부고를 접했다. 2024년 2월, 세상을 떠난 교사들의 순직 인정을 촉구하는 집회에서 어느 선생님의 유서 내용 일부를 들으며 마음이 저렸다.

'살려주세요. 마음을 터놓고 말할 수가 없다. 나 이러지 않았는데….'

마지막 안간힘을 쏟아 절망적 선택을 하기 얼마 전 남긴 휴대폰 메모 형식의 유서였다. 그들을 보낸 유가족들은 입관 전에 어떤 말을 전했을까. 그만큼 힘들었다는 것을 몰랐을 자신을 탓하기도 했겠지. 안아주고 싶고 만져주고 싶을 텐데 다신 그럴 수 없는 아픔을 어찌 삭일까. 함께 좋은 곳도 가고 맛있는 것도 먹고 싶을 텐데 얼마나 보고 싶을까. 이승에서 힘들었을 나의 동료들에게 늦게나마 입관 전 인사를 전하고 싶다.

"나는 당신입니다. 당신은 나입니다. 그곳에선 평안하세요."

J형 인간의 퇴직 준비

　교사의 어떤 점이 좋아서 이 직업을 선택했을까 생각해 본다. 타인을 바람직한 방향으로 변화시키는 데 도움을 줄 수 있다는 점이 매력적으로 다가왔다. 요즘은 이런 매력을 실현하기 힘들다. 바람직한 방향으로 변화시키려 생활지도를 하면 학생으로부터 꼰대라는 소리를 듣기도 한다. 교실에서는 옳은 말도 귀를 닫아버리는 소위 '역꼰대'인 학생을 종종 볼 수 있다. 또한, 불안정했던 나의 유년기를 거치면서 교사가 되면 안정감이라는 선물을 받을 것 같았다. 쉽게 잘리지 않는 고용의 안정성, 학교라는 공간이 외부에서 쉽게 침범할 수는 없는 안전한 곳이라고 생각했다. 하지만 불안함의 평행이론인지 교사가 되었지만, 여전히 나의 삶은 불안하다. 아동학대법, 학교폭력예방법 등의 구조적 문제를 교사 개인의 노력으로 고군분투하며 버텨야 하는 직업인으로서의 불안 때문이다. 모든 직업인이 자신만의 어려움이 있겠으나 걸어보지 않은 다른 직업에 대한 미련도 남아 있다.

　퇴직 후에 새로운 직업을 가지면 어떨까 생각하다가 동네에 '필라테스 지도자 자격반 모집'이라는 현수막이 눈에 띄었다. 인터넷을 뒤져 수요와 급여를 살펴보았다. 나쁘지 않았다. 문제는 내가 필라테스를 단 한 번도 해보지 않았다는 것, 그리고 근육이 매우 부족한 ET형 몸매라는 것이었다. 상체가 가늘고 배는 나와서 출국 시에 묻지도 따지지도 않고 임산부에 체크해서 패스트트랙을 발급해준 적도 있다. 자주 가는 유기농 식품 매장에서 직원이 배를 쳐다보며 좋은 소식 있는 것 같다며 축하해

주기도 했다. 회원들이 강사를 보며 나도 저렇게 몸매가 예뻐질 수 있다는 기대를 불러일으키려면 외적인 측면도 중요한데 말이다. 운동신경은 또 어떠한가. 여러 번 수영을 배워도 늘 초급반에 머물렀고, 학생 시절 조별 달리기는 늘 꼴등을 겨우 면하는 수준이었다.

그런 내가 운동 강사라니 얼토당토않지만 무모함은 행동력을 높여준다. 마침 학습연구년에 합격하고 6개월이라는 여유시간이 생겼다. 틈틈이 연수도 듣고 보고서도 제출해야 했지만 매일 출퇴근하는 것보다는 시간적 여유가 많아졌다. 건강을 위한 투자라고 생각하고 6개월 코스 자격증반에 용감하게 등록했고 예비강사의 세계에 들어섰다. 해부학 이론 및 실기를 시작으로 다양한 기구(리포머, 체어, 바렐 등) 활용법, 기본동작, 실전티칭(큐잉)을 익혔다. 근력과 유연성이 부족해서 300여 개의 기본동작을 따라 하기도 쉽지 않았다.

교대 다닐 때 체육교육 수업에서 '물구나무서기'가 실기평가였던 적이 있다. 낙제점수가 나올까 봐 틈만 나면 체육관에 가서 연습했다. 한 달 정도의 연습 끝에 물구나무서기에 성공했을 땐 지구를 들어 올린 듯 뭉클했다. 그때의 성공 경험을 떠올리며 필라테스 학원 문을 가장 먼저 열고 가장 늦게 닫으며 연습했다. 수업이 시작되는 오전 9시 전, 수업이 끝나는 저녁 9시 이후에는 공간을 자유롭게 사용할 수 있었다. 굳은 몸을 끙끙대며 움직이는 거울 속 내 꼴이 우습기도 했지만 40대에도 뭔가를 시작하고 몰입할 수 있어 좋았다. 중간점검에서 악평을 받을 때면 무엇이 문제인지 셀프 영상을 찍어 문제점을 파악하면서 될 때까지 다시했다. 사서 고생한다는 말이 떠오르기도 했다. 수험생처럼 떨리는 기분으로 최종 자격시험을 치른 날, 갑자기 머릿속이 하얘지는 아찔한 순간도 있었으나 몇 주 뒤 합격통보를 받을 수 있었다. 같이 고생한 같은 기수 동료들은 지금 현장에서 강의하고 있다. 개인학원을 개원한 동기가 내가 퇴직하면 언제든 자기 학원 강사로 채용하겠다고 호언장담해서 빈말이라도 든든하다.

퇴직 후 두 번째 직업 후보는 원예치료사(원예심리지도사)이다. 원예치료사 공부를 시작하기 전에는 '식물' 하면 식물 이름 외우기 수업이 생각나곤 했다. 교대 실과교육 시간에 조교가 강의실 책상 사이로 잎 하나를 살짝 보여주고 지나가면 얼른 식물 이름을 적는 쪽지시험의 일종이었다. 시험 며칠 전부터 교대 식물원에서 식물을 노려보며 식물 이름을 외웠다. 나에게 식물은 이성적인 암기의 대상이지 감성적인 감동의 대상은 아니었다. 학교업무와 요보호 학생 지도에 머리를 쥐어뜯으며 내가 괴물이 될 것만 같던 어느 날 우연히 '몬스테라'라는 괴물을 연상시키는 식물을 봤다. 몬스테라에 구멍이 많은 것은 폭우나 비바람에 잘 견디도록 하기 위이다. 꼼꼼하지 못해서 구멍이 많은 나와 닮아서였는지 몬스테라는 나의 첫 번째 반려식물이 되었다. 몬스테라로 시작한 나의 식물 사랑은 원예치료사 자격시험에 도전하는 것으로 이어졌다. 원예치료협회에서 주관하는 강의를 듣고 필기시험을 보면 자격을 취득할 수 있다. 원예치료사는 병원, 사회복지기관 등 다양한 곳에서 강사로 활동할 수 있다. 그러고 보니 배운 것이 도둑질이라고 다 강의하는 직업이다.

사실 금전적인 문제만 아니면 짧은 기간이라도 백수(白手)로 한번 살아보고 싶다. 쉬는 시간마다 소음으로 인한 탈출 욕구를 느끼는 직업병 때문인지 시골처럼 조용한 곳이 좋다. 시골에서는 이웃들의 정과 오지랖으로 조용히 살 수 없다고 하는 현실 조언이 있긴 하지만 영화 〈리틀 포레스트〉를 보며 전원생활을 마음에 품곤 한다. 나와 취향이 비슷한 딸과 먼 훗날 시골에 함께 정착해서 초보 농사꾼으로 살며 모녀 웹툰을 연재하자고 대화를 나눈 적도 있다. 언젠가는 정여울 작가가 말한 가장 적게 노동하고, 가장 적게 자연을 파괴하며, 가장 열정적으로 자신의 꿈을 실현하는 삶을 살고 있을지도 모르겠다.

교사도 상처받는 사람입니다

10회의 심리 상담을 받았다. 상담사는 내면아이 치료기법을 사용했다. 내면아이 치료의 핵심은 성인이 된 내담자가 자신의 유년기를 깊이 회고하면서 제대로 대응하지 못하여 상처 입게 된 어린아이로서의 자아와 다시 대면하여 해결해 주는 데 있다.

"할머니, 나 엄마가 많이 보고 싶어요!"

일곱 살의 내가 하고 싶었던 말을 마흔이 넘어서야 상담사 앞에서 쏟아냈다. 상담사가 나에게 어린 시절 어떤 장면이 떠오르냐고 물었을 때, 외할머니 손 잡고 함께 집에 가면서 올려다본 까만 밤하늘이 생각났다.

하교 후 식당을 운영하던 외할머니를 기다리다가 늦은 밤 함께 집으로 가곤 했다. 쓸쓸한 밤공기 냄새를 맡으며 걸으면 떨어져 살던 엄마가 더 많이 보고 싶었다. 하지만 얘기해봐야 할머니 마음만 쓰일 테니까, 엄마 귀에라도 들어가면 힘들게 일하며 어린 동생까지 키우고 있는 엄마가 더 마음 아플 테니까 드러내지 않고 참았다.

> "선생님은 누군가에게 도와달라는 말을 온전히 못 하시네요. 항상 혼자 해결해 오셨어요. 눈을 감고 일곱 살의 내가 되어 외할머니에게 하고 싶은 말을 소리 내서 해보세요."

상담사의 요구에 망설이던 말을 조용하게 내뱉었다. 일곱 살의 어린 아이가 마음속으로만 삼켰던 엄마가 보고 싶다는 말을 점점 크게 반복했다. 눈물이 왈칵 쏟아졌다.

내 아픔을 말하지 않고 감내하는 버릇은 교사가 되어서도 이어졌다. 칼날처럼 날카로운 민원전화를 받은 날에도 가족들에게 별다른 얘기를 하지 않았다. 아토피가 심했던 딸아이 두 돌 무렵, 병원에서는 아이가 자면서 피부를 긁으면 2차 감염이 와서 위험하다고 하였다. 퇴근 후에도 잠을 못 자고 피부에 진물이 흐르는 아이를 붙들고 못 긁게 하느라 밤새 사투를 벌였다. 다음 날 지친 몸을 끌고 힘겹게 근무하면서도 모두 자기 자신이 가장 힘든 법이라며 자조했다. 그런 나에게 가족들조차 교사가 편한 직업이라는 견해를 은근히 내비치면 울화가 치밀어 갑작스럽게 분노를 터뜨리기도 했다.

동료들에게도 시시콜콜한 얘기를 하지만 정작 마음 깊은 얘기는 하지 못할 때가 많았다. 사안이 발생했을 때 겉으로는 공감해 주면서도 속으로는 그 원인이 나라고 생각할 듯해서 혼자 속앓이한 적도 있다. 일을 공론화하면 교사로서 부족한 내가 더 부족해 보일까 봐 조용히 해결하려고 노력한 측면도 있었다. 나 사는 데 급급해서 동료의 아픔도 보지 못했다. 물론 교직 생활하면서 좋은 학생과 학부모님도 많이 만났다. 감사한 일이다. 하지만 23년간의 교직 생활 동안 꾹꾹 눌러 온 마음속 얘기들을 한 번쯤은 털어놓고 싶었다. 교사이기 전에 나도 상처 많은 인간이라고, 자녀에 대한 불안을 교사에게 전가하지 말아 달라고, 할 수 있는 건 여기까지라고 무한책임에서 벗어나고 싶다고.

작년에 대한정신건강의학과의사회에서 성명서*를 발표했고 나의 마음을 대변해주는 듯해서 위로받았다. 다음은 구성원 모두의 마음이 건강한 학교 문화를 위해 제안한 성명서의 일부이다.

"부모도 교사도 완벽할 수는 없습니다. 부모들은 자녀 양육의 불완전함에서 불쑥 찾아오는 자신의 불안을 교사에게 전가하지 않아야 합니다. 가정에서도 실천하기 어려운 이상적인 사랑과 교육을 교사에게 강요하는 것은 결국 무절제와 방종을 낳고, 이렇게 이기적이고 정신적으로 미성숙하게 자란 자녀들은 결국 부모에게 족쇄로 돌아올 수 있습니다."

어떻게 살아왔는지, 상처가 얼마나 깊은지는 자기 자신이 제일 잘 안

---

* '부모들, 양육 불완전함에서 오는 불안을 교사에 전가 말아야. 연합뉴스. 2023.07.21

다. 그때 얼마나 힘들었냐고 자신을 위로하고 안아주며 잘 살아내면 좋겠다. 오늘도 삶의 어느 무대에서 살아내느라 최선을 다하고 있을 당신에게 따뜻한 박수를 보낸다.

세 번째 삶.

노력하는 한
방황한다

루서

루서

28년 차 교사. 내 경력이 얼마인가 세어 보는 일이 어렵다.

인생은 반전! 학교와 내 아이 교육이 인생의 전부였던 '교사맘'에서

내가 번 돈 나를 위해 쓰기(내돈내산)와

내 시간 나를 위해 쓰기(내시내용)를 추구하며 사는 중이다.

똑똑하고 야무진 후배들에게 민폐 선배는 되지 말자며 용쓰며 학교에 다닌다.

퇴직 후에 '내가 진짜로 원하는 게 뭐야'를 찾아 '찐 내 삶'을 살기 위해 오늘도 방황 중이다.

01

인간은
노력하는 한 방황한다.

괴테의 파우스트에 나오는 명문장이다. 가장 뛰어난 학자로서 절대적 진리를 발견하고자 했던 그가 메피스토에게 영혼까지 팔아가며 했던 것은 방황이었다. 존경받은 당대의 학자였지만 그의 행적을 따라가다 보니 늘 윤리적이지도, 도덕적이지도 않았다. 악마와 타협하고 얻은 젊음으로 그가 그레첸에게 했던 행동은 비난받기에 충분했다. 위대한 인물도 유혹에 넘어가 방황을 하는 것이 사람이고 그 방황조차 노력이라는데, 나처럼 평범한 인간이 인생에서 무엇을 바라랴. 위로를 받았다. 지독한 '자기 타협주의자'로서 시도하기도 전에 '여우의 신포도'를 떠올리며 만족하는 소심한 사람에게 파우스트의 서사는 써먹기 좋은 변명으로 기억해도 좋을 법했다.

언젠가 『시사인』*에서 김상욱 교수님의 인터뷰를 읽은 적이 있다.

"모든 생명체는 그때그때 미친 듯이 최선을 다해 살아갈 뿐이다. 저 밖에 있는 작은 벌레와 풀 한 포기라 할지라도 각자의 위치에서 죽도록 살아가고 있지 않을까. 우리도 마찬가지다. '너는 왜 이렇게 일을 열심히 안 해?' 그런 건 인간이 만들어 놓은 기준이다. 지금, 이 순간에도 내 몸을 이루는 세포들은 현재 온도와 이 상황에 맞춰 최선을 다해 움직이고 있다. 귀에서는 노이즈를 다 캔슬링해서 나한테 필요한 정보만 뇌로 올려보내고, 뇌에서는 상대의 상태를 살피기 위해 끊임없이 앞사람 얼굴을 분석한다. 인간을 포함해 자연의 모든 부분은 언제나 최선을 다한다고 생각한다."

'내 인생은 노플랜', 인생이 뜻대로 된 적이 없다며 계획 따위는 세우지 않는다는 마음으로 살아간다. 계획대로는 살지는 못했어도 아무렇게나 되는대로 살지는 않은 것 같다. 부족해도 열심히 살고 있다고 생각하는 나처럼, 학교를 거치는 존재들이라면 어쨌든 최선을 다해서 살아가는 중이라는 마음을 지니기로 했다. 그런 마음으로 평생 학교에 다녔다. 심장은 다른 말은 해도 머리는 그렇게 이해하려고 노력했다. 노력이 배반하는 상황에서 감당하기 힘든 일들이 상처를 만들 때도 저들도 노력하느라 방황하는 중일 거라며 나를 다독였다. 내 인생의 명제는 나를 위해서도 필요했지만, 타인을 이해할 때 더 유용하게 쓰였다.

시대가 바뀌고, 세대가 달라지고, 그래서 학교의 분위기는 낯설어도

---

* 하늘과 바람과 별, 그리고 물리학자 김상욱. 시사인 848호. 2023.

아이들도, 부모들도, 그리고 나를 비롯한 교사들도 김상욱 교수님의 표현처럼 자연의 일부로 최선을 다하고 있을 것이다. 정답도 아니고, 최고도 아니겠지만 최선을 다하고 있을 것이다. 노력도 타협도 성실도 태만도 그 순간엔 최선이리라. 지금은 틀렸을지라도 그때는 최선이라 여겼던 학교에서의 시간을 간략하게 담아보았다. 최선인지 정신 승리인지 분간하기는 어렵다. 혹은 내 입맛에 맞춘 기억의 각색일 수도 있다. 또, 나를 위한 위로와 함께 후배들이 다닐 학교가 즐겁고 편안하길 바라는 진심도 담았다. 평생을 다닐 학교가 괴롭고 힘든 곳만이 아니라 구석구석이 즐겁고 정답기를 바란다.

나	는		학	교	가		싫	었	다	

내 인생의 교사들

"앞으로 나와!"

"얼굴 갖다 대!"

아이들을 책상 옆으로 불러 세워놓고 투명한 플라스틱 재질의 30cm 자를 튕겨 뺨을 때렸다. 선생님이 손으로 자가 휘도록 잡으면 아이들은 자 가까이 얼굴을 가져다 대었고, 손을 놓으면 자는 자동으로 아이의 뺨을 향해 날아갔다. 4학년 담임 선생님은 그렇게 아이들을 때렸다. 교과서에 줄을 치라고 했는데 자를 대지 않고 꼬불거리는 예쁜 곡선으로 멋을 부려 줄을 치고 있으면 예고도 없이 바로 따귀가 날아왔다. '쫙' 소리의 여운이 사라질 즈음, 행여 그 무서운 손이 나에게도 올까, 얼굴도 들지 못하고 쥐 죽은 듯 있었다. 짐작 불가능한 폭력은 교실을 늘 조용하게 만들었다. 평소 문제아라 불렀던 아이들을 앞으로 불러 엎드려 뻗치게 하고는 아직 여물지도 않은 작은 엉덩이에 발길질을 날리는 일도 다반사였다. 아이들은 선생님의 슬리퍼에 맞아 픽픽 쓰러졌다.

학교 가는 것이 조마조마했다. 한 번은 일기장을 안 가져가서 두꺼운 몽둥이로 손바닥 한 대를 맞았다. 40년이 흘렀는데도 그 장면이 선명한 걸 보면, 극도의 긴장 상태에서 받은 충격은 시간이 오래 지나도 기억에 남는가 보다. 무섭고 싫은 선생님이었는데도 방학 중 봉사활동을 나갈 때는 엄마께 보온병에 커피를 맛있게 타 달라고 해서 선생님께 가져다드렸다. 맛있는 음식이 있으면 선생님 드린다고 챙기기도 했다. 애교라도 부려서 선생님께 잘 보이고 싶은 마음이었을까. 어린 마음에 아부라도 하고 싶었던 걸까. 그 시절을 떠올리면 나의 어린 영혼이 안쓰럽다.

우연히 보게 된 선서식에 마음을 빼앗겼던 봄날. 스카우트 단복을 입은 언니들이 예뻐서 꼭 스카우트 대원이 되어야겠다고 결심했다. 예쁜 단복을 입은 스카우트 대원이 되어 특별활동에 참여했던 날, 스카우트 선생님이 외부 봉사를 나간다고 하시며 몇 명의 아이들을 뽑으셨다. 소수의 선택받은 학생 중에 내가 있어서 우쭐했다. 선생님은 낯선 골목의 단독주택으로 우리를 데리고 가셨고, 우리는 최선을 다해 청소했다. 말 그대로 고사리 같은 손으로 박박 쓸고 닦았다. 선생님은 얼마 후에 결혼하셨고, 학교 가까운 골목의 그 집에서 출퇴근하셨다. 알고 보니 우린, 선생님의 신혼집을 청소하러 간 거였다. 그때는 칭찬받은 스스로가 자랑스러워서 어깨가 머리 꼭대기만큼 솟았는데, 봉사활동이란 명목으로

'나, 교사로부터 노동력 착취를 당했구나…'

　5학년 선생님은 4학년 선생님과 다르게 참 좋았다. 무엇이든 잘한다며 인정해 주셨고, 칭찬도 많이 해주셨다. 선생님은 학급 반장인 내게 심부름을 도맡아 시키셨고, 그 심부름을 할 때마다 어깨가 더 올라갔다. 어느 날 선생님은 절대 보지 말라시며 다른 학년 선생님께 서류 봉투를 전달하라고 하셨다. 보지 말라니까 더 보고 싶었다. 모범생인 척했지만 앙큼한 학생이었나 보다. 슬쩍 내용물을 꺼내니 편지가 적혀있었는데 이런 내용이었다.

　　"부족한 딸자식, 중간고사 시험공부를 시키고자 합니다. 출제 시험지를
　　보내주시면 요긴하게 쓰겠습니다."

　토시 하나까지 정확하지는 않지만, 기억하는 내용은 아직도 선명하다. 어린 나이에도 이건 아니라고 생각했는지 잊히지 않는다. 나를 많이 칭찬하시고 인정해 주신 좋은 선생님이었지만, 성인이 되어 생각하니 좋은 교사는 아니셨다. 교사가 되고 나서 문득 생각날 때면 입맛이 썼다.

어쩌다 교사가 되다

'공무원 철밥통 없애라.', '연금으로 세금이나 축내는 것들', '촌지나 받을 줄 아는 무능력한 인간들'이란 댓글을 기사에서 자주 접하며 직장생활을 했다. '왜 사람들이 이토록 교사를 불신할까?' 생각해 본 적이 있다. 교사가 되기 이전, 12년간 학생이었던 나의 과거를 더듬어 보니 그럴만했다.

'내 인생의 교사들'을 떠올려보았다. 무난하신 분들이 반, 아닌 분들이 반이었다. 좋은 기억의 교사가 6명, 아닌 분이 6명. 정확하게 반반의 확률로 구분이 되었다. 이 정도면 대한민국 교사에 대한 경험치고 양호한 걸까? 나만 담임 복이 유난히 없었던 걸까? 기억이란, 왜곡이 쉬운 주관적인 영역으로 객관적 판단은 어렵겠으나, 학교에 대한 기억과 더불어 우리가 보편적으로 기억하는 교사들의 뒷모습이 아름다웠다고 말하기는 어려울 것도 같다. 소풍 갈 때면 뻑적지근하게 교사의 도시락을 준비해 주신 엄마가 있어서 든든했던 나도 학교생활을 '구렸다'라고 표현할 정도니, 가난을 이유로 차별을 받았다거나 공부를 못해서 구박받았던 사람들에게 학교란 지옥이었을지도 모른다. 언젠가 책에서 신창원이 범죄자가 된 가장 큰 이유가 '학교와 담임 교사'라는 글을 보기도 했으니까.

사립 여고 시절도 지금 생각하면 말도 안 되는 일들이 많았다. 지금의 관점에서는 성추행 같은 일도 꽤 많았고 '인권 유린'이란 단어가 저절로 떠오르는 사건들도 기억나곤 한다. 대학 진학률이 높지 않았던 시대였으므로 입시나 성적으로 인한 경쟁 때문만은 아닌 듯하다. 학교 자체가 인권 의식이 부족했다. 우리가 견디며 살아온 그 시절, 그 시대처럼.

학교란 친구와 우정을 나누며 꿈을 키우는 선 기능의 역할도 컸지만 기억하기 싫은 부정적인 일들이 끊이지 않았던 곳이기도 했다. 삶을 살아갈 용기와 저력을 키워준 곳이지만 정의롭고 상식적인 방식만은 아니었다. 부정적인 방식을 견디고 버티며 얻게 된 고난과 고통의 열매가 많은 곳이 학교이기도 했다. 즐겁고 재미있는 일도 많았지만, 흉터처럼 남아서 떠올리기 싫은 기억도 있다. 잊고 싶지만 잊을 수 없는 상처, 아물지 못해서 진행형인 상처를 여전히 품고 학교를 떠난 사람들도 많을 것이다. 나도 그랬다. 상처는 꽤 깊어서 고등학생 시절 받은 상처를 치유하는 데 유독 오랜 시간이 걸렸다. 성인이 되고, 교사가 되고 나서도 그때의 이야기를 하려면 심장이 떨리곤 했으니까.

교사가 되고 싶은 건 아니었는데 어쩌다 교사가 되었다. 성적은 좋으나 집안이 가난해서 성인이 되자마자 자신의 인생을 스스로 책임져야 하는 사회 초년생에게 가장 적당한 선택지였다. 가난한 가정의 아이가 대학 교육을 통해 사회의 일원으로 성장할 수 있다는 것은 다행스러웠다. 원하지 않는 대학과 전공은 대학 신입생의 발랄함을 빼앗았지만, 교생실습을 시작하며 알아가기 시작한 교직은 나쁘지 않았다. 특히 나에게 다른 선택지는 없었다. 무조건 임용고시를 통과해서 얼른 교사가 되어야 내 인생을 살 수 있었기에 최선을 다해 교사가 되려고 애썼고, 실패 없이 교사가 되었다.

여전히 학교가 두렵다

"너 6학년 때 선생님이 차별해서 상처 많이 받았잖니, 편애하는 교사는
되지 말고 어려운 학생들 잘 챙겨라."

처음 발령받았을 때 엄마가 하신 말씀이다. 내가 교사가 된 이후에도
체벌은 있었으나 내가 학생일 때와는 분위기 자체가 달랐다. 이미 '참교
사'란 단어가 등장한 뒤였고, 교사라는 이유로 아이들에게 군림하는 분
위기는 사라지고 있었다. 어떤 교사가 되어야 하는지, 어떻게 아이들을
대해야 하는지에 대해 명확한 기준이나 준비 없이 시작한 교사 생활이
었지만, 아이들과 지내는 일은 즐거웠다.

권위적인 학교는 답답했고, 관리자의 갑질에 울화가 치밀기도 했지
만, 또래의 동료들과 지내는 직장인의 생활도 재미있었다. 같은 경험을
하고 같은 어려움을 겪는 또래들과 수다를 떨며 스트레스를 푸는 일은
직장생활을 하기 전까지 몰랐던 유대감을 심어주기도 했다. 능력 있는
동료로부터 자극을 받는 것도 신선했다. 매일 매일 예상 밖의 일들이 일
어나는 학급 운영과, 잡무가 많은 공무원 생활은 정신없었지만 성실하
게 해내는 내가 점점 마음에 들기도 했다. 회사를 운영하는 오너처럼 내
가 설정한 가치와 내가 생각한 아이디어로 학급을 운영하는 일이 즐겁
게 느껴졌다. 어려서 보았던 것보다는, 신문 기사에서 말하는 것보다는
교사 생활이 나쁘지 않았다.

학생으로 다닌 학교보다 교사로 다닌 학교가 훨씬 나았다. 인권 의식

의 성장 속도가 빨라지며 세상은 그만큼 달라져 있었다. 나는 학교에서 맞았으나, 내가 아이들을 때릴 이유는 없었다. 아이들에게 의견을 물어 민주적으로 학급 운영을 하는 것이 자연스러웠다. 그러나 학교를 바라보는 우리의 시선은 아직 과거에 머물러 있는 것도 같다. 우리는 학교를 12년이나 다녔기에 학교에 대해서는 모르는 게 없다고 생각한다. 잘 모른다고 하기에 우린, 학교를 무척 오래 다녔다. 나도 교사가 되지 않았더라면 과거의 상처 시점에서 학교를 관찰하고 판단했을지도 모르겠다. 교사의 일거수일투족을 지켜보다가 내 아이에게 조금이라도 불이익이 있을 것 같으면 항의하는 민원 맘이 되었을지도 모른다. 그러나 학교를 오래 다녔다고 해서 학교를 다 안다고 생각하는 것은 착각 아닐까. 나도 학교를 알 만큼 안다고 여겼는데, 막상 학교에 출근하는 직장인이 되고 나니 입장에 따라 이해의 지점에 큰 차이가 있다는 걸 알았다.

인구 절벽을 실감하는 저출산 1위 국가로서, 우리 아이들이 어느 시대보다 귀하다는 것을 잘 알고 있다. 그 귀한 아이들에게 함부로 했다는 말을 듣거나, 행여 아동학대라고 신고라도 당할까 교사들도 극도의 스트레스를 느끼며 조심하며 지낸다. 아이들이 성장하며 겪을법한 사소한 문제들이 본질과 다르게 확대되어 아이들의 싸움이 어른 싸움으로 번지지 않도록 살얼음을 걷는 마음으로 지켜보곤 한다. 아이러니하게도 그토록 귀한 아이들의 교육적 책임은 가정이 아니라 학교에 전가하는 것이 요즘 분위기이기도 하다. 교사가 돌봄의 주체로서 가정교육의 영역까지 맡아야 한다는 이상한 소명 의식을 강요하기도 한다. 참 묘하다. 내 아이를 괴롭힌 아이도 교사 때문이고, 내 아이가 다친 것도 교사 때문이다. 반에 문제 있어 보이는 학생이 활개를 치는 것도 교사 탓이다. 아이가 집에 가서 버릇없는 행동을 하면 '교사가 아이를 어떻게 지도했길래!'라며 민원을 받는 시대, 내 아이가 버릇이 없는 이유는 부모가 아닌 교사가 잘못 가르쳤기 때문이다.

학교와 교사에 대한 불신이 극대화된 시대, 교사는 아무것도 할 수 없고 무엇을 해서도 안 되는 신세인데 모든 원인은 교사 때문이라니 어이없을 때도 많다. 분명 내 기억에 학교는 선생님 말씀 한마디가 무서웠는데, 이유 없이 맞아도 맞을 짓을 했겠거니 당연했는데 요즘은 교사가 맞는 일이 자연스러울 정도로 분위기가 달라졌다. 내가 어릴 적엔 학생이 담임 교사한테 맞더니, 그 학생들이 교사가 되고 나니 학부모들의 민원에 매일 매일 정신적으로 두들겨 맞는다. 과거의 학교는 교사한테 맞기 싫어서, 맞는 친구들을 보는 것이 힘들어서 가기 싫었는데 요즘의 학교는 민원으로 맞는 동료교사를 보는 일이 힘들어서 가기가 싫다.

공교육의 위상이 발톱의 때만도 못한 것 같지만, 우린 코로나를 겪으며 아이들이 학교에서 얼마나 크는지를 체감하기도 했다. 영혼은 두고 학교에 와서 밥만 먹고 가는 것 같은데도 아이들은 하루가 다르게 크고 있었다. 코로나로 인해 학교에 오지 못했던 기간, 아동들의 문해력은 떨어졌고 경계성 지능은 늘어났다. 아무 일도, 변화도 없는 것 같지만, 보이지 않는 배움과 교감이 이루어지는 곳. 그래서 눈에 보이지 않는 성장이 '잭의 콩나무'처럼 빠르게 일어나는 곳이 학교인 것도 같다. 코로나로 등교하지 못하고 저학년을 보낸 아이들이 다시 학교로 왔을 때, 여러 면에서 손이 더 많이 가는 걸 잘 알기 때문이다.

우리 아이들이 건강하게 성장할 수 있도록, 교육의 주체인 교사가 건강할 수 있도록 교실을 둘러싼 환경들이 건강하기를 바라는 마음이다. 서로 미워하고 악다구니를 쓰는 현실에서 화초인들 동물인들 건강하게 자랄까. 상처투성이였던 학교를 졸업하고 교사가 되어 27년간 아이들을 만나고 있는 내가 앞으로 퇴직할 때까지 소원 하나가 있다면, 진상 학부모를 만나지 않고 민원의 늪에 빠지는 일 없이 교사 생활을 즐겁게 마무리하고 싶다는 것뿐이다. '나는 학교가 싫었다.'를 기억에 남기고 졸업한 삐딱한 학생이 어쩌다 교사가 되어 '지내보니 학교가 좋더라.', '나는 학교를 좋아한다.'를 가슴에 남기며 평생 일했던 직장을 떠나고 싶다. 평생을 함께 한 학교를 행복하게 기억하고 싶다.

03

교사 엄마는 빵점 엄마

집에 와도 엄마는 없고 선생님만 있어!

"엄마는 내가 어릴 때 한 번도 내 편을 들어 준 적이 없어. 집에 와도 엄
마는 없고 선생님만 있었지. 친구가 오해해도 그 친구 의견을 더 존중했
지 내 말을 믿어주지 않았어. 그때는 어린 마음에 가족이란 생각이 안 들
었어."

스무 살이 넘어 대학생이 되어도 풀리지 않은 응어리는 아직도 상처
인 걸까? 큰아이는 오래전 서운했던 감정을 내비치곤 한다. 이제는 상처
가 아닌 흉터였으면 좋겠는데 아직도 아물지 못한 현재진행형의 아픔일
까 봐 엄마는 걱정이 된다. 아이의 말은 틀리지 않았다. 전적으로 아이
편이 되어준 적이 없었다. 6학년 때 전학을 와서 학급 친구들 때문에 힘

들다고 할 때, 아이의 감정에 공감해 주지는 않고 아이의 행동을 살피도록 했다. "아마 네 행동에 반성할 점이 있을 거야. 친구들에게 어떻게 했는지 잘 생각해봐."

아이가 속상하다고 하면, '많이 힘들구나!'라며 공감해 주면 될 걸 나는 왜 문제점을 찾아 해결해 주려고만 했을까. T형이 아닌 F형인데도 말이다. 아이가 혼자 감당하기 어려워서 힘든 감정을 내비칠 때, 공감도 지지도 해주지 못하면서 충고나 조언을 일삼았고, 때로는 비난과 비판도 서슴지 않았다. 훈육 도서에서는 '공감은 해주되 단호하라.' 했건만, 공감은 빼먹고 단호할 줄만 알았다. 엄마도 서툴고 교사도 힘들어서 양육과 훈육 관련 책들을 많이 읽었지만, 머리로만 이해했나 보다.

"어머님, ○○이 어머님이 전화를 주셨는데, △△이가 짝꿍을 놀렸다고 하셨어요. ○○이 어머님이 속상해하시니 ○○이 어머님과 직접 통화해보시는 게 좋을 것 같습니다."

아이가 어렸을 때 선생님 번호만 떠도 새가슴이 되곤 했는데, 아이가 잘못이라도 한 경우에는 말 그대로 쥐구멍에라도 숨고 싶었다. 내 아이가 잡무를 늘려 드린 것 같아 전화기에 머리를 조아리며 선생님께 죄송하다는 말을 반복했다. 놀림을 당했다는 짝꿍 어머님께 무조건 죄송하다며 저자세로 사과했다. 급한 불을 끄는 심정으로 어머님의 마음을 달래드리고 나서 선생님의 말씀과 아이의 말을 조합해보면, 꼭 내 아이의 잘못만도 아니었다. 아이 성이 맹 씨라서 맹꽁이라고 놀린 건 잘못이지만, 키가 작다고 먼저 놀린 짝꿍도 잘못이 있지 않은가. 그러나 전후 사정을 따지다가는 일만 커져서 담임 선생님이 불편하실 게 뻔했다. 우리 아이 잘못만은 아니라고 조금은 뻔뻔한 태도를 취하기엔 내 아이가 장난꾸러기라는 것을 모르는 엄마도 아니었다.

"아이가 상처를 받았겠어요. 죄송합니다. 다시는 이런 일이 없도록 단단히 주의 주겠습니다." 사과하는 게 제일 편했다. 납작 엎드리면 욱해서 학교에 전화를 넣었던 엄마도 부드러워지곤 했다. 그러나 아이의 마음은 엄마와 달랐다. 엄마가 무조건 사과하고 사과 편지를 쓰도록 하면 가끔 입이 댓 발 나오기도 했다. 그럴 땐 여자아이들의 감정은 남자보다 세심하고 민감한 면이 있으니 이해해야 한다고 강조했다.

"아들, 지는 게 이기는 거야."

나로선 그게 최선이었다. 전근 시기가 되어 학교를 옮겼는데 아들들이 다니는 학교로 발령이 났다. 처음에는 쾌재를 불렀다. 직장생활을 하며 아이 양육까지 해야 하는 교사 엄마들은 자신이 근무하는 학교에 자녀를 데리고 다니는 경우가 있는데, 근무지에 아이를 데리고 다니는 것은 눈치 보이는 일이기도 해서 마음이 편하지는 않다. 그런데 나는 눈치 볼 필요가 없었다. 교육청이 학구에 발령을 내주었으니 당당해도 되었다. 그러나 착각이었다. 얌전한 딸도 아닌 개구쟁이 아들 둘이 교사 엄마에게 결코 편할 수는 없었다.

학구에 발령 난 일이 모두 나쁘지는 않았다. 좋은 기억도 많다. 대단지 규모가 아닌, 소규모 아파트 단지들이 옹기종기 모인 동네는 민원으로 크게 시끄럽지 않았고 엄마들이 뭉쳐 다니며 학교를 괴롭히지도 않았다. 아직은 동네의 온정이 있었던 시절이라서 그랬을까? 선생님의 아들이라며 너그러운 시선으로 이해해주고 챙겨주기도 했다. 둘째가 2학년이었을 때 학급에서 가장 친한 친구의 엄마는, "엄마가 일하시는 시간이라 네가 간식을 못 먹겠구나."라며 늘 간식을 챙겨주셨다. 아이는 종종 방과 후 수업과 피아노학원을 빼먹고 냅다 친구네 집으로 달리곤 했다. 가만 보면 친구와 노는 것보다 아줌마의 간식이 좋아서 매일 놀러가는 것 같았다. 아이는 집에 와서 친구네에서 먹은 간식들을 자랑했다. 들어보면 엄마의 손길이 직접 닿은 정성스러운 간식이었다. 건강한 간식을 고맙게도 늘 똑같이 나누어주셨다.

아이들이 다니는 피아노학원 원장님도 같은 학교의 학부모였는데 아이가 배고플 시간에 다양한 음식을 엄마처럼 챙겨주셨다. 아이들은 피아노학원을 다녀오면 무엇을 배웠는지가 아니라 무엇을 먹었는지를 읊어대곤 했다. 원장님은 우리 가족이 재외국민 한국학교로 떠나게 되었을 때, 이별이 아쉽다며 집으로 초대해서 맛있는 음식을 대접해 주셨다. 마을이 아이를 '함께' 키운다는 것이 무엇인지 조금은 알 것 같았다.

아이들은 이웃의 도움으로 잘 자라고 있었지만, 엄마의 마음은 초긴장 상태일 때가 많았다. 학원이라고 해 봤자 피아노 학원밖에 다니지 않고 운동장에서 살다시피 하는 아들들이 방과 후에 놀다가 친구를 다치게 할까 봐, 친구와 시비라도 붙을까 봐 걱정을 달고 살았다. 교사 아들이 친구를 때렸다거나 다치게 했다고 연락이 올까 봐 늘 불안했다. 아이의 학급에서 무슨 문제라도 터질까, 아이들 단속하기 바빴다. "선생님, 선생님 아들이 이랬어요!" 사소한 아이들의 말에도 예민해져서 아이를 닦달하곤 했다. 그런 날은 엄마의 잔소리가 두세 배쯤 늘어났다.

교사 자녀가 민폐가 되는 상황은 피하고 싶었다. 내가 전근 오기 전에 유난히 똑똑한 교사 자녀가 상을 많이 받아서 학부모들의 불만이 있었다는 이야기를 미리 들었기에 더욱 조심스러웠다. 교내 행사에는 참여할 생각조차 하지 않았다. 빈틈 많은 아들들이라 챙겨도 챙겨도 허술한데, 내 기운을 더 뺄 필요도 없었다. 아이들의 능력이 겸손해서 그럴 일도 없었지만, 행사에 참여했다가 상이라도 받으면 교사 자녀라서 봐준 거란 이야기가 들릴까 봐 극도로 조심했다. 아이가 돋보이는 상황은 만들지 않았고, 아주 작은 실수라도 내 아이 탓으로 삼는 것이 최선이라 여겼다. 그런데 그런 시간이 쌓이다 보니 어느덧 남의 시선을 생각하느라 내 아이들의 이야기는 들어주지 않는 엄마가 되어있었다.

'모든 잘못은 친구가 아닌, 너로 인한 것이다'

그때는 교사 엄마의 겸손한 인생 지침이었는데, 지나고 보니 아이들에게는 상처였다. 아이들에게 우리 엄마라는 사람은 따스하지도 않고, 믿을만한 내 편도 아니었다. 시간이 한참 흘렀음에도 아이들이 억울했던 과거의 일들을 꺼낼 때면, "엄마가 엄마를 처음 해봐서 그래. 엄마가 이른 나이에 엄마가 되다 보니 잘 몰라서 그랬어."라고 사과했다. 그것 말고는 과거의 부족했던 나를 용서받을 방법이 떠오르지 않았다. 성인이 되어 내보인 속내에 그렇게라도 해주지 않으면 내내 마음에 담아 두고 상처로 간직할까 봐 겁도 났다. 어떤 날은 어린 시절 상처를 끄집어내어 이야기하다가도 "우리 엄마가 교사라서 그런 거지, 뭐." 퉁 치며 넘어가기도 했다. 그런 날은 굽어진 어깨가 조금은 펴지며 아이들이 고마워졌다.

다 나쁜 것은 없어서 다행이다

언젠가부터 아들들의 말이 더 유순해졌다. 아마 2023년 여름부터였을 것이다. '교사 사망 사건' 기사들을 유심히 살펴보는 듯했다. 서이초 교사부터 시작된 초등학교 교사들의 연이은 자살을 관심 있게 지켜보면서 교사 엄마의 스트레스가 이해되는 모양이었다.

"요즘 학부모들 참 문제네. 엄마도 저런 일 겪은 적이 있어?"

엄마의 근황을 물으며 집에서도 교사였던 엄마, 나보다 친구의 기분을 먼저 헤아리고 무조건 네 잘못일 거라고 섣부른 짐작을 했던 엄마를 조금은 다른 시선으로 보는 것 같았다. "엄마가 민원 때문에 힘들었다고 쓴 글, 친구한테 읽어주니까 친구가 괴로워서 못 듣겠다고 하더라. 우리 때는 그 정도는 아니었는데 요즘 참 심하네." 아들은 엄마 편을 들어주었다.
교사인 엄마는 공감에는 빵점이면서 학업에는 별별 신경을 다 썼다.

변명하자면, 공교육을 하는 사람이니까 사교육을 멀리해야 한다고 여겼다. 내 아이의 교육은 내가 해야 하는 것이 마땅하며, 그 방식은 학원과는 달라야 한다고 믿었다. 한마디로 '물고기를 잡아 주는 게 아니라 물고기를 잡는 방법과 능력을 길러주는 것이 맞다.'고 여겼다. 퇴근하는 길에 매일 어린이 도서관에 들러 아이들 책을 빌려왔다. 책을 읽어서 탑을 쌓고, 독서록을 써야만 장난감을 사주었다. 가지고 싶은 장난감이 있으면 한글책이건 영어책이건 읽고 또 읽어서 탑을 쌓아야 했다. '문해력이 공부 힘'이라 여겨 모국어뿐 아니라 영어도 독서로 해야한다고 믿었다. 그래서 엄마표 영어를 시작했는데, 하다 보니 큰아이 작은아이 합쳐 거의 8년을 했다. 하루도 거르지 않을 정도로 열성이었다. 그 당시 아이의 일과표 사진이 남아 있길래 아이한테 보내면 아이도 놀라워했다.

"내가 어려서 이 많은 걸 다 한 거야? 그러니 놀지 못한다고 툴툴대고 화 냈지!"

아침 일찍 일어나서 영어 집중 듣기를 해야만 학교에 갈 수 있었고, 방과 후에도 영어책 읽기와 영어 문법서, 독해서, 어휘집 등을 해야 놀 수 있었다. 물론 계획과 약속, 실천은 다르다는 걸 아는 엄마라서, 어느 정도의 융통성을 발휘하기도 했지만 말이다. 엄마표 관리로 큰아이의 경우는 이미 6학년 때 고등학교 영어 모의고사 점수를 90점 이상으로 만들었다. 영어 학원 보내지 않고 외고를 보낸 것 또한 기분 좋은 일이었다. 그땐 내가 잘한다는 자부심이 있었다. 아이들과 관계가 나쁘면 엄마표 영어는 할 수 없는 거라며, 아이들과 관계가 좋은 엄마로 여기고 목에 힘을 주기도 했다. 지나고 보니 과한 착각이었다. 그렇게까지 하지 않아도 됐었는데 악착같았던 지난 시간이 미안해지기도 한다.

"엄마가 너무 심했었지."

그런데 아이들의 반응은 의외였다.

"엄마한테 고마운 것도 많지, 영어 학원 안 다니고도 영어는 늘 최상위권 이었으니까. 엄마가 책을 많이 읽게 해서 국어는 힘들게 공부하지 않아도 결과가 좋았어요. 엄마 덕이야!"

빈 가방 메고 학교에 다니며 공부라고는 하지 않은 둘째가 생각보다 쉽게 대학 진학을 한 후, 그 공을 엄마 덕으로 돌렸다. 다 나쁜 건 없는 모양이었다. 피곤하고 힘들어도 애썼던 엄마표가 다 부질없지는 않았나 보다. 사춘기 시절 엄마 마음에 구멍을 내며 공부와 담을 쌓은 아이였는데 사교육이 아닌 엄마표라서 그나마 통했다는 생각에 그 시절의 수난을 보상받기도 했다.

아들들은 둘 다 군대를 다녀온 복학생이 되었다. 아들만 둘인 엄마는 원래도 다정하고 살가운 엄마가 아니었기에 다 큰 아들들과 '동포 마인드'로 지내고 있다. 성인이지만 엄마 마음에 들지 않는 건 여전해서 참견하고 싶을 때도 많다. 그래서 여전히 잔소리가 심한 엄마다. 그러나 어러서 과도하게 아이들의 생활에 개입했다는 자책과 과하게 억압했다는 미안함에 성인인 아이들의 사생활에 되도록 개입하지 않으려고 노력한다. '엄마 인생은 엄마 인생, 아들 인생은 아들 인생'을 마음에 새기며 실천하고 있는데, 어느 정도는 성공적이다. 교사 엄마로서 겪었던 경험들이 자녀와의 빠른 거리 두기에 긍정적인 영향을 미친 것도 같다.

아이들을 데리고 직장에 다니는 것은, 특히 교육을 업으로 하는 교사가 자녀를 데리고 다니는 것은 스트레스가 맞다. 아이를 가르치는 사람인데 내 아이를 통해 우리 가정의 민낯을 공개하는 것 같아 부담스럽기 때문이다. 그럴 필요까지 없는데 보는 시선들이 많다 보니, 내 아이들을 나와 동일시하게 된다. 엄마의 스트레스는 아이들에게도 향한다. 엄마가 날이 서 있으니 아이들이 모를 리 없다. 내가 가까이 두고 살펴볼 수 있다는 장점은 있으나 장점이 있다고 해서 단점이 상쇄되는 것은 아니다. 아이들은 혼나지 않아도 될 일을 엄마의 예민함 때문에 더 많이 혼나야 했다. 교사 자녀라서 더 조심해야 했고, 행동이 자유롭지도 못했다.

아이들이 고학년이 되자 이제는 관리하지 않아도 되겠다는 마음의 여유가 생겼다. 그동안 나도 지쳤는지 아이들이 6학년과 4학년이 되어, 엄마와는 다른 학교에 다니게 되었을 때 속으로 '아들 독립 만세'를 불렀다. 엄마가 선생님이라서 목에 힘을 주고 다녔던 둘째와 달리 엄마가 선생님이라서 좋겠다는 말을 자주 들은 첫째는 자유로워 보였고, 마음이 편해 보였다.

가해자와 피해자의 학교

아이들의 편을 들어주지 못한 이유에는 다른 학부모들의 시선도 있겠으나, 내가 지켜보고 경험한 학부모들에 대한 반작용도 있었다. 무조건 내 아이의 이야기만 듣고, 내 아이 편에서 다른 아이를 비난하는 학부모들이 싫었다. 엄마라면 내 아이의 감정을 읽어주는 것이 소중하다는 것은 잘 안다. 그러나 감정은 읽어주되 상황을 객관적으로 볼 필요가 있다. 아이는 아이라서 시야가 좁기도 하고, 부모로부터 야단을 맞을까 봐 자신이 잘못한 것은 말하지 않거나 축소해서 이야기할 수밖에 없다. 그러니 아이가 말하는 내용의 행간을 잘 읽어야만 한다. 엄마는 내 아이의 말이 100% 진실이라 생각하겠지만 믿는 것과 상황판단은 다른 문제다. 어른도 내 위주로 생각하는 게 당연한데, 아직은 타인에 대한 이해가 부족한 아이들은 더 할 것이다. 아이가 친구와 갈등을 겪고 있다면 속상한 감정은 읽어주고, 공감해 주더라도 사건 자체는 객관적으로 볼 필요가 있다.

그러나 그런 경우를 거의 보질 못했다. 어쩌면 당연할지도 모른다. 부모는 집에서 내 아이만 보니까, 내 아이의 말을 믿어주는 것이 맞을 것이다. 담임 교사가 다른 이야기를 하는 것은 내 아이에 대한 편견이나 편애 혹은 차별이라고 생각하는 것이 속 편하다. 세상에서 아이 편이 되어줄 유일한 사람은 엄마니까. '팔이 안으로 굽는 것은 진리'라는 명제가 이해는 되면서도 속이 상했다. 나는 그런 엄마는 되기 싫었다. 객관적이고 합리적인 엄마가 되고 싶었다. 나라도 내 아이 말만 듣고 감정적으로 대하는 부모가 되어서는 안 된다고 여겼다.

'아이를 키우는 일에 온 마을이 필요하다.'는 격언은 말 그대로 옛말이 되어버렸다. 동네가 아이를 키우는 시절은 빠르게 사라졌고 모든 교육은 학원이 도맡고 있다. 아이들은 놀기 위해서라도 학원에 가야 한다. 부모의 능력은 경제력으로 평가되고, 가정교육은 학교가 담당해야 한다. 이제는 아침부터 밤까지 학교가 늘 돌보라는 건지, '늘봄교육'까지 해내라며 강요받고 있다. 도덕 교육은 학교에서 감당해야 할 부분이고 부모는 유명한 학원의 비싼 학원비를 내는 것으로 능력을 평가받는 중이다.

교육철학이 사라진 시대. 아이를 키운다는 것의 가치가 무엇인지 모르겠는 요즘은 '우리 아이들'이 없고 '내 아이'만 있다. 내 아이만 생각해서 그런지 아이들이 크면서 있을 법한 일들도 학교폭력 '사건'이 된다. 그 사건 속에는 성장하는 아이들이 없고 피해자와 가해자만 있다. 어제 싸우고도 오늘 잘 노는 아이들인데 부모들에게는 아이 친구가 가해자로 인식된다. 요즘 아이들이 커서 나중에 학교를 추억해 본다면, '학교폭력'이라는 무서운 말만 기억에 남지 않을까. 어려서부터 겪은 폭력 사건으로 예민해진 아이들은 친구와 함께 성장한다는 것이 어떤 의미인지 모르지 않을는지.

내 아이를 생각해서 피해와 가해를 가늠하는 것이 중요한 순간도 있을 것이다. 아이들의 일이지만 '폭력'에 가까운 무서운 사안들도 분명히 있다. 아이들은 줄어드는데 사이코패스, 소시오패스가 늘어나기라도 하는지 친구라는 이유로 감당하기엔 벅찬 아이들도 보인다. 그러나 아이들의 일상은 사소한 다툼이 대부분이다. 그 일상이 스트레스가 되더라도 감내도 하고 용서도 하면서 너그럽게 자라면 좋겠는데, 그렇지 못해서 안타까운 순간들도 늘어나는 중이다.

어떤 날은 '학교폭력'이라는 단어를 삭제하고 싶다. 폭력이라고 명명하는 순간부터 일이 더 꼬이는 것 같다. 학교폭력이 되는 순간, 무서운 언어에 매여버려 마치 어른들의 일처럼 법적 대응이 필요할 것만 같다. 누군가는 꼭 처벌받아야만 하는 것처럼 느껴진다. 부모로서 피해와 가해 관련 판정이 억울하다는 생각이 들면 누구에게든 화풀이하고 싶어질 것 같다. 실질적으로 그 화살이 교사에게 향하기도 한다. 그래서 학교폭력이 '교사의 아동학대 사건'으로 이어지는 경우도 많다. 내 아이의 갈등과 스트레스를 '우리'의 시선으로 돌려 여러모로 생각하면 학교폭력 사건으로 번지지 않아도 해결할만한 실마리들이 있을 것이다. 과한 언어들로 예민해진 엄마들이 담임 교사를 과도하게 괴롭히는 일도 줄어들 것이다.

세상엔 이런 사람, 저런 사람이 어울려 살아간다는 걸 잘 안다. 우리가 살아온 세상이란 것이 그랬다. 넉넉하고 능력 있는 사람들이 부족한 사람들을 채워주기도 하고, 부족해 보이기만 했던 사람들이 그 몫을 충분히 해내며 돌고 도는 세상을 산다. 자로 잰 듯 정확한 수치와 계산으로만 세상이 돌아가지는 않는다. 아이들이 살아갈 세상도 그럴 것이다. 아무리 세상 변화가 빠르다고 해도 인간의 유전자 변화가 급속도로 빨라지는 건 아니니 말이다.

미래를 살아갈 아이들이 행복하게 살려면 어쨌든 남과 더불어 살아가야 한다. 우리는 경쟁과 비교를 통해 성공하는 것만이 행복이 아니란 걸, 인생의 전부가 아니란 것을 잘 아는 어른이다. 실제 성공한 사람들에게는 '운'이 따랐다는 연구 결과도 많다. 아이들은 예측할 수 없는 미래를 살아갈 것이고, 예측 불가한 시대에는 오히려 삶을 살아가는 태도가 가장 중요할 수도 있다. 아이들이 행복하게 세상을 살아가기 위해, 부모로서 미리 준비해 주는 일은 가해와 피해를 나누어 학교폭력 사건으로 민원을 넣고 교사를 괴롭히는 것이 최선은 아닐 것이다. 학교는 아이들이 나와 다른 타인과 관계를 맺으며 이해하는 법을 배우는 곳이다. 타인과 관계를 맺으며 함께 어울리는 공간이 점점 줄어드는 요즘, 학교의 역할은 오히려 더 중요해졌다는 생각도 든다. 어울리는 방법을 배울 곳은 어쩌면 학교뿐이다. 이토록 소중한 학교가 가해와 피해, 폭력의 공간이 아니라 함께 어울리며 크는 곳이면 좋겠다.

우	리		사	랑	하	게		해	주	세	요

선생님들, 기억에 남지 않는 교사가 되세요

명퇴 기념식을 하며 후배 교사들에게 남긴 선배 교사의 표현이다. 기억에 남는 교사가 좋은 교사인 줄 알았는데, 나쁜 기억으로 남는 것이 대부분이니 차라리 기억에 남지 않는 교사가 되는 게 낫다는 말씀이었다. 내 경우를 생각해봐도 맞았다. 대체로 나쁜 기억이 깊고 오래 남았고, 기억하기 싫을수록 또렷했다. 나쁜 선생님은 기억이 또렷해도 좋은 선생님에 대한 기억은 가물가물하다. 좋은 교사, 추억을 남길법한 훌륭한 선생님이란 이토록 어려운 것이겠다.

"아이가 손을 들지는 않았지만, 방울토마토를 더 먹고 싶었던 아이의 마음을 읽어주셔야 했다."는 학부모의 전화를 수시로 받은 선배 교사는 결국 버티지 못하고 명퇴했다. 학교를 시끌시끌하게 했던 민원 학부모의 도움으로 명퇴를 앞당긴 선배가 명퇴 기념식에서 남긴 이야기는 오랜 시간 여운을 남겼다. 그 이후 상처를 남기지 않는 정도면 선방이라며 기억에 남지 않는 교사가 되는 것도 나쁘지 않겠다는 생각을 마음에 품었다. 그리고 '내가 누군가의 나쁜 기억으로 남을지도 모를 때, 누군가가 나의 나쁜 기억으로 박히기 전에 학교를 떠나리라!' 결심도 했다. 그러나 기억에 남지 않는 교사가 되기 위해 노력해야 한다는 건 어쨌든 씁쓸한 일이다. 어쩌다 우린 아무도 기억해주지 않기를 바라는 마음으로 교사 생활을 하게 되었을까.

아이들은 가끔 예쁘다

잠시도 가만히 있지 못하고 짝꿍과 떠들거나 장난치며 내는 소리는 귀에 피가 날 것 같다. 교사의 닉네임으로 많이 쓰이는 표현이 '내 귀에서 피 난다'이다. 잠시 가만히 있을 때는 코를 파느라 집중할 때인데, 코딱지를 파낸 손가락을 흔들며 바로 달려와서 내 물건을 만지고 내 옷을 잡고 내 손을 만진다. 어쩔 수 없이 웃고는 있으나, 웃고 싶지 않다. 코를 판 손가락을 입에 넣고 쪽 빨아 먹을 때는 내가 목격한 현장을 외면하고 싶다. '코 판 손가락을 제발 입까지는 넣지 마!'라고 외치고 싶지만, 아이가 놀랄 것 같아 눈 한 번 질끈 감고는 마음을 진정할 때도 많다. 몇 번째 손가락으로 코를 팠는지 알고 있는 교사는, 아이가 책상 서랍 안에 손을 넣고 꼬물꼬물 움직이기만 해도 왜 그러는지 알 수 있다. 서랍 안에 넣어둔 칼라클레이를 만지작거리는지, 칭찬 간식으로 받은 사탕이 먹고 싶어 꼼지락거리는지 훤하게 보인다. 네가 몰래몰래 하는 일을 나는 다 알고 있지!

　학급당 인원수가 줄어 약 스무 명의 아이와 함께 지내는 교실에서는 교사의 시선에 아이의 일거수일투족이 걸려들곤 한다. 국어, 수학 시간은 관심조차 없으면서 "오늘 체육 시간에 뭐 해요?", 아침부터 눈만 마주치면 묻는 아이들의 최대 관심사는 급식메뉴다. 특별한 요구 사항이 없는 소심한 아이들도 '이번 달 식단표'에 민감하다. 집으로 보내는 가정통신문에는 관심조차 없으면서, 식단표가 늦어지면 빨리 달라고 조른다. 아이들은 등교하자마자 급식메뉴를 찬찬히 살피며 기대하거나 실망하고 체육 시간에는 무엇을 하냐며 똑같은 질문을 수십 번 던진 후, 정작 수업을 시작하면 멍하게 앉아있다. 수업 시간에는 사오정이 되었다가 쉬는 시간이 되면 살아나서 반짝거리는 아이들이지만, 교사의 칭찬 한마디에 늘어진 자세를 다잡고, 해보려고 노력하고, '이거 해라, 저것도 하자.' 시키는 선생님의 기운이 빠지지 않도록 씩씩하게 반응해주기도 한다. 그러나 사소하고 작은 일에 양보라고는 없이 투닥거리고 집에 가서는 자기만 당한 듯, 본인의 잘못은 쏙 빼고 친구 잘못만 이야기해서 일을 크게 만들기도 하는 게 아이들이다. 이럴 땐 아이들이 거짓말의 명수처럼 보인다. 거짓말도 인류 유전자에 새겨진 생존의 필수 조건일까? 순수한 아이들이 맑은 눈으로 거짓말을 할 때는 나도 모르게 그런 생각이 든다.

　하루 종일 진을 빼는 날에는 하교할 때가 가장 예쁘다. 가라앉았던 내 목소리가 아이들과 인사를 할 때 최고로 높아진다. 학교에서 사용하는 내 언어 중에 가장 힘찬 표현이 있다면, "얘들아, 잘 가!". 아이들이 모두 가버린 조용한 빈 교실이 제일 좋다. 하교 후 오후 시간, 책상과 의자만이 지키는 고요한 교실에서 혼자 널브러져 찬찬히 숨을 쉬다 일기장을 펼쳐 읽을 때가 마음이 가장 평화롭다. 자꾸 미운 짓만 골라 해서 눈치채지 못할 때 도끼눈으로 쳐다보게 하는 아이가 있다가도, '우리 샘님'이 아미라며 방탄소년단 굿즈를 챙겨주거나 BTS 관련 그림책을 직접 만들어 선물해줄 때는 아이들의 사랑이 눈가로 쏠리는지, 눈물이 핑 돌기도 한다. 몰래 치켜뜨던 도끼눈엔 어느새 사랑의 하트가 가득하다.

시장바닥처럼 소란한 교실, 하루도 바람 잘 날 없는 아이들 속에서 정신이 가출한 상태로 무당이 작두를 탄 듯 수업을 하고 업무를 처리하다 보면 하루가 어떻게 지났는지 정신을 차릴 수 없다. 사람이 죽으라는 법은 없다고, 그런 날에도 고갈된 에너지를 채워주는 아이들도 있기 마련. 일명 '예쁜 짓'으로 마음을 달래주는 아이들 덕분에 정신을 차리고 나면 어느새 하루가 훌쩍 흘러 퇴근 시간이다.

정신 승리가 필요하다

아이들과 좋은 관계를 유지하며 학급 운영을 하는 게 어렵지만은 않았다. 생각하기 나름 같았다. 아이들은 동물적인 본능을 가져서 자신을 좋아하는지 싫어하는지 감각적으로 아는 듯했다. 그래서 의식적으로 예뻐하려고 노력했다. 의식적으로 예뻐하는 일이란, 자꾸 예쁘다고 말을 하는 것이다. 살아오면서 느낀 교훈 중 현실적으로 큰 도움이 된 덕목은 '말은 그 힘이 무척 세다.'였다. '예쁘다, 예쁘다.'라고 말을 하면 어느새 그 존재가 정말 예뻐졌다. 그 사람은 원래 예뻤던 사람이었던 거다. '그 사람 별로지?'라고 말하면 신기하게 별로로 보였다. 그래서 담임을 맡으면 우리 학급 아이들은 예쁜 아이들이라고 생각하기로 했다. 물론 어렵긴 하다. 그래서 가끔은 이성과 감정이, 생각과 말이 따로국밥이 되어 버린다. 그래도 1년을 잘 버티려면 내 생각을 바꾸고 내 말을 바꾸는 게 제일 쉽다. 아이들을 바꾸기보다는 나를 바꾸는 게 차라리 쉬우니까.

정확한 사정은 모르겠으나, 엄마는 안 계시고 아빠는 연락이 안 되어 소통이 어려웠던 다문화 가정의 아이가 있었다. '가정이해조사서'는 받을 수가 없었고, 전년도 담임 교사가 포스트잇에 적어준 아빠의 연락처가 유일한 연결 통로였다. 아무도 관리해주지 않는 아이는 양말을 신지 않고 맨발로 학교에 오기도 했고, 아직 한기가 남은 초봄에 어울리지 않는 얇은 옷을 걸치고 왔다. 그래서 가끔 아들들이 쓰던 멀쩡한 가방이나 옷을 골라 챙겨주어야 했다. 가장 난감한 건, 머리에서 뚝뚝 떨어질 정도로 심한 머릿니였다. 학교에서 머리를 감긴다고 해결될 일도 아니었다. 교육복지사와 의논해서 결국 사회복지사가 가정을 방문하여 침구와 이불 소독까지 마치도록 했다. 아이와 관련하여 다른 학부모로부터 항의를 받다 보면 나도 속이 탔지만, '그래도 사고 안 치고, 친구 안 괴롭히고 학교에 오는 것만으로도 다행이지. 힘든 환경에서도 친구들 괴롭히지 않으나 얼마나 기특해.'라며 마음을 달랬다. 그래야 견딜 수 있었다.

아이들은 야단을 치더라도 아이를 위해서 야단을 치는 것과 어른이 피곤하고 기분 나빠서 야단치는 일을 구분할 줄 안다. 기분 나빠서 맞은 야단은 무엇을 잘못했는지 기억하지 못하지만, 잘못인지 알고 맞은 야단은 수용한다. 아이의 마음을 다치지 않도록 교육적으로 훈육하면 불편하거나 껄끄럽지 않으리라 판단했다. 생각만큼 실천하려고 했으나, 마음만큼 잘되지는 않았다. 나도 부끄러운 실수를 많이 했다. 공문과 학교 행사에 치이고, 관리자의 갑질이 기분 나빠서 감정의 날이 곤두선 날에는 평소와 다름없는 아이들의 행동에도 목소리 톤을 날카롭게 높였다. 그럴 때 아이들은 눈치를 살폈고, 홀로 군림한 어색한 교실을 뒤늦게 알아차리고 나면 바로 후회했다. '아이들 탓이 아니라, 교사를 예민하게 만드는 학교 탓인데 쓸데없이 큰소리를 쳤구나!' 잔뜩 힘이 들어간 목소리를 낮추며 분위기를 바꾸면 아이들은 또 금방 마음을 풀었다. 교사의 감정을 눈치채지 못하고 더 시끄럽게 굴고, 더 사고 치는 날도 있지만, 학교의 시간은 종소리와 함께 오차 없이 흘러서 괜찮았다. 간절히 기다린 하교 시간, 하루 종일 들려주지 않았던 친절한 목소리로 인사를 하고 나면 바닥을 찍은 에너지 눈금이 다시 오르기 시작했고 짧은 시간 농축된 피로는 흔적 없이 사라졌다.

우리 사랑하게 해주세요!

평균대에 올라간 체조 선수의 심정으로 균형을 맞추며 평화로운 교실을 위해 1년 한해살이에 애쓰다가도 갑자기 추락하게 되는 건, 학부모들 때문인 경우가 다반사였다. 그럴 때면 나는 외치고 싶다.

"제발, 우리 사랑하게 해주세요, 네!!"

모르고 실수도 하지만 알면서 잘못도 하며 크는 것이 아이들 아니던가. 알면서 하는 잘못도 스스로 조절하면서 도덕성과 윤리의식을 키워나가는 시기가 아동기일 것이다. 가끔은 엄마 돈을 몰래 훔쳐서 간식도 사 먹고, 가끔은 거짓말을 해서 위기를 모면하다가 어느 날은 생각하지도 못한 순간에 걸려 창피를 당하건, 야단을 맞건, 혹은 마음의 소리에 귀를 기울이건, 있을 법한 피드백을 통해 아이들을 괜찮은 어른으로 자랄 것이다. 그러니 살면서 겪을만한 일들은 겪어보는 것도 나쁘지 않다. 요즘 학부모 중에는 내 아이가 조금이라도 불이익을 당할까 봐 전전긍긍하는 마음의 불안과 불신이 유독 커 보이는 분들이 많다. 세상은 험해지는데 내 아이는 존귀하니 그 마음, 이해는 된다. 그러나 객관적인 사실 여부는 상관없이 부정적 감정을 혼자 키워서 심각한 문제로 판단하고는, 만만해 보이는 교사에게 퍼붓는 분들이 점점 늘어나는 현상은 문제로 보인다.

"선생님, 그 아이가 어떤 아인지 선생님은 잘 모르실 텐데요. 1학년 때, 걔가 빌런이었거든요. 저도 처음에는 아이가 남달라도 동네 아이라 너그러운 마음으로 친하게 지냈죠. 그런데 어느 날 우리 아이가 놀다가 그 아이가 던진 돌멩이에 맞았거든요. 그런 아이와 짝을 하면 우리 아이가 얼마나 스트레스를 받겠어요. 짝을 바꾸어 주세요."

"선생님 우리 아이가 참 짝꿍 복이 없네요. 이번에 같이 앉게 된 친구를 우리 아이가 싫어합니다. 바꿔주시면 좋겠습니다."

하이톡으로 장문의 글을 보내고 주말에 전화해서 한 시간을 하소연하는 학부모. 짝을 바꿀 때마다 이러니, 짝꿍 바꾸는 일 하나도 쉽지 않다.

그러니 느린 친구들을 남겨 '점프업 수업'을 한다거나 동성 친구들끼리 갈등이 있을 때는 해당 아이들과의 문제 해결 이전에 학부모라는 넘어야 하는 산이 첩첩산중인 경우가 비일비재하다. 어떤 경우는 말도 안 되는 트집으로 손이 벌벌 떨리게 만든 일도 있다.

"선생님, 우리 애가 애들이 놀려서 학교 가기 싫다고 하잖아요. 안 그래도 바쁜데 이런 일로 애가 전화 좀 안 하게 해주세요!"

"어머님, 아이가 예민한 구석이 있어요. 친구가 놀린 게 아니라 키가 커서 크다고 해도 온종일 울어요. 어머님도 아이와 대화하시고 기질을 이해하시면 도움이 되실 것 같아요. 오늘도 놀린 게 아니라, 모둠 활동에 참여를 안 해서 너도 하라고 친구가 말한 거라서요."

"아이고! 교사라고 말은 참 잘하시네. 어쨌든 우리 애 신경을 덜 쓰니까 애가 이런 전화를 하는 거잖아요!"

　이 말은 들은 순간부터는 기억이 정확하지 않다. 손이 부들부들 떨렸
다. '뭐 이런 개떡 같은 경우가 다 있어!' 이 생각만 들었다. 내 아이 사랑
은 항의성 민원전화를 할 때이고, 아이의 유난한 기질은 이해하고 싶지
도, 책임지고 싶지도 않은가 보다. 아이가 "우리 엄마는 하루 종일 핸드
폰 보시며 일하신다."라고 말한 기억이 났다. 중요한 업무를 하는 중에
전화 오는 게 급짜증이 나셨을 거라고 이해는 해드렸지만, 이미 나도 상
처를 많이 받은 뒤였다.

　나쁜 기분을 담아 두면 안 될 것 같아서 툭툭 털고자 친한 지기들과
가족들에게 하소연했다. "다음부터는 핸드폰 녹음을 자동 설정으로 해
놔." 현실적 조언을 뼈에 새기며 설정을 바꾸어 두었다. 녹음한다고 해
서 큰 도움이 되지 않는다는 것은 잘 알지만 그렇게라도 해야 내가 나를
보호할 수 있을 듯했다. 말도 안 되는 상황을 타개할 수 있는 건 결국 스
스로밖에 없다. 전화 한 통화 받았다고 교권보호위원회를 열어달라고
할 수도 없고, 그렇게까지 하고 싶지도 않다. 나의 권리를 주장하는 일
이 오히려 더 큰 상처가 되어 내 심장을 아프게 하는 일이 많다는 걸 경
험상 잘 알기 때문이다. 일이 커지면 결국 나만 손해였다. 속이라도 편
하게 내 마음을 바꾸는 일이 가장 쉬웠다. '그래…. 사는 게 힘드신가보
다…. 아이 말고도 어려운 일이 많으신가 봐. 내가 오늘은 감정의 쓰레
기통이 되어주었다고 생각하자.' 마음을 정리하고 선을 그었다. 그어버
린 선 너머를 생각하지 않으려고 했고, 아이 얼굴을 볼 때마다 학부모의

신경질적인 목소리가 떠오르는 것을 잊으려고 애썼다.

마음이 여릴수록 마음의 빗장을 다 걸지 못해서 틈을 둔다. 그러면 틈 사이로 스멀스멀 걱정이 들어오고, 불안이 밀려들어 부정적 감정이 눈덩이처럼 불어난다. 부정은 나의 에너지를 갉아먹어서 무기력하게 만든다. 학교에서 아이들과 지내는 것이 하나도 행복하지 않다. 그럴 때는 그냥 오프모드로 꺼버리는 게 낫다. 우리 사랑을 방해하는 사람들까지 고려할 필요는 없다. 아이의 교육을 위한 조력자로서 학부모는 언제나 환영이지만, 걸림돌이 되는 존재마저 안고 가기엔 내 그릇이 작음을 인정해야 한다. 사랑의 방해자에게는 영혼 없는 대응이 최고다. 퇴근 이후뿐이랴, "우리 아이 기분이 나쁘니 유심히 살펴봐 달라." 등등 출근 이전 아침부터 쏟아지는 별별 요구 문자에 짧게 "네~^^" 라고 보내는 것이 제일 나았다. 에너지 총량의 법칙은 누구에게나 마찬가지다. 학부모에게 쓰는 에너지는 줄여야 아이들에게 쓸 에너지가 유지된다. 그래야 내가 건강하게 버틸 수 있다.

학교란 필터가 없다. 대한민국 시민이라면 모두가 거치는 곳이 학교다. 특별한 경우가 아니라면 우리는 모두 초등학교를 거쳐 중학교, 고등학교에 다닌다. 시민의 백 프로가 다 상식적일 수는 없다. 돈을 내고 이용하는 곳이라면 거부할 수도 있고 차단할 수도 있지만, 학교는 그런 기능이 없다. 온갖 시민들의 다른 생각들이 제각각 펼쳐지기도 하고, 교집합이라고는 전혀 없는 다른 가정이 만나는 곳이 학교다. 대체로는 상식적이고 합리적이지만 그렇지 못한 경우도 마주하게 된다. 그럴 때 나와 결이 다른 사람, 아니 공동체의 상식과 결이 다른 사람을 만나면 상처를 입을 수밖에 없다. 어떻게 그렇게 생각하고 행동할 수 있는지 이해되지 않을 때도 많다. 그러나 어쩌랴. 필터가 없는 곳에서 백 프로 시민을 만나야 하는 곳이 학교인걸.

2023년은 교사들의 상처가 폭발한 해였다. 극소수의 학부모들이 교사를 상대로 오랜 기간 가했던 폭력이 교사의 죽음으로 이어졌다. 늦게서야 교사들의 부당함에 대해 이해하고 법적 조치를 하기 시작했다. 조치는 빠르게 진행되었다. 그러나 아직 그 길은 멀다. 바뀌었다고는 하는데 무엇이 바뀌었는지 피부로 와닿지도 않는다. 필터가 없는 학교에서 이제 막 만들어지기 시작한 필터가 제대로 작동하려면 또 오랜 시간이 필요할 것이다. 우선이 될지, 결국이 될지는 모르겠으나 내가 나를 지켜야 하고 우리가 우리를 지켜야 한다. '마크 맨슨'은 『신경 끄기의 기술』*에서 "행복으로 가는 길에는 치욕과 똥 덩어리가 널려 있다."고 했다. 행복까지는 아니더라도 아이들을 교육하는 일을 학부모가 방해하려고 한다면 전원을 차단하고 에너지를 쓰지 않아야 한다. 생각만큼 쉽지 않은 힘든 일이지만 누구보다 먼저 보호해야 할 존재는 바로 '나'이고, 나는 건강한 교사여야 하므로.

---

* 신경 끄기의 기술. 마크 맨슨. 갤리온. 2017.

05

인 연 은   학 교 에   있 었 다

인연 1: 기간제 교사 시절

임용고시를 보고 2년 안에 발령이 나지 않으면 무효라는 말이 떠돌고 있었다. 6개월이 지나도 발령이 나지 않았다. 서울시 3등을 했다던가…. 과 일등이었던 동기도 아직이라고 하니, 거의 꼴찌로 문 닫고 들어간 나는 해를 넘길 것 같았다. 사립학교에서 근무해 보는 것이 어떻겠냐는 연락이 오기도 했지만, 의미는 없었다. 기간제 교사를 하며 발령을 기다리는 것이 최선이었다. 늦여름 어느 날, 강사가 아니라 2학기 내내 기간제 교사로 일해달라는 연락이 왔다. 발령받기 전 학교 경험이 발령 이후 많은 도움이 된다고 하니 거절할 이유가 없었다.

"우리가 맡아야 할 과목이 음악과 실과거든요. 저는 음악은 잘 몰라서 실과를 맡고 싶은데, 음악 하실래요?" 눈매가 야무져 보이는 언니가 먼저 실과를 찜했다. 나보다 나이가 많은 언니니까 선택권을 먼저 줘야 앞으로의 생활이 편할 것 같았다. 나는 자연스럽게 음악 교과를 맡았다. 나의 첫 교사 생활이 그렇게 이루어졌다.

기간제 교사지만 후배들이 왔다며 먼저 발령받은 선배 언니가 아무 것도 모르는 우리를 살갑게 챙겨주었다. 점심시간에는 믹스커피를 타 주기도 했고, 퇴근 시간에는 함께 영어 공부를 하자며 모이기도 했다. 영어 회화보다 술 마시며 수다를 떤 시간이 몇 배는 많았다. 이제 갓 대학을 졸업한 20대 중반의 아가씨들은 그렇게 인연을 맺었다. 직장생활을 하며 연애를 시작할 즈음이기도 했다. 풋풋하고 아름다운 이십 대의 연애사를 서로 지켜보다가 비슷한 시기에 결혼했더니 출산 시기도 비슷해서, 첫째는 셋 다 같은 해에 태어났다.

아이들은 엄마들이 친하다는 이유로 모여, 자주 놀러 다녔다. 이제는 이십 대 중반이 된 아들이 가끔 그 시절 동갑 친구의 소식을 묻기도 한다.

"얼굴은 기억나지 않는데 누나 이름은 기억이 나. 그 누나는 잘 지내고 있어?"
"이번 임용고시에 바로 붙어서 발령받았잖아. 6학년 담임 맡았는데, 애들 사랑 많이 받고 있대."

동갑이지만 빠른 생일이라 꼬박 누나라고 부르더니 다 커도 누나는 누나인가 보다. "롯데월드 놀러 갔을 때, 엄마들은 카페에서 수다 떨고 내가 제일 언니라며 동생들 잘 돌보라고 했잖아. 그래봤자 몇 달 동생들인데…." 언니의 딸은 동생들 챙긴 기억밖에 없단다. 어렴풋한 그 시절을 아이들은 제각각 자신들의 방식으로 기억하고 있었다.

기간제 교사 시절에 만난 언니들과 아직도 인연을 이어오고 있다. 지금도 가장 자주 만나는 인연이다. 같이 놀러 다니자며 연구년도 함께 지원했고, 세 명 모두 합격해서 가족보다 더 자주 만나기도 했다. 하필 코로나가 터져서 원하던 해외여행은 못 가고 국내 여행만 다녔지만, 한적할 때 국내를 돌아다니는 것도 좋았다.

엄마들은 아이를 키우며 인간관계를 맺는 것이 자연스럽지만, 휴직을 한 번도 하지 않고 학교만 다닌 내가 낄만한 '엄마 모임'은 없었다. 오전에 아이들이 학교에 갔을 때 주로 모이는 반 모임은 선택지조차 될 수 없었다. 동네에서 아이들끼리 친해지면 '언니 동생' 하는 경우도 생긴다던데, 그런 일은 나에게 일어나지 않았다. 어쩌다 반 모임에 나가더라도 교사 엄마는 불편했다. 엄마들 모임이라면 으레 학교와 교사에 대한 불만이 자연스럽게 대화의 소재가 될 텐데, 자리에 낀다는 것 자체가 민폐라 여겼다. 아이를 키우며 생기는 어려움을 하소연할 수 있는 최고의 대상은 동료들이었고, 그중에서도 나보다 빠르게 아이를 키웠거나, 또래 아이를 키우는 선배 언니들이었다. 아이들 이야기를 나누다 보면 자연스럽게 가족사나 사생활이 마술사가 모자에서 스카프를 꺼내듯 줄줄이 이어져 나왔다. 가깝지 않으면 터놓기 어려운 속내를 무겁지 않게 나눌 수 있으니 친해질 수밖에 없었다. 가장 은밀한 가족 이야기부터 학교에 대한 뒷담화까지 가능한 언니들이 있으니 힘든 일로 속이 답답하다가도 풀리곤 했다. 『호모데우스』*에서 "서로의 신뢰감을 높이기 위해 인간은 뒷담화를 선택할 수밖에 없었다."는 '유발 하라리'의 설명은 진실이었다. 우리끼리의 연대가 내밀한 뒷담화로 단단해지다 보니 학교생활의 스트레스는 줄어들었고, 버겁고 힘든 학교도 다닐 만했다. 친해지고 나니, 관심사도 비슷했다. 다들 역사, 미술, 박물관을 좋아해서, 여행을 가도 원하는 여행 코스가 일치했다. 비슷한 사람들이 모여도 오랜 시간 인연을 이어가는 게 쉬운 일은 아니라고 하니, 나는 운이 좋았다.

학교는 그런 곳이었다. 직장이지만 가족 같은 분위기가 있었다. 일반 회사에 다니는 친구들은 수직 관계의 직장에서 경쟁하며 지내다 보니 누구와도 마음 터놓기가 힘들다는데 학교는 달랐다. 직장 상사나 선배를 모시며 스트레스를 받는 경우보다, 힘든 일을 수다로 풀며 마음을 의지하게 될 때가 많았다. 수직 관계는 관리자뿐이고, 그 외 동료들은 대부분 동등한 관계라서 '언니 동생' 하며 지낼 수 있었다.

처음 발령받았을 때는 동학년 티타임이 싫었다. 바빠 죽겠는데 왜 불러서 수다를 떠는지 이해할 수 없었다. 나는 마음이 바빠 허덕이는데, 마음은 교실에 두고 아줌마들의 이야기를 듣고 있으려면 몸에서 사리가 나올 것 같았다. 그런데 어느 순간 나도 그런 아줌마가 되었는지 수다 타임이 편해졌다. 시대는 달라져서 무조건 선배들이 부르면 달려가 자리를 채워야 하는 분위기는 아니지만, 동학년이 모여서 떠는 자유로운 수다가 좋아서 자발적으로 참여했다. 아이들과 학부모 이야기를 주고받다 보면 응어리진 마음이 풀렸다. 어떤 날은 생각하지 못한 숨은 진주를

---

* 호모데우스. 유발 하라리. 김영사. 2017.

발견하는 날도 있었다. 학급 운영의 노하우를 전수받기도 했고, 수업의 아이디어를 얻기도 했으며, 어려운 관리자와의 관계를 부드럽게 풀어갈 만한 비법을 배우기도 했다. 학교생활의 지혜는 공식적인 회의보다 주거니 받거니 흘러가는 대화 속에서 선물처럼 찾아오는 날이 더 많았다. 벽을 마주한 상황에서 이렇게도 넘어가 보고, 저렇게도 두드려 보는 동료들의 시도와 노력의 경험들 속에는 내가 배울 것들이 생각보다 풍성했다.

인연 2: 의기투합, 마을학교

학교업무와 아이들 양육에 정신없는 워킹맘으로 살다가 아이들이 고학년이 되자 마음의 여유가 찾아왔다. 매끼 마다 고민이었던 밥걱정이 줄어들었다. 그래서 뜻이 통하는 동료들과 '독서 모임'을 시작했다. 혁신교육에 대한 열정이 싹틀 시기였다. 학교에 변화가 필요하다고 느껴서 실천하는 일에 동참하고 싶었지만, 방법을 잘 몰랐다. 새로운 교육감이 시작하는 혁신학교 연수에도 다녀왔지만, 혁신학교가 아닌 일반 학교는 변화에 이르기까지 거리가 멀어 보였다. 독서 모임을 하다가 그것으로는 부족하다고 여긴 동료들끼리 강의를 들으러 다녔다. 세상에는 다양하고 좋은 강의들이 널려 있었다. 교육, 정치, 철학, 문화, 생태, 예술 등 다양한 분야의 전문가들이 세상의 변화에 대해 오래전부터 이야기하고 있었건만 나만 모르고 살았던 것 같았다. 내가 사는 틀이 너무 작고 협소하단 생각이 들었다.

좋은 강의를 들으러 다니다 보니, 학부모들도 이런 강의를 들으면 생각이 바뀔 듯했다. 그 시절에는 교사와 학부모가 서로 소통하고 뜻을 모으면 교육이 달라질 거라는 순수한 믿음을 가지고 있었다. 우리가 좋다고 여긴 강사님들을 학교로 모셔, 강사님이 전하는 가치를 학부모들도 듣게 된다면 일반 학교도 혁신학교처럼 될 수 있을 거란 희망이 솟구쳤다. 대체 무슨 에너지였는지 모르겠다. 4명이 의기투합해서 이름을 짓고 〈○○○○ 마을학교〉를 만들었다.

우리가 다니며 들었던 강의 중에서 좋은 강의들만 추려 강사님들께 연락을 드렸다. 어디서도 지원받지 않는, 예산이라고는 1원도 없는 순수 모임이라 강의 신청을 받고 인원수만큼 1/N로 나누어 참가비를 책정했다. 대체로는 5천 원이면 충분했다. 참석한 학부모들과 교사로부터 참가비를 받아서 강사님 강의료인 20만 원, 30만 원을 맞춰드렸다. 유명한 분들은 강의료가 50만원 이상이었는데, 교사들이 좋은 일을 한다며 20만 원에 와주시기도 했다. 고마운 김익중 교수님은 경주에서 KTX를 타셔야 했기에, 교통비가 강의료를 넘었는데도 학자로서의 신념을 전하고 싶으시다며 기꺼이 오셔서 열강을 해주셨다.

엄마들이 강의를 듣고 싶은데 아이들을 맡길 곳이 없다고 했다. 우리의 마을학교가 입소문이 나면서 마을공동체가 아이들을 맡아주겠다고 나서기도 했다. 강의료가 조금 남으면 엄마가 강의를 듣는 동안 아이들이 먹을 수 있도록 '유기농 간식'을 주문했다. 그렇게 판이 커지자 공연팀도 섭외했다. 학교 강당에서 하는 보잘것없는 공연이었지만 인기가 괜찮았다. 학교에서 좋은 공연을 저렴하게 볼 수 있게 해줘서 고맙다는 인사도 많이 받았다. 공연팀을 섭외하기 위해 우리가 애쓴 보람이 그 한 마디로 보상이 되곤 했다. 우리는 한 달에 한 번 강의를 열었고 가끔은 공연도 했다. 주말에는 동네 엄마들과 친환경 화장품도 만들고 막걸리도 만들었다. 학교라는 공간에서 강의와 공연과 취미가 이루어지는 뜻 깊은 활동이었다. 그렇게 4년을 하자 이름이 있는 언론사 기사로 보도가 되기도 했다. 내 이름이 신문 기사에 나보긴 처음이었다. '교사 생활을 오래 하다 보니 별일이 다 있네!' 우쭐한 기분이 들었던, 교사로서 빛나는 시절이었다.

규모가 커지다 보니 문제가 생기기도 했다. 호응이 좋은 우리의 마을학교를 발판삼아 규모를 더 키우고자 하는 분들이 생겼다. 연결고리가 넓어지고 다른 마을공동체와 연합회의를 하다 보니, 동네의 여러 마을공동체가 예산에 민감하다는 것도 알았다. 참여자의 참가비로 운영해왔는데, 예산을 따내고 그 예산을 쓴다는 것이 어려워 보였다. 취지는 좋았지만 감당할 수 있을지 겁이 났다. 혁신학교가 늘어나면서, 마을학교 사업을 학교업무로 추진하는 중학교도 생겼다. 우리는 마을학교 업무가 있는 혁신 중학교와 연합해서 활동하다가 아예 그 학교로 일을 넘겼다. 교사들이 자발적으로 시작했던 모임이 체계를 갖추고 잘 어울리는 혁신학교의 사업으로 자리를 잡게 된 후, 우리는 쿨하게 물러났다. 예산 한 푼 받지 않고, 노동력에 대한 대가는 1원도 없이 오직 열정과 보람으로 채웠던 '우리들의 순수한 교육 문화 사업'은 그렇게 마무리가 되었다. 그 이후로도 인연은 지금까지 계속 이어지고 있다. 뜻을 함께한 사람들과 일해서 그런지 친해진 정도 같다. 생각의 결도 비슷해서, 학교에서 생기는 다양한 문제점들을 판단하는 시선도 일치할 때가 많았다. 우리가 했던 시도들이 큰 성과는 아니더라도 보람 있었다는 일치감이 그 후로도 우리를 결속했고, 단단한 끈이 되어주었다.

　　마을학교 사업을 마무리한 후, 책임감과 열정이 남달랐던 언니들과 친구는 그 열정을 1학년 한글 교육에 쏟아부었다. 직접 교육과정을 짜고 프로그램을 만들었다. 한글을 모르고 입학했더라도 학교 수업만으로 1학년 성취 수준에 맞는 글을 읽고 쓸 수 있어야 공교육의 의미가 있다고 믿었고, 믿음 이상으로 실천했다. 한글 교육 연수를 해주시는 선생님을 찾아가 배우고, 매주 모여 자료를 직접 만들었다. 한 명의 아이도 놓치지 않으려는 동료들을 보면서 우리의 공교육이 얼마나 건강한지를, 대한민국 교사들이 얼마나 유능한지를 내 눈으로 똑똑히 보았다. 지금도 각자의 자리에서 열심히 사는 동료들을 만나면 자극받곤 한다. 나이가 들어 이제는 기운 달린다며 게을러질 때, 지친 몸과 마음이 무거워서 아무것도 하기 싫어질 때 주변 동료들을 보며 마음을 잡아 보기도 한다. 경쟁과 비교가 아니라 가치를 위해 성실할 수 있도록, 좀 더 나은 내가 될 수 있도록 자극을 주는 인연을 어디서 만날까. 학교가 아니라면.

인연이 사라지는 학교

코로나 이전에는 회식도 많았다. 아니 좀 더 이전에는 1박으로 친목 행사가 있기도 했다. 아이를 키우는 엄마로서 부담스러울 때가 대부분이라 참석하지는 않았다. 어쩌다 회식 자리에서 권하는 술을 마시거나 동학년 회식에 참여하는 게 최선이었다. 언젠가부터 1박 행사는 사라졌다. 코로나 이후로는 모임 자체가 사라졌다. 그래야만 했다. 3년을 그렇게 지냈더니 이제는 모임 자체에 부정적인 사람들도 늘었다. 선배로서 후배들 밥이라도 사주고 싶은데, 말을 꺼내기가 어렵다. 만나자고 하거나 자리를 만들자고 하면 나이 든 '꼰대'일까 봐 겁이 난다. 이제 동학년 모임도 1년이면 끝이다. '구 동학년 모임'이 점점 사라지고 있다고 느끼는데, 어쩌면 꼰대인 나만 외면당하는 건지도 모르겠다. 주관적이지만, 한계가 명확한 인간관계만 유지되는 기분이다. 너와 나의 인연은 1년짜리. 인간관계도 유통기한이 생긴 듯하다.

송길영 데이터 분석가는 『핵개인의 시대』*에서 "이미 우리는 핵개인으로서 살아가고 있다."고 했다. 옆집에 누가 사는지 관심조차 없고, 오직 가족끼리 똘똘 뭉쳐서 살아가는 핵가족을 넘어 이제는 핵개인으로서 AI를 친구삼아 지내는 시대가 왔다. 자신의 취미에 따라 애호가의 삶을 사는 요즘 사람들이 같은 직장을 다닌다고 해서 친해져야만 하는 것은 고리타분한 발상이다. 기호와 필요에 따라 모이고 흩어지는 핵개인들이 학교에서 인연을 맺는다는 것은 시대착오적으로 보인다. 학교에서 오래 지속

---

* 시대예보 핵개인의 시대. 송길영. 교보문고. 2023.

될 관계를 맺는 일은 효도처럼 종말에 가까운 현상일지도 모른다.

인간관계를 맺고 유지하는 방식은 사람마다 다르다. 보편적인 흐름은 비슷해도, 각자의 상황에 따라 관계 형성의 모양새도 다를 것이다. 나의 경우는 어려서 친했던 친구들이 해외로 나가 살거나 지방에 살아서 인연을 이어가기 어려웠다. 어릴 때는 좋은 친구였는데 성인이 되어서 보니 잘 안 맞는 경우도 있다. 구르는 낙엽만 보고도 까르르 웃던 사춘기 소녀들은 사는 환경이 달라지고 경험이 다르다 보니 생각도 달라져 있었다. 오랜만에 만나서 나누는 이야기들이 겉도는 느낌이었다. 어느샌가 거리감이 생겼다. 학교 이야기를 편하게 하기도 어려웠다. 동료교사 뒷담화를 하고 싶어도 내 얼굴에 먹칠하는 것 같아 말이 떨어지지 않았다. 어느덧 솔직할 수가 없었다.

대학 친구들과는 한동안 인생 주기가 맞지 않았다. 지금은 대체로 아이들이 성장해서 다시 모임을 하고 있지만, 몇 년 전만 해도 친구들은 나와 달리 어린 자녀에게 매여 있어야만 했다. 그래서 나는 언니들과 노는 게 잘 맞았고 편했다. 결혼 전에는 연애와 결혼 이슈가 대부분이고 결혼하면 남편과 아이들, 혹은 시댁 이야기가 대부분이다. 친해지면 아무래도 사생활 대화가 많은 편인데 인생 주기가 어느 정도 비슷해야 대화가 편하다. 힘들고 고민이 있을 때는 비슷한 상황에 놓인 사람이 도움을 줄때가 많다. 상황이 전혀 다르면 이해가 어려우니 공감도 어렵다. 마음을 터놓고 지내기엔 학교 동료들, 선배 언니들이 최고였다. 나는 그렇게 인연을 맺었고 지금까지 그 인연들과 사사로운 일을 공유하고 취미생활을 같이하며 인연을 이어가고 있다.

인연, 학교에서 만들어도 괜찮아!

상황 때문에 인연을 만들지 못할 때도 있지만, 학교에서 인연을 맺고 싶지 않은 동료들도 있을 것이다. 직장에서의 관계가 불편한 사람도 있을 것이다. 개인의 라이프스타일과 취향이 다르니 존중해야 할 개인 영역이다. 다만 코로나 이후 각자 교실에만 콕 박혀서 대화도 교류도 없는 학교 분위기가 낯설 때도 있다. 좋은 인연들을 학교에서 충분히 만들 수 있고, 그것을 원하는 사람들도 있을 텐데, 통로부터 차단된 느낌이다. 힘든 일이 있을 때, 힘들다고 하소연을 하면 모든 것을 혼자 감당하느라 느꼈을 외로움이 덜했을 텐데…. 교실에서 극단적인 선택을 했던 동료 교사가 안타까워 그런 건지도 모른다. '나를 못살게 구는 민원인이 있을 때, 같이 욕하면서 해결 방법을 찾다 보면 혹시 결과가 달라졌을까. 코로나로 인해 생긴 거리 두기 문화가 아니었으면 달랐을까.' 그런 생각도 든다.

내가 학교에서 인연을 만들었기에 하는 말일지도 모른다. 수십 년간 이어온 인연은 학교에서 출발했다. 오랜 시간을 함께해온 인연들은 이제 여행을 같이 다니는 여행 친구이자 필터를 신경 쓰지 않고 아무 말이나 꺼내도 괜찮은 가족처럼 편하다. 학교가 아니었다면 불가능했을 인연을 학교라서 얻었다. '앞으로 내가 근무하는 학교에서 소중한 인연을 새롭게 만들 수 있을까?' 생각해 보면 쉽지 않겠다. 코로나를 기점으로 학교의 분위기가 달라졌음을 피부로 느끼기 때문이다. 애써 새로운 인연을 만들기보다 그동안 이어온 인연들을 소중하게 여기며 지속하는 것이 가장 좋아 보인다. 나는 언니와 친구들을 '인생지기'라고 표현한다.

구구절절 말하지 않아도 이해하는 평화로운 사람들과는 어떤 이야기를 해도 해롭지 않다. 그뿐인가. 어려운 일이 있을 때는 각자의 방식으로 도와주어서 고마울 때도 많다. 험한 세상에 혼자가 아닌 느낌이 든든하기도 하고, 무엇보다 오랜 세월을 맞춰오며 서로를 잘 알다 보니 함께 할 수 있는 즐거운 일이 자주 생긴다는 것이 기분 좋다.

졸업하고 나서 찾아오는 아이들은 무엇을 배웠는지는 생각나지 않고, 선생님이 삼천포로 빠졌던 이야기나 재미있었던 이벤트만 기억난단다. 학교생활의 대부분을 차지했던 수업은 흩어지고 사람 사이의 일들이 마음에 남는가 보다. 아이들만 그런 게 아니라 교사도 마찬가지 아닐까? 내가 교사로서 수업 준비를 얼마나 열심히 했고, 성실하게 일했는지의 기억보다 아이들과의 생활 기억, 사람에 대한 기억이 더 크게 남아 오래 간다. 그동안의 교사 생활을 돌이켜 보니, '결국 남는 건 사람이었다.' 이런 말이다. 같이 여행을 다니고 취미생활을 함께 하며 자주 만나서 수다 떠는 인생지기를 학교에서 만났다. 학교가 아니라면 없었을 인연을 학교가 이어주었기에 그 이유만으로도 학교는 내게 꽤 괜찮은 직장이다. 그래서 언젠가부터 시절 인연으로 스치기만 하고 사람이 남지 않는 학교가 아쉽다. 앞으로도 좋은 사람들과 좋은 인연을 이어가고 싶은 마음은 있는데 왠지 어려울 것 같다. 분위기를 살피며 지레 포기하니 학교 다니는 재미도 줄어들고 있다. 어차피 다닐 학교, 사람들과 어울리며 즐겁게 다니면 좋을 텐데 말이다.

06

교사가
맞지 않는 옷이라면

월급형 교사

"교사 생활의 전부는 월급 아닌가요?"

교사 사이트에 후배들이 가장 많이 올리는 질문이다. 이 질문에 대해
대부분 교사는 맞다고 동의한다.

"너는 어떻게 생각해? 나는 꼭 그렇지만은 않은 것 같아."

교사 사이트에 올라오는 MZ 세대 교사들의 의견과 반응에 관심 많은
언니의 질문에 나도 꼭 돈만은 아닌 것 같다는 막연한 대답을 했다. 그
러면서 오늘 오전의 풍경이 떠올랐다.

"선생님 이름이 뭐예요?" 묻고는 손수 예쁘게 그린 그림을 종이 인형처럼 오려 'ㅇㅇㅇ선생님'이라고 적어 선물이라며 슬쩍 전한 아이가 생각나 배시시 미소가 지어졌다. 올해 이동한 학교는 워낙 작은 학교였는데, 이동한 교사가 나 하나뿐이라서 당황스러웠다. 정규 교사가 올지 기간제가 올지 몰라서 비워둔 자리는 유일하게 교과. 그래서 신규 이후로 처음 교과 교사를 맡게 되었고 작은 학교다 보니 5, 6학년 과학에 1, 2학년 안전한 생활과 즐거운 생활 수업을 하고 있다. 저학년 아이들은 나를 '안쌤', '즐쌤'이라고 부르면서 복도에서 반갑게 인사를 하곤 한다. 오늘의 그 아이는 '안쌤'한테 그림 선물을 주고는 싶은데 이름을 몰라 조용히 물어봤을 거다.

민바람 작가의 『낱말의 장면들』*이란 책을 읽었다. 작가는 한국어 교육학을 전공하고 대학에서 10년간 외국인들에게 한국어를 가르쳤다. 그런 그녀에게 남은 것은 극도의 스트레스. 견딜 수 없는 직장생활이 한계에 이르렀을 때 그녀는 대학에서 뛰쳐나왔고, 어려서부터 쓰고 싶던 글을 쓰기 시작했다. 생계를 위해서는 편의점 알바를 선택했다. 직장생활을 하면서 일머리가 없다고 생각했던 그녀였는데, 편의점 알바로서는 점주님이 놀랄 정도로 일 처리 속도가 빨랐다고 한다. 대학 강사로서는 느껴보지 못한 남다른 일머리를 인생 최초로 느껴본 경험이었다고. 그녀는 편의점 알바와 프리랜서 작가로 살면서 그전에는 몰랐던 행복을 느낄 수 있게 되었다고 했다. 대학에서 학생들을 가르치는 직장생활은 마음의 병을 만들었지만 단순해 보이는 편의점 알바 생활이 그녀의 마

---

* 낱말의 장면들. 민바람, 서사원, 2023.

음을 편하게 만들어준 이유를 독자가 정확하게 알 수는 없다. '사람은 자신에게 잘 맞는 일, 하고 싶은 일을 하고 살아야 하는가 보다.'라는 생각을 해볼 뿐이다.

직장을 바꾸고 삶의 방향을 바꾸며 행복해진 사람들을 종종 본다. 잘 나가던 직장을 때려치우고 어느 날 세계 여행을 떠나는 사람들도 있고, 남들이 부러워하는 직장생활을 관두고 새로운 일에 도전하는 사람들도 있다. 안정적인 직장생활을 하다가 어릴 적부터 꿈꾸었던 가수가 되기 위해 오디션 프로그램에 나오는 숨은 고수들이 많은 걸 보면, 인간이란 존재는 자신이 원하는 것을 하고 살아야 병을 얻지 않고 건강하게 살 수 있는가 보다.

나에게 교사란

나는 어떤가. 생각해 보았다. 막연하게 월급 때문에 이 일을 하는 게 아니라면 교사는 나에게 어떤 직업인 걸까. 퇴근 시간이 빠르고 방학이 있다 보니 내 아이 양육하기가 다른 직장보다 수월해서 견뎌온 걸까? 일은 바쁘지만 칼퇴근이 보장된 직업이라 버틴 걸까? 교사라는 직업이 내 생각보다 나에게 잘 맞았던 걸까, 교사로서 아이들을 사랑했을까….

돌이켜보니 지금과는 다르게 열정이 넘치는 시기도 분명 있었다. 발령받고 학급 아이들과 롯데월드에 함께 놀러 가기도 했고, 우리 집으로 초대해서 떡볶이를 만들어주기도 했다. 지금 생각하면 어이없는 웃음이

나기도 한다. 학구가 나쁘지 않아서 40평대 아파트에 사는 아이들도 많았는데 반지하 원룸 신혼집에 초대했으니, 아이들은 교사란 직업을 가난하다고 생각했을지도 모르겠다. 그때 아이들은 내가 베트남으로 떠나며 연락처가 바뀌기 전까지, 성인이 된 후에도 계속 연락을 주고받았다.

유난히 나를 따르는 아이들이 선생님 집에 놀러 오고 싶다며 찾아온 적도 있다. 서울에서 경기도까지 꽤 먼 거리를 버스를 타고 와서 5살, 3살 아들들과 신나게 놀아주고 돌아갔다. 그 아이들은 대학에 가고 나서도 선생님이 보고 싶다며 찾아왔다. 심성만큼 잘 성장한 아이들이 찾아온 기억의 여운은 지금도 나에게 힘이 되어주곤 한다.

지금은 말도 안 되는 일이지만 내가 저 경력 교사였을 때, 아이들과 학교 밖의 활동도 겁 없이 하곤 했다. 그렇게 아이들과 지내는 것을 즐거워했던 걸 보니 초등교사라는 직업이 나에게 어울리지 않는 직업은 아니었나 보다. 좋아하지 않았더라면 아이들을 데리고 놀러 다니거나, 집으로 불러 요리해주는 일을 자발적으로 하지는 않았을 것이다.

초등교사는 1인 자영업자와 비슷하다. 중등과는 달리 중간고사와 기말고사처럼 절대적 잣대가 필요한 평가 시스템에서 상대적으로 자유롭다 보니 교육과정 운영에 자율성이 많은 편이다. 교육과정 편제를 살펴보면 담임 재량에 맞게 교육과정을 운영하라고 권장하고 있기도 하다. 수업시수가 명확하고 차시 구분도 확실해서 융통성이 없어 보이지만, 운영의 자율성을 살리기에 좋다. 어떤 활동과 내용으로 성취 수준에 도달할지는 교사의 재량에 달려있다. 아이들의 수준을 고려하여 재구성할 수 있는 재량권이 충분하다.

하루 종일 함께 지내다 보니 학급 운영도 교사의 교육적 신념과 가치에 따라 다양하게 구성할 수 있다. 가르쳐야 할 학습 분량은 많은데, 어디로 튈지 모르는 아이들과의 생활은 예상을 뛰어넘기에 긴장도가 높기는 하지만 그만큼 유연하게 지낼 수 있는 장점도 있다. 아이들과의 생활은 버라이어티 한만큼 심심할 틈이 없다. 양육과 생활의 공유 지분이 많다 보니 세심하게 신경 써야 할 부분도 많지만, 그만큼 아이들과 밀착해서 지내며 사랑을 많이 받기도 하는 직업이다. 1년간 지내다 보면 '선생님'이 아니라 '엄마'라고 부르며 실수하는 아이들이 늘어나곤 한다. 학교가 집과 구분이 안 될 만큼 친숙한 생활공간이 되어버렸기 때문일 것이다. 그런 아이들의 생활 태도와 더불어 학습 태도를 길러간다는 보람도 분명 있다. 공무원으로서 공문 처리라거나 협조를 부탁하는 공공기관의 행사가 많다 보니 잡무가 많기는 해도 언제 잘릴지 몰라서 불안해하지 않아도 되는 안정성도 장점이다. 그래서 월급이 적긴 하지만, 일반 기업처럼 밉보였다거나 성과를 올리지 못했다고 해서 쫓겨나듯 떠나지 않아도 된다.

안정성과 자율성을 누릴 수 있는 직업으로 양육의 역할도 크다 보니 여성들이 많을 수밖에 없다. 여성이 오랜 시간 일할 수 있는 직장이 아직은 많지 않은 현실에서 그나마 교사는 여성의 일자리로 나쁘지 않다. 아마 사회적 통념도 그러할 것이다. 여성들끼리의 연대감이 큰 것도 장점이다. 남녀 차별을 경험하는 일이 다른 직장에 비해 적다. 동학년에 남교사가 한 명 끼면 오히려 불편한 경우도 있다. 여초 직장으로 여성들끼리 유대감을 누리기 좋은 것도 누군가에게는 단점일 수 있겠으나 많은 여성에게 장점이라고 할 수도 있을 것이다. 수직적 관계보다 수평적 관계를 추구하는 사람이라면 여성이 많은 직장이 심리적으로 훨씬 편할 수 있다.

돌이켜보니, 나는 초등교사라는 직업이 잘 맞았던 거다. 완벽하게 만족스럽지는 못하더라도 내가 해내기에 적당했다. 만약 맞지 않는 선택이었다면 나도 월급만 기다리며 죽어도 하기 싫은 출근을 하고 있었을지도 모른다.

아픈 교사들

교사들과 독서 모임을 하면서 많은 동료가 정신과 상담을 받고 있다는 사실을 알고 놀란 적이 있다. 친한 친구나 언니들이 학교 스트레스 때문에 정신과를 찾았다는 이야기는 듣지 못했다. 나보다 더 열정적으로 교육활동을 하는 사람들이라서 늘 내가 부족하다고 생각했고, 그 부족함도 나의 몫이니 가랑이 찢어지게 따라가지는 말자며 마음을 진정시켜야 할 때가 더 많았다. 적당히 타협하는 평범한 교사가 참교사가 되기 위해 애쓰다가는 더 빨리 지칠 수 있다고 스스로에게 변명했지만, 그 변명이 나에 대한 정확한 진단이라 여겼다. 교육에 대한 뜨거운 열정은 없는 보잘것없는 교사지만, 학교가 힘들어서 상담을 받아야겠다고 생각한 적은 단 한 번도 없었다. 학교가 나를 힘들게 해서 눈물 나는 일은 있었지만, 오랜 시간 나를 괴롭힌 기억은 전혀 나지 않는다.

27년의 교사 생활이 어떻게 평탄하기만 했을까. 우여곡절도 있었지만, 마음에 상처로 남을만한 큰 사건은 없기도 했다. 오히려 어릴 적에 교사로부터 받은 상처는 아직 가슴에 남았는데, 학부모에게 어쩌다 듣는 돼먹지 못한 말들이 학교 담장을 넘지는 않았다. 퇴근하면 그만이었다. 마음에 병을 만들어서 나를 갉아먹지는 못했다. 그런데 요즘은 교사들이 정신적으로 건강하지 못하다는 신호를 꾸준히 접하곤 한다. 그래…. 그럴 수밖에 없을 것 같다. 후배 교사들이 학교에서 당하는 황당한 에피소드를 들을 때면, 달라진 학교 분위기가 섬찟하기도 하다. 교사가 건강할래야 건강할 수 없다. 아픈 교사가 늘어날 수밖에 없겠다.

3년 전 학년부장을 했을 때였다. 3년 차 경력 교사의 학급 아이가 등교를 잘 하지 않았는데, 부모는 그 이유를 담임 탓이라고 했다. 담임 교사가 무서워서 아이가 등교를 거부한다는 것이다. 아이의 부모가 '정서학대'라면서 내용증명을 보냈는데 읽어보니 이런 내용이었다.

'쓰레기 분리수거를 다시 하라고 했다. 수학 익힘 문제를 틀렸으니 다시 풀어오라고 했다. 아이 주변에 반 친구들이 몰려 이야기를 나누고 있었는데 코로나니까 자리로 돌아가라고 했다.'

읽어보니 교사가 충분히 교육적으로 생활지도를 할 만한 영역이었다. 거기에 마스크를 쓰고 있어서 교사의 눈밖에 보이지 않는데 그 눈빛이 무섭다는 내용이 함께 있었다. 심지어 자리를 바꾸었는데, 뒷자리가 마음에 들지 않는다고 하여 앞자리로 바꾸어 주었더니, '왜 하필 교사 바로 앞에 앉히느냐.', '교사를 무서워하는 아이에게 복수를 하는 것이니, 정서학대'라는 내용이었다.

학부모는 내용증명을 보냈지만 아동학대 신고를 원하지는 않았다. 그러나, 관리자는 신고 의무가 있다면서 직접 신고를 했고, 3년 차 교사는 경찰의 조사를 받아야 했다. 그 과정을 학년부장으로서 지켜보며 교직 경력을 통틀어 가장 분노했다. 교사라는 직업에 회의감이 강하게 들었고, 그만큼 후배 교사가 걱정되기도 했다. 그런 상황이라면 나라도 정신과 상담을 받아야 할 것 같았다. 의연하기엔 어려워 보였다.

이런 일이 나에게 일어나지 않은 것은 그저 운이 좋았을 뿐이라며 안도의 숨을 내뱉게 된다. 내 일을 싫어하지 않고 오랜 시간 해올 수 있었던 것은 나에게 맞는 직업을 선택했고, 무난하게 지내도 괜찮은 운이었기에 가능했을 뿐이다.

교사를 아동학대로 고발하는 사건들이 연이어 터지면서 후배들이 많이들 그만두고 싶어 한다. 막상 그런 일을 겪으면 나에게 아무리 잘 맞더라도 나 또한 관두고 싶어질 것이다. 그런 일을 겪지 않은 교사들도 집단 우울증에 걸린 듯, 마치 전염병처럼 학교에서 떠나고 싶어 한다. 교실에서 유난한 아이들과 생활하는 것 자체가 힘들고, 학부모의 요구를 친절하게 들어주는 것이 괴롭다 보니 적은 월급이 더 원망스러워진다. 돈이라도 많이 주면, 직장생활이라는 것이 원래 그런 것이므로 금융 치료받는 셈 치고 버틸 텐데 돈으로 위로받기에 교사는 좋은 직업이 아니다.

교사가 맞지 않는다면

재능과 적성, 흥미보다 점수와 성적에 따라 학교와 학과를 선택하는 것이 우리의 오랜 입시 정서다. 불안한 고용구조에서 안정된 직장을 최고로 여기는 부모들의 권유에 따라 직장을 정하고 취업하는 경우도 많다. 말 잘 듣는 착한 아들, 딸들이 학교와 부모의 의견대로 학과를 선택하다 보니, 진로가 고려되지 않은 입시 부작용이 현재 교육 분위기와 맞물리며 젊은 교사들에게 더 큰 상처가 된 것은 아닐까. 부모님을 비롯한 기성세대가 좋다고 해서 나도 좋은 건 아닐 텐데 말이다.

그래서 똑똑하고 능력 있는 후배 교사들이 관두고 싶다고 할 때면 미련 두지 말고 한 살이라도 젊을 때 자신에게 잘 맞는 직업을 고민해 보는 것도 괜찮을 것 같단 생각도 든다. 잠깐의 상처인데 치유할 방법을 찾지 못한 거라면 시간의 여유를 두고 '나다운' 치유법을 찾아보면 된다. 그러나 시간이 갈수록 나를 갉아먹고 있다는 생각과 관두고 싶은 생각밖에 들지 않는다면 과감하게 방향을 틀어서 새롭게 도전하는 것도 나쁘지 않을 것 같다. 그 판단 또한 오직 자신의 몫이어야 하겠지만.

교생실습 지도를 했을 때, 맡았던 교생들의 학업 능력이 대단했다. 고등학교 시절에 전교권이었던 친구들이, 그것도 특목고에서 잘했던 친구들이 교대에 가서도 치열하게 살며 교사를 준비하고 있었다. 그런 친구들이 자신의 능력을 발휘하지 못하고 정신적 고통을 느껴야 하는 것이 교직이라면, 떠나고 싶은 곳이 아이들과의 생활이라면 힘듦의 무게를 내려놓는 것도 좋겠다. 아이들과 평생을 지지고 볶는 일이 맞지 않는다면 인생 자체가 불행할 것 같기에. 교사라는 옷이 나를 아프게 만들고 좌절하게 만든다면 얼른 벗어버리는 결단도 괜찮겠다.

07

행복을 위한 방황

언니들의 명퇴

내가 아는 K 언니는 최강의 열정 우먼이었다. 아이들과 함께 떠나는 수련활동도 언니가 다 알아보고 계획을 짰다. 대중교통을 이용해서 섬까지 갔고, 아이들과 함께 밥을 해서 먹었다. 언니가 아니라면 할 수 없는 방식으로 아이들과 추억을 만들었다. 수업과 교육에도 열정적이었지만 학교 문화를 개선하는 일에도 앞장섰다. 한 번 생기면 사라지지 않는 학교의 쓸데없는 잡무들을 줄이고자 노력했으며, 부당한 일에 대해서는 논리적으로 대응하며 바꿔 나갔다. 교육 세포가 따로 있다면 언니 몸의 교육 세포들은 신규교사보다 더 신선했을 것이다.

그랬던 언니가 명퇴한단다. 그해, 언니네 반에 전학 온 아이가 유난했다. ADHD가 심해서 대안학교도 받아주지 않는다고 했다. 대안학교도 거부할 수 있는데, 100% 시민을 위해 존재하는 공교육은 누구도 거절할 수 없음을 다시 각인했다. 공격성이 강해서 담임 교사의 옷도 찢었다. 보호자들의 항의가 빗발쳤지만, 퇴근 시간 이후 반 모임까지 하며 보호자들을 설득하고 양해를 구하기도 했다. 한 아이도 포기하지 않는 언니의 열정은 옆에서 보기에도 대단했다. 그러면서도 부장 업무에 한글 교육 모임을 꾸준히 이어갔다. 다만, 마음과 다르게 몸이 지치는지 이유 없이 자꾸 아팠다. 그래서였을까. 언니는 그나마 좋은 기억이 있을 때 그만두는 것이 맞을 것 같다고 했다. 우리는 에어비앤비에서 간단하게 풍선을 매달고 언니의 명퇴식을 축하해주었다. 평생에 걸쳐 열정을 다해 일한 사람을 축하하는 일은 벅찬 만큼 아쉽기도 했다.

　J 언니도 흔히 우리가 말하는 참교사다. 뜨거운 열정이 밖으로 선명하게 보이는 사람은 아니었지만, 교육에 대한 가치관과 신념이 확고했다. 그랬던 언니가 갑자기 명퇴하겠다고 통보하듯 연락했다. 우리는 놀라서, 지금 그만두면 연금도 얼마 안 되는데, 그 돈으로 노년을 감당할 수 없다며 말렸다. 현실을 생각한다면 명퇴는 안 될 말이라고 했다. 그러나 1학년을 맡으며 유난히 힘든 아이들을 상대하다 보니 몸이 고장 난 상태라 주변의 조언이 들리지 않아 보였다. 언니는 ADHD 아동의 행동을 막으려다가 어깨가 고장이 났고, 고장이 난 어깨로는 머리조차 감을 수 없어서 자괴감에 빠진듯했다. 누구보다 열심히 살아온 언니들이 하나둘씩 지쳐가는 모습을 보며 속상했다. 아이들을 유독 사랑해온 언니들이 그렇지 못한 나보다 더 빨리 지쳐 보였다. 사방에서 명퇴를 말려서 그랬는지, 방향을 전환했다. 언니는 평생 꿈꿔온 소수 학급을 퇴직 전에

경험하고 싶다며 강원도 파견근무를 신청했고, 양양의 아주 작은 학교로 발령을 받았다.

언니가 파견 가고 여행 삼아 양양을 놀러 가서 언니가 근무하는 학교를 구경했다. 앞뒤 게시판 없이 이 층으로 만든 놀이 공간이, 동화 같은 교실에 딱 6개만 놓인 책상이 정다웠다. 나란히 한 줄로 앉아서 공부하면 집중력이나 친밀감이 남다를 것 같았다. 언니는 "남은 교직 기간을 강원도에서 보내도 좋겠다."며 6명의 아이와 함께하는 한해살이에 만족하고 있다. 산과 들과 바다가 있는 곳에서 일하니 마음이 편하다며, 명퇴라는 말은 입 밖에도 꺼내지 않았다. 마음이 힘들 때, 지친 상태에서 성급하게 판단하여 관두거나 포기하기 전에 환경을 바꾸는 것도 괜찮은 일이란 걸 언니를 보며 깨달았다.

L 언니도 얼마 전 명퇴를 신청했다는 연락을 받았다. 생계형이라며 무조건 정년퇴직을 하겠다고 했던 언니였는데, 올핸 많이 힘들었단다. 한 번도 아이들과의 관계가 힘들지도, 학부모가 어렵지도 않았는데 올해 아이들은 유난했다고 이야기를 풀었다. 아파서 결근 한 번을 하지 않을 정도로 체력도 짱짱했는데 이제는 지쳤다고 했다. 그래도 좋은 기억이 있을 때 퇴직해야지, 더 버티면 안 좋은 모습만 보다가 나쁜 기억으로 퇴직을 할 것 같아 결정을 서둘렀단다.

퇴직하는 언니들의 말은 한결같았다. "더 나쁘기 전에 내가 평생 했던 일을 마무리하고 싶어." 내 인생과 평생 함께한 직업을 더 나쁘기 전에 마무리해야 하는 현실이 씁쓸하지만, 왜 그런 말을 하는지 잘 알기에 동의할 수밖에 없다. 나도 언젠가부터 명퇴를 자주 떠올리곤 한다. 나이

탓만은 아닐 것이다. 나이 많음을 핑계나 무기로 삼는 건 싫다. 그런데 앞자리가 바뀐 50대가 되고 나니 40대 후반과도 체력이 또 다르다. 부장 업무를 하면서 교생실습 지도를 하고, 퇴근하자마자 대학원 수업을 들으러 가도 멀쩡했다. 하루에 4시간만 자고 출근해도 힘들지 않았다. 그런데 지금은 조금이라도 힘들면 몸에 무리가 갈까, 갱년기 증세인 불면증이 도질까 걱정부터 앞선다. 모든 일에 욕심내지 말고 무탈과 평안만 생각하자며 겁을 내는 일이 일상이 되었다.

공무원연금공단에 들어가서 내가 몇 살에 얼마의 연금을 받을 수 있는지 해마다 점검하고, 퇴직하고 나서 곧장 연금 개시가 안 되니 일정 소득을 만들기 위해 계획을 세운다. 그리고 퇴직한 선배들의 공통적인 조언을 기억하며 퇴직 이후의 삶을 미리 준비하기도 한다.

건강한 퇴직을 위해

◎ 경제적 준비

연금 개시 연령을 살펴보니 퇴직한다고 해서 바로 연금이 나오지 않는다. 명퇴 시기에 따라 다르기는 하지만, 최종 연금 개시 나이가 만 65세라니 암담하다. 퇴직하고 연금 수령 전까지 개인적으로 준비를 해두어야 한다. N잡러로 부수입을 올리면 좋겠으나, 무리하면 건강 상할까 걱정부터 하는 소심한 사람이니 아껴서 저축하는 것 말고는 방법이 없다. 연금 개시 전까지의 소득을 위해 교원공제회 저축상품에 불입하고 있다. 공제회만으로는 부족하고, 소득 공제상품도 필요하니 개인적으로 IRP라거나 연금 상품도 들어 두었다. 아직은 아이들이 대학생이라 오직 나만을 위해 저축할 수는 없지만 이제 얼마 남지 않았다. 앞으로 근무하는 동안은 가족이 아니라, 나의 노후를 위해 최선을 다해 애쓰고 싶다. 진정한 '내돈내산'을 살아보고 싶다. 내가 번 돈, 그 누구도 아닌 오직 나를 위해 쓰는 것이 노후의 목표다.

◎ N취미러의 취미생활: 덕후의 다양한 공연 생활

한마디로 열정적인 덕후다. 하나의 장르가 아니라 다양한 장르의 공연을 섭렵하고 있다. 아이돌 콘서트부터 클래식, 뮤지컬, 오페라, 발레까지 온갖 공연을 애정한다. 덕후가 된 동기는, 대한민국 교육 현실 이전에 아들들의 교육 현실에 더 빨리 좌절했기 때문. 아들의 공부를 바라느니 엄마가 공부하는 게 나을 것 같아 큰애 입시를 마치고 대학원에 등록했다. 대학원에 등록했으면 공부에 빠지는 게 맞을 텐데, 묘하게 덕질에 빠졌다. 공부하지 않는 아들 대신 엄마가 공부하는 게 나을 듯했고 엄마의 사랑을 거부하는 아들에게 순정을 바치느니, 사랑을 준 만큼 무대로 보답하는 가수와 배우에게 내 돈을 바치는 것이 더 행복했다. 다른 엄마들은 아이가 고3이면 함께 고3으로 지낸다던데, 나는 한 걸음 물러났다. 서서히 시작한 취미생활이었는데, 취미가 본업의 경지에 이르렀다. 시작하면 끝장을 봐야 직성이 풀리는 사람처럼 덕질을 해댔다. 알고 보니 나란 인간, 무척이나 열정적이었다. 특히 노는 일에는!

퇴근하고 일주일에 2, 3회 대학원에 가서 수업을 듣고 11시 넘어 귀가하면서도 1년에 100회 이상의 공연을 다녔다. 주말에는 한강 공원에서 하는 록 페스티벌을 다녔고, 방학에는 일본에서 하는 록 페스티벌도 다녀왔다. 부산이나 제주에서 하는 콘서트는 마음도 가볍게 동네 시장 가듯 당일로 다녀오기도 했다. 만나기 힘든 배우들이나 가수들의 콘서트 티켓팅을 하고 공연 보러 가는 일이 내 인생에서 해본 것 중에 제일 재미있었다. 덕질하며 만나는 덕질 친구들과 교류하는 것도 신세계였다.

엄마인 나는 그렇게 달라졌고, 한동안 그렇게 살았으며 지금도 다르지 않게 지내고 있다. 콘서트, 뮤지컬, 연극, 미술관 티켓을 합치면 1년간 찾은 공연장이나 전시장 티켓이 70장 이상이 될 것이다. 덕후는 덕주를 따라 하고 싶어 하는 욕망이 있기 마련. 사랑하는 연예인이 좋아하는 취미에도 관심을 가지게 되어 미술품 전시 관람도 좋아하게 되었다. 맞다. 방탄소년단 리더 RM이 미술에 조예가 깊은 것을 알고 흉내 내기 시작하다가 미술관 관람과 더불어 미술사 강의도 꾸준히 듣게 되었다. 공연을 다녀오거나 전시를 보고 오면 꼭 리뷰를 남겼고 리뷰가 습관이 되다 보니 개인 블로그 또한 7년째 유지 중이다. 블로그를 오래 하다 보니 어느덧 인플루언서가 되었다. 오랜 시간, 꾸준하게 활동하니 온라인도 알아주나 보다.

반복해서 본 뮤지컬 작품도 주인공에 따라 달라지는 분위기가 궁금해서, 본 공연도 다시 찾으니 아마 퇴직하고도 현재의 취미생활은 유지될 것이다. 공연 다니느라 심심하지는 않을 것이다.

◎ 독서

노안이 와서 책을 보는 일이 힘들다고는 하지만, 퇴근하고 책을 읽으며 하루의 스트레스를 풀 정도로 서점과 도서관에 가는 것을 좋아한다. 혼자 책 읽는 것도 좋아하지만 책을 읽고 타인들과 이야기 나누는 것도 좋아해서 독서 모임에 참여하다가, 가벼운 독서 모임을 만들어 진행하고 있다. 책을 꼼꼼하게 읽어도 까먹곤 해서 책을 읽는 것이 무슨 의미일까 싶을 때도 있지만, 책의 교훈이나 의미가 기억에 있는 것이 아니라 몸에 남아 태도가 되는 것도 같다. 어렵거나 난감한 문제에 부딪혔을 때, 주변의 조언도 도움이 되지만 언젠가 읽었던 책이 도와줄 때도 있다. 올해 77세인 엄마도 산책 삼아 서점에 가서 두 시간 책을 읽으며 소일하신다. 그렇게 책을 읽고 오면 하루가 뿌듯하다고 하신다. 딸인 나에게 요즘 베스트셀러 소설을 물어보시고는 재미있게 읽었다고 알려주신다. 장편 소설도 좋아하셔서 조정래 작가의 작품집을 다시 시작해서 읽으시고 그다음 시리즈가 무엇이냐며 묻기도 하신다. 나도 엄마처럼 책을 친구삼아, 책을 중매쟁이 삼아 사람들과 교류하며 나이 들고 싶다. 퇴직 후 서점이나 도서관을 찾는 호호 할머니를 떠올리면 저절로 웃음이 나도록 기분이 좋다. 노년들이 모여 독서 토론을 하면 또 얼마나 재미있을까. '호호 독서클럽'을 만들어서 클럽장의 권력을 누려보고도 싶다.

◎ 여행

　남들처럼 여행을 많이 다니지 못했다. 흙수저가 대한민국에서 내 집 마련이라도 하고 살려면 여행은 사치였다. 그래서 여행을 좋아하는지 싫어하는지 나의 기호도 모르고 살았다. 아이들이 성인이 되고 언니들, 친구들과 여행을 다니고 나서야 내가 여행을 좋아한다는 걸 알았다. 여행에 대한 선호도는 각자 달라서 계획 세우는 게 재미있는 사람이 있고, 여행에 가져갈 물건이나 옷을 쇼핑하며 행복한 사람이 있는데, 나는 직접 가서 눈으로 보며 감탄하는 것을 좋아한다.

　아이들이 크고 나면 부모님의 건강이 중년의 자유를 발목 잡는 일들이 생긴다. 명퇴 이전에 열정적이었던 선배들이 퇴직 후에 마음껏 여행을 다니며 즐겁게 놀 줄 알았는데, 부모님의 건강이 악화되어 꼼짝 못 하는 경우도 종종 보았다. '백 세 인생'이라며 인생 길다고 하지만, 우리의 인생 주기에서 온전히 자유롭게 즐길 수 있는 시간은 많지 않을 것도 같다. 연로하신 부모님이 편찮으셔서 묶인 몸, 그다음 차례는 내가 될 수 있다. 그러니 부모님 건강이 괜찮으시고 나도 건강할 때 여행을 누려야겠다는 다짐을 자주 한다. 지금은 방학을 이용해서 여행을 가야만 하니 덥거나 추울 때 비싼 돈을 내고 다니지만, 퇴직하면 좋은 계절에 저렴한 가격으로 다닐 수 있을 것이다. 그래서 여행을 함께 다니는 언니들, 친구들과 여행 계좌에 적금을 붓고 있다. 매달 쌓여가는 여행경비를 보면, 우울하다가도 즐거워진다. '인생 별거 없지, 하고 싶은 일 하고 살면 그만이지.' 이런 생각이 절로 든다.

◎ 계획들

퇴직 후, 하고 싶은 일들을 떠올려보며 계획을 세워보곤 한다. 계획을 세우는 것만으로도 즐겁다. 물론 인생은 노플랜이라서 계획대로 된 적이 없으니 노년도 그럴지 모르겠으나, 버라이어티한 인생 주기는 지났으니 계획대로 될지도 모른다. 내가 하고 싶은 일들을 하나씩 둘씩 하다 보면 퇴직 이후에도 지금의 루틴들이 이어지며 바쁘고 재미있게 살수 있을 것 같다. 공연, 독서, 강의 듣기의 취미를 이어가며 그림도 배우고 악기도 배우면 노년의 하루가 금방 지날 것이다. '오전에 강의를 듣고 오후에 독서 모임을 하거나 그림이나 악기를 배우고 나서 운동을 하면 나이 드는 줄도 모르고 건강하게 늙어갈 수 있겠지?'

10년간 사주 공부를 틈틈이 해서 가족과 지인들 사주를 재미 삼아 봐주고 있다. 또, 타로를 배워 사소한 고민들도 상담해 주고 있다. 노년에도 주변 사람들의 인생 고민을 사주와 타로로 도와주려면 좀 더 배움을 이어가야 하니, 지금보다 더 바쁘게 살 수도 있겠다. 배움을 나누며 썰을 풀다 보면 시간이 흐르는 줄도 모르고 바쁘게 하루를 보낼 것이다. 계획을 상상하는 것만으로도 부자가 된 듯 마음이 배부르다.

무탈하게, 소박하게 살고 싶다.

후배들은 버거운 학교를 피해 휴직도 하고 이직을 준비하기도 한다. 아이들이 점점 줄어서 한 해에 20만 명 정도가 태어나는 대한민국이니 앞으로 학교 환경이 어떻게 바뀔지 모른다. 아예 이른 나이에 학교 밖으로 나가 다른 일에 도전하는 것도 의미가 있겠다. 우리의 교육환경이 점점 좋아지면 좋겠는데, 과연 그렇게 될지 의아할 때가 더 많다. 그래도 후배들이 근무할 학교가 더욱 좋아지기를 바란다. 역사는 진보한다고 하니, 세상은 어쨌든 나아지리라 믿는다.

그러나 연금이 나오지 않는 퇴직과 쌓이는 경력 사이에서 애매한 중년의 교사는 미래의 희망을 꿈꾸기보다, 무탈하게 버티다가 건강하게 퇴직해서 소박하게 살아가고 싶다. 크게 욕심내지는 않는다. 신이 있다면 평생 학교에서 지낸 나에게 건강한 취미생활 정도는 허락해 줘도 되지 않을까. 앞으로의 방황은 치욕과 똥 덩어리*를 피하기 위한 회피의 방황이 아니라, 소박해서 누리기 적당한 행복을 찾기 위한 방황일 거라 믿고 싶다. 그런 날을 꿈꾸며 오늘도 공무원 연금관리공단에 접속한다.

---

* '신경 끄기의 기술' 표현을 인용함.

네 번째 삶.

내가 나중에
선생님이 되면은

윤미소

윤미소

22년 차 초등교사.

왁자지껄 활기찬 교실 속 이야기들을 교단 일기로 남기며 아이들과의 추억을 차곡차곡 쌓아나가고 있다.

매년 새로 만나는 아이들과 학급 안에서 하나가 되어가는 과정이 짜릿하고 뿌듯하지만

헤어짐의 순간은 언제나 슬프고 아쉽다.

아이들과 교실 속에서 부대끼며 주고받는 사랑이 삶을 지탱하는 주요 연료여서

코로나 시기 큰 괴로움과 허전함을 느끼고 급격히 노화가 진행되어 흰머리가 기하급수적으로 늘었다.

'한 사람의 인생은 한 권의 책이다.'라는 말에 격하게 공감하며

이 세상에 하나밖에 없는 소중한 '내 인생'이라는 책을 오타나 오류 없이 잘 써 내려가고 싶은데

마음처럼 잘 흘러가지 않을 때가 많다.

그저 눈앞에 주어진 하루하루를 충실하게 살아가려고 노력중이다.

교실 안팎에서 열심히 써 내려가고 있는 인생책의 한 챕터를 작은 떨림과 함께 이곳에 살짝 꺼내 놓는다.

01

내가 사랑한 교단, 그리고, 아이들 속에서 살아남기

"오늘도 교단에서 아이들과 함께할 수 있어서 행복합니다."

어릴 때부터 '교사'라는 직업을 가지고 싶다고 단 한 번도 생각해 본 적이 없었던 나. 인생은 원래 예측 불가능한 변수 가득한 여정이라지만, 평소에 아이들을 별로 좋아하지 않았던 내가 20년이 넘게 교사로서 만족하며 잘 살아오고 있다는 사실이 스스로도 놀랍다. 물론 불만족스러운 부분도 있고 알게 모르게 받은 상처도 꽤 있다. 그림에도 '교사가 내 천직이었나?' 싶을 정도로 매일 학교에서 아이들과 보내는 하루하루가 벅차고 행복했다면 지나친 과장일까?

나를 움직이는 원동력인 열정과 사랑. 이 두 가지를 맘껏 펼쳐낼 수 있는 교단에서 온 마음 담아 가르치고 배우고 사랑하며 살아가는 하루하루가 그저 감사하고 또 행복하다. "선생님, 사랑해요."라는 세상에서 가장 달콤하고 심쿵한 멘트를 오늘도, 내일도, 매일 같이 들을 수 있으면 좋겠다. 가끔 몬스터처럼 무서운 선생님이 되기도 하고, 실망하고 속상해하며 또 한바탕 울음을 쏟아내게 될지도 모르지만. 사랑하는 아이들 곁에서 오랫동안 온기와 진심을 나누며 발걸음 맞춰 한 발 한 발 앞으로 나아가는 교사로 살아가겠다고 다짐한다.

　올해로 6학년 담임을 열 번째로 맡게 되었다. 2014년부터 써온 교단일기, 윤호섭 교수님이 그린캔버스에서 매년 개최하는 환경전시회 '녹색여름전'에 필사 작품을 출품해온 지도 벌써 10년째다. 10년이면 강산도 변한다는데, 꾸준함 속에 담긴 힘이 교사로서의 삶에 어떤 변화와 성장을 가져다주었을까? 잠시 멈춰 숨을 고르며 지나온 시간을 되돌아본다. '하루하루 전력을 다하지 않고는 그날의 보람은 없다. 위대한 인생은 눈에 보이지 않는 성장을 통해 만들어진다.'*는 쇼펜하우어의 말을 마음속에 떠올리며.

　쇼펜하우어가 말한 '위대한 인생'이라는 거창함이 아니더라도 지난 20여 년은 스스로에게 당당하고 다른 누구에게도 부끄럽지 않은 꾸준함으로 채워왔다. 또 교실 안팎에서 아이들과 울고, 웃고, 지지고 볶으며 하루하루 고군분투해온 시간이기도 하다. 작은 성장이 모이고 모여 조

---

* 쇼펜하우어 아포리즘: 당신의 인생이 왜 힘들지 않아야 한다고 생각하십니까. 아르투어 쇼펜하우어 지음, 김욱 편역, 포레스트북스. 2023.

금씩 선명해지는 나의 길이 만들어지고 있었음을 느낀다. 그리고 다시 고개를 돌려 앞을 바라본다. 비록 더딜지라도 뒷걸음질 치지는 않겠노라고 다짐하며 신발 끈을 다시 고쳐 맨다. 어떤 모양과 향기를 품고 있을지 기대되는, 새 길에 대한 설렘 가득 안고 오늘도 아이들 속으로 뚜벅뚜벅 걸어 나간다.

02

내가 나중에
선생님이 되면은

교사가 될 결심

우리가 나중에 선생님이 되면은
이 땅에 가장 순박한 아이들 곁으로
흙냄새 가득히 몸에 배어 달려오는 아이들 곁으로 갑시다.

우리가 나중에 선생님이 되면은
이 땅에 가장 힘겨운 아이들 곁으로
얼굴빛 흙빛이 된 아버지를 둔 아이들 곁으로 갑시다.
아이들의 초롱한 눈 속이지 않으며
거짓 없는 학교로 가서
진정 하나 되는 젊은이 될 수 있게 가르치며

우리가 나중에 선생님이 되면은
휴전선 아래 있는 아이들 곁으로
우리가 새로이 하나 되기 위하여 몸을 던집시다.
청청하던 젊음 백발이 될 때까지 가르치며 삽시다.

- 〈우리가 나중에 선생님이 되면은〉[*]

대학 3학년 때였나, 어떤 이슈였는지 이제는 정확히 기억나지도 않지만, 처음으로 투쟁이라는 것에 참여했다. 매일 같이 '바위처럼', '임을 위한 행진곡', '참교육의 함성으로' 같은 민중가요를 흥얼거렸다. 머릿속에서는 하루 종일 같은 노래가 무한 반복되었다. 듣고 부르기만 해도 절로 마음속에서 어떤 저항 정신 같은 것이 마구마구 솟아나는 신기한 경험이었다.

하지만, 격렬하고 센 가사로 이루어진 노래만 불렀던 것은 아니다. 밤늦도록 술을 마시고 이야기를 나누면서 분위기가 무르익으면 '우리가 나중에 선생님이 되면은'이라는 노래를 즐겨 불렀다. 이 노래를 부를 때면 마음이 몽글몽글해지면서 아직 만나보지도 못한 우리 반 아이들이 마치 눈앞에 실재하는 것처럼 느껴졌다. 그리고 다짐했다. 앞으로 교실에서 만나게 될 때 묻지 않은 순수한 아이들을 차별 없이 예뻐해 주고 아

---

[*] 도종환 작시. 한국음악연구소 작곡. '전교조 꿈꾸는 교실 앨범' 수록곡

껴주고 사랑해주겠노라고.

　조금은 비장하기도 했던 이 결심에 있어서 가장 큰 걸림돌은 바로 교대 공부였다. 고3 수능 전까지 의대 진학을 목표로 공부했던 나에게 교대 교육과정은 답답하고 유치하게 느껴질 때가 많았다. 당연히 성적도 좋지 않았다. 손재주가 젬병인 나는 실과 수업이 가장 막막했다. 모든 실습과 과제에서 평균 이하 성적을 받았다. 특히 재봉틀 수업은 도저히 이해가 가지 않았다. 결국, 실이 마구 엉킨 채로 엉망이 된 작품을 제출하고 D+를 받기도 했다. 나름 고등학교 때까지 이과생이었는데, 초등학교 전 과목에 대한 이론과 실습이 이루어지는 수업이 벅차게만 느껴졌다. '초등교사가 되려면 그야말로 만능 엔터테이너처럼 다방면에 재주를 갖고 있어야 하는구나.'를 뼈저리게 느꼈다. 피아노도 어느 정도 쳐야 하고, 무용도 할 줄 알아야 하고, 붓글씨도 잘 써야 하고, 물구나무서기도 잘해야 하고, 컴퓨터도 잘 다루어야 한다. 식물 이름도 잘 외워야 하고, 영어로 진행하는 수업도 가볍게 해낼 수 있어야 한다. 또 바르고 고운 말을 생활화해야 하며 도덕적으로도 결함이 없는 사람이어야 한다. 그야말로 '실력과 인성을 모두 갖춘 창의 인재'만이 훌륭한 교사가 될 수 있단 말인가!?

　교대 진학은 부족했던 수능 점수와 IMF 여파로 휘청였던 집안 형편상 당시로선 최선의 결정이었다고 생각한다. 물론 부모님께서는 내가 한다고 하면 재수하는 것도 기꺼이 지지해주셨을 것이다. 하지만 1년을 또 수능에 매달려볼 용기와 의지가 부족했던 나는 교대에 눌러앉는 것을 선택했다. 학점 챙기기보다는 동아리 활동에 빠져서 맨날 동아리방에 붙어살고, 술 먹고 미팅하고 놀러 다녔다. 미팅에서 만난 남자친구(지금의 남편)와 불같은 연애를 하며 공부보다 사랑에 푹 빠져있었고, 월드컵 기간이라 붉은악마 티셔츠를 입고 열심히 거리응원을 다니기도 했다. 임용고시를 앞두고는 발등에 불이 떨어져서 나름대로 열심히 공부하려고 노력했지만, 스터디 친구들과 공부 스타일이 잘 맞지 않아(사실 내가 준비를 제대로 안 해온 탓이다) 스터디에서도 빠져나와 혼자 공부해야 했다. 그당시만 해도 조금은 생소했던 MBTI 검사 결과 상담 선생님께서 나같은 ENFP는 임용고시 합격이 매우 힘든 스타일이라 주변에 ISTJ 친구를 두고 잘 따라가라는 충고까지 해주셨다. 대학 재수를 피했는데 '임용고시 재수하는 거 아니야?' 불안한 마음에 타 시도로 시험을 봐야 하나진지하게 고민하기도 했다.

가슴에 커다란 돌덩이가 누르고 있는 것처럼 답답한 시간을 보냈다. 심장 소리에 온몸이 함께 쿵쿵거리는 듯 떨렸던 임용고시를 치렀다. 결과는 수석 합격. (엥? 실화임?) 가족과 주변 친구는 물론 나 자신도 믿기 힘든 결과여서 '혹시나 채점이 잘못되거나 답안지가 바뀐 게 아닌가?'라는 합리적(?) 의심이 들어 불안했다. 성적 정정하겠다는 연락이 올까 봐 핸드폰이 울릴 때마다 깜짝깜짝 놀랐다. 별다른 연락이 없었던 걸 보니 채점 오류는 아니었나 보다. 다행이다. 내가 교단에 서게 된다니. 초등교사가 되어 '우리가 나중에 선생님이 되면은' 노래 속 가사처럼 순박하고 초롱초롱한 눈망울 가득한 아이들 곁으로 간다.

첫 학교, 잊지 못할 첫사랑

　3월 1일 발령, 첫 학교는 꼬불꼬불 좁은 골목 오르막길을 한참 올라가야 만날 수 있는 외진 곳에 있었다. 교육청에서 발령받은 학교로 이동하던 날, 향기로운 꽃다발까지 준비해서 데리러 와주신 다른 학교 발령자들을 부러운 눈길로 바라보고 있었다. 그렇게 하나둘씩 모두 학교로 출발하는데 우리 학교는 사정상 아무도 올 수 없으니 알아서 찾아오라는 연락이 왔단다. 이게 뭐람. 나는 왜 이런 학교에 발령받은 거지. 명색이 수석 합격생인데. 기숙사에 살면서 주소지를 서울시로 옮겨 놓았던 동기들은 이보다 좋은 환경에 있는 학교로 발령받았을 텐데. 억울함과 속상한 마음 가득 품고 발령받은 학교로 터덜터덜 발길을 옮겼다. 근처 학교로 발령받은 선배와 함께였는데, 그분도 학교에서 아무도 마중 나오지 않아 혼자 찾아가야 하는 상황이었다. (동병상련) 혼자가 아니어서 그나마 다행이었다고 해야 할까?

　핸드폰을 사용해서 길을 찾는다는 걸 생각할 수조차 없었던 시절, 낯선 골목을 이리저리 헤매고 주변 분에게 물어가며 겨우 학교를 찾았다. 나의 첫 학교는 산꼭대기에 있었다. 내내 씩씩대며 오르막길을 걷고 또 걸어 드디어 도착. 방학 중이라 아무도 없던 학교는 적막했고, 처음 보는 나에게 경계심을 드러내는 듯 느껴졌다. 1층 교무실에서 혼자 업무 보고 있던 교무부장님께 인사드리고 발령장을 제출했다. 터덜터덜 집으로 돌아오는 길, 엄마랑 통화하면서 펑펑 울었다. 나는 성적도 좋은데 어쩜 이런 학교에 발령을 냈냐고. 정말 너무한 거 아니냐고. 앞으로 이렇게 교통 안 좋은 학교를 어떻게 5년이나 다녀야 하냐고. 전화기를 붙들고 속상한 마음을 잔뜩 쏟아냈다. 시험에 붙기만 하면 좋겠다고, 만나는 아이들을 모두 사랑하고 아껴주겠노라고, 이 땅의 가장 순박한 아이들 곁으로 가겠다고 불러댔던 노래 속 다짐은 어디로 사라져 버린 건지.

비록 첫인상은 좋지 않았지만, 첫 학교에서 만난 인연을 통해 학교는 겉에서 보는 모습이 전부가 아니라는 걸 깨달았다. 또한 '교육의 질은 교사의 질을 넘을 수 없다.'라는 말을 온몸으로 느끼며 교사로서 첫걸음을 반듯하게 내딛을 수 있었다. 그야말로 마치 '내가 교사로서 정말 알아야 할 모든 것은 첫 학교에서 배웠다.'*라고나 할까.

교무실에 뻘쭘하게 앉아서 마치 미어캣처럼 고개를 두리번거리고 있던 나에게 학년 배정 나자마자 진도표와 학급교육과정 작성법을 엄격하지만 꼼꼼하게 가르쳐주셨던 M 선배. 교사로서의 첫 업무 수행이었다. 막막함을 꾹 참아내며 겨우 진도표 완성하고 교육과정을 채워 나갔다. 공문과 가정통신문을 양식에 맞게 작성하고 수정하는 등의 업무는 지금 생각해 보면 별거 아닌 일이지만, M 선배 덕분에 초대형 퀘스트처럼 느껴진 업무 처리 요령을 획득할 수 있었지 않나 싶다.

바쁜 아침 출근길에 카풀로 함께 해주시며 내가 교사로서 첫 잎을 내고 줄기를 튼튼히 할 수 있도록 환한 햇살이 되어주셨던 존경하는 Y 선배. 선배와 함께하는 출퇴근 길은 마치 나에게 있어 '훌륭한 교사가 되기 위한 원포인트 레슨' 연수 시간과도 같았다. 연수 주제는 그날그날 내가

* 내가 정말 알아야 할 모든 것은 유치원에서 배웠다. 로버트 풀검. 알에이치코리아(2009) 책 제목 패러디.

선배에게 요청하는 대로! 수업에 대한 노하우와 자료 제작 아이디어, 교실에서 겪는 잡다하고도 난감한 상황에 대한 대응법, 아이들 사이에 벌어지는 갈등 해결 노하우, 유난히 무섭고 힘들었던 동학년 부장님과 잘 지내낼 수 있는 꿀팁, 신규교사라고 은근히 무시하는 학부모와의 대화법 등 가리지 않고 이루어졌다.

노래방 가서 소리 빽빽 질러가며 신나게 노래 부르던 시절엔 미처 몰랐다. 내 성대가 이리도 연약할 줄은. 수업 시간에 조금만 크게 말해도 목에 무리가 왔다. 아이들을 혼내거나 먼지 가득한 운동장에서 체육수업을 하고 나면 목소리가 쇳소리처럼 변했다. 침 삼킬 때마다 목구멍이 따끔따끔해서 말은커녕 물 마시는 것도 힘들 때가 많았다. 답답한 마음에 찾아간 이비인후과에서는 "말을 하시면 안 됩니다."라는 말만 되풀이할 뿐이었다. 교사는 수업 기술보다 목소리 관리가 더 중요하다는 걸 처음 알았다. Y 선배는 목 관리법과 발성법, 앰프와 마이크 구매하는 곳까지 친절하게 알려주셨다. 덕분에 아이들과 필담(컴퓨터 화면에 글자를 입력하며 의사소통하기) 수업하는 시간이 점점 줄어들 수 있었다.

신규로 첫 담임, 하루하루가 긴장과 두려움의 연속이었다. 아이들 앞에 떨지 않고 서는 것조차 미숙했던 나에게 교사로서의 본분인 '수업'의 예술적 경지를 보여주신 J, E 선배. 그야말로 수업의 '달인'이었던 두 선배와 첫 학교에서 동학년을 할 기회가 왔던 건 엄청난 행운이었지 싶다. 매일 같이 수업 마치고 선배 교실로 쪼르르 달려가서 Q&A 시간을 가졌다. 귀찮아하지 않고 친절하고 자세하게 노하우를 전수해준 두 선배 덕분에 조금씩 자신감 있게 수업해 나갈 수 있었던 것 같다.

첫 학교는 이렇게 감사한 인연을 만나 교사로서 많이 성장하기도 했지만, 신규교사를 우습게 보던 몇몇 학부모에게 서러움을 받기도 했던 곳이었다. 첫 학부모총회, 속으로는 떨고 있을지언정 밖으로는 최대한 감추려고 애쓰며 전문가다운 면모를 보여주기 위해 야심 차게 준비했다. 열심히 준비한 총회 자료(주로 교육학 이론과 전문지식과 관련된 내용)에는 심드렁하다가 질의응답 시간에 "과목별, 단원별 평가는 어떤 자료로 어떻게 진행하실 건가요?", "학생들 수준이 다 다른데 개별 맞춤형 학습은 어떻게 진행하실 예정인가요?" 같은 날카로운 질문을 마치 화살처럼 퓨웅 퓨웅 날려댔다. 윽.

총회가 끝나고 남아서 교실 환경정리 게시판을 지적하며 "선생님, 게시판 관리를 이렇게 하시면 안 돼요. 선생님이 아직 경험이 없어서 교실을 어떻게 꾸며야 할지 잘 모르시나 보다. 옆 반 ㅇㅇ선생님 교실 보고 많이 배우셔야겠어요. 호호!. 제가 다음 주에 와서 다 떼고 다시 꾸며드릴게요. 언제 올까요?"라는 한 학부모의 말에는 말문이 턱 막혀서 그냥 미소 지으며 괜찮다고 하고 보냈다. 결국 게시판은 그대로 두었지만, 그쪽으로 시선이 향할 때마다 속상한 마음 가득했다. 자꾸만 마음속에서 고개를 드는 모멸감과 수치심 때문에 울컥하기도 했다.

나에게 있어 첫 학교는 마치 첫사랑 같다. 헤어진 후에 내가 훌쩍 성장했음을 깨닫는다는 점에서. 그 시절 인연으로 교사로서 한 단계 더 발전하는 기회가 되기도 하고, 때로 인간관계는 역시 쉽지 않음을 느끼고 상처도 많이 받았다. 하지만 방과 후 아이들과 학교 앞 분식집에서 입가에 떡볶이 국물 잔뜩 묻히고 함께 깔깔거리며 정다운 시간을 보내기도 하고, 꼬불꼬불한 글씨로 꾹꾹 눌러쓴 아이들의 편지를 받고 더 좋은 선생님이 되어야겠다고 다짐하기도 했다. 고운 정, 미운 정 모두 다 들어버린 첫 학교를 떠나며 이임 인사를 하던 날에는 속상하고 섭섭한 마음에 눈물 콧물 잔뜩 흘리며 엉엉 울었다. "학교 떠나기 싫어요. 어헝어헝." 울먹이는 나의 고백에 장내는 촉촉한 웃음바다가 되었다. 첫사랑은 평생 잊지 못한 채 마음에 간직하고 살아간다는데, 첫 학교에서 쌓았던 소중한 추억도 오래도록 내 안에 남아 있을 것 같다.

지금도 맞고, 그때도 맞다

적응하기 힘들어서 방황했던 대학 시절, 훌륭한 교사가 되어야겠다는 사명감과 전문성을 키우기는커녕 어떻게든 밖으로 돌리려고 했다 (주로 미팅과 소개팅으로 시간을 보냄). '대학생이 무슨 이런 공부를 해야 해?!'라며 억지로 꾸역꾸역해온 교대 공부였다. 하지만 역시 배워두면 나도 좋고 남도 준다! 현장에 나와 수업을 해나가면서 그때 배운 내용이 하나둘씩 떠올랐다. 공개수업이나 연구수업 때 유용하게 써먹기도 했다. 이럴 줄 알았으면 수업 시간에 좀 더 집중할 걸 약간(?) 후회하기도 했다.

교사는 끊임없이 배우고 성장하는 존재구나. 그렇게 싫었던 교대 교육과정 속 다양한 경험이 나를 통해 아이들에게 전해지고 있었다는 걸 나중에야 깨달았다. 발령받고 바로 대학원에 진학했는데 교사가 되어 다시 만난 학교의 모습에 감회가 새로웠다. 많이 힘들고 미워서 그토록 멀어지고 싶었는데, 때로는 그립기도 했었구나 싶어 대학원 건물을 지나쳐 괜스레 교정을 거닐어보기도 했다.

발령받은 후 몇 년간은 연간 연수 시간이 기본 200시간이 훌쩍 넘을 정도로 온갖 연수를 찾아다니며 듣고, 배우고, 익히려고 노력하며 보냈다. 내가 경험하고 성장한 만큼 더 잘 가르칠 수 있을 거라고 믿었다. 배워온 것들을 교실 속에서 아이들에게 펼쳐내 보이면서 시행착오도, 부끄럼 가득한 순간도 많았다. 하지만 그보다는 뿌듯하고 감사한 순간이 더 많았을 거라고 믿고 싶다.

교사가 꿈이 아니었던 나에게 조금은 힘들고 아쉬웠던 교대 생활을 마치고 도착한 학교 현장에서 내가 원래 교사 체질이었던 것처럼 느껴졌던 건 참 신기한 일이다. 수능 점수가 제대로 나오지 않아서 의대를 못 가고 교대에 가게 된 게 오히려 잘됐다는 생각이 들 때도 많았다 (지금의 현실에서는 공감받기 힘든 생각이지만). 학교 교정에서, 교실에서, 아이들과 함께 웃고, 울고, 떠들고, 놀고, 부대끼며 행복함을 느낄 때마다 동아리 방에서 부르던 '우리가 나중에 선생님이 되면은' 노래 가사와 멜로디가 문득문득 떠올랐다. 나도 모르게 종종 나지막이 흥얼거린다.

그렇게 교사로서 살아온 지 벌써 22년째. 교직은 그 어느 때보다 힘겹고 어려운 도전 앞에 서 있다. 어찌 보면 난 운이 좋았을 뿐인데, 큰 풍파 없이 해맑게 지내 온 시간이 괜스레 죄스럽다. 초롱초롱한 눈망울 반짝이는 아이들과 함께 왁자지껄하는 교실이 아닌, 신고에 대한 두려움과 불신이 가득한 교실에서 교직 생활의 첫 발걸음을 떼고 있는 후배들을 바라볼 때마다 미안하고 때로는 무기력해지기도 하는 요즘이다. '진리를 바르게 가르친 보람으로 / 가슴 뿌듯해 오는 학교에서 / 티끌만 한 거짓도 걷어내는 선생님으로'* 그저 하루하루 아이들 곁에서 살아가고 싶은 것뿐인데 말이다.

---

* 도종환 시. '우리가 나중에 선생님이 되면은' 중 일부 인용

03

열 정 은 나 의 힘

튀어도 괜찮아

◎ 빨강머리 쌤도 괜찮아!

캐나다의 작가 루시 모드 몽고메리의 소설 『Anne of Green Gables』의 주인공 앤은 전 세계 사람들에게 사랑받는 캐릭터이다. 불우한 처지임에도 밝고 긍정적이며, 생기 넘치고, 상상력 풍부한 이 소녀를 어찌 사랑하지 않을 수 있을까? 나 또한 앤의 왕 팬이다. 얼마나 좋아했으면 빨강 머리로 염색하고 다녔을 정도다. 팬이라면 응당 외모뿐만 아니라 심성도 닮으려고 노력해야 하건만 일단 겉모습이라도 따라 하고 싶었다. 그렇게 십여 년 동안을 '빨강 머리 앤'이 아닌 '빨강 머리 쌤'으로 지냈다. 아니, 선생님이 이래도 되냐고요!?

새빨갛게 염색한 머리를 앤처럼 땋고 다니는 모습을 보며 한 학생이

"선생님, 머리카락이 너무 빨개서 무서워요."라고 하는 말에 충격을 받았다. 당시 다른 선생님이 학부모에게 네일아트 색깔이 너무 튄다는 민원을 받았다는 소식을 들었다. '나한테는 머리 색깔에 대한 민원이 들어오는 거 아냐?' 걱정이 슬그머니 마음에 싹을 틔웠다. '교사의 빨강머리는 문제인가?'라는 주제로 좌뇌와 우뇌가 열띤 찬반 토론을 벌이느라 흰머리가 날 지경이었다. '교사는 빨강머리도 맘 놓고 못 하나!' 아무도 뭐라 하지 않는데 혼자 열폭하고 있던 나에게 선배 선생님께서는 학급에서 해당 주제로 토론을 해보는 건 어떠냐고 제안하기도 했다. 그렇게 몇 년간 빨강머리를 유지하며 민원이나 제재는 받지 않았지만, 자연스럽게 빨강의 채도는 점차 낮아졌다. 그렇게 노랑머리 쌤, 갈색 머리 쌤을 전전하다가 이제는 흰머리가 우후죽순처럼 올라와서 새치뿌염을 한 달에 한 번씩 해야 하는 신세가 되었다. 아이들이 곁에 다가와서 "선생님, 흰머리 많으시네요. 좀 뽑아드릴까요?"라고 할 때마다 서글프다. 찰랑찰랑 빨강머리 쌤 시절이 그리워지기도 한다. 염색도 할 수 있을 때 해야한다. 흰머리가 나기 시작하면 멋 내기 염색은 빠이빠이다. 다른 색 머리를 더 시도해 보지 못한 게 아쉽기만 한 요즘이다.

◎ 네일아트 해도 괜찮아!

'빨강머리 쌤을 지속해도 좋은가?'라는 내면 갈등을 촉발했던 사건은 바로 네일아트에 대한 학부모 민원이었다. 당시에는 네일아트에 대한 관심이 전혀 없었기 때문에 불똥이 빨강머리로 튈 것만 걱정했다. 몇 년 후 온 손톱을 화려한 네일아트가 채우게 될 것을 까맣게 모른 채로.

그래서 인생은 모순덩어리라고 하는 걸까.

네일아트는 미용이 아닌 실용적인 이유로 시작됐다. 손톱이 쉽게 부서지고 갈라지기를 반복해서 짧게 깎지 않으면 일상생활이 불편했다. 단단하게 굳어서 손톱을 자유롭게 사용할 수 있다는 젤네일의 존재에 대해 알게 되었다. 처음에는 손톱이 길어도 깨지지 않아서 그저 신기하고 좋았다. 실용적 이유로 시작된 네일아트는 횟수가 반복될수록 만족에 대한 역치가 높아졌다. 더 화려하고 반짝이는 색에 눈이 돌아갔다. 손톱 위에 각종 파츠(손톱에 붙이는 보석이나 장식)를 잔뜩 붙이고 다니기도 했다. 보는 사람마다 한마디씩 했다. 주로 부정적인 관점이었지만 가끔 예쁘다는 칭찬도 듣는다.

"손톱이 길어서 불편하지 않아요? 난 조금만 길어도 불편해서 바로 자르는데."
"그 손톱으로 집안일은 제대로 할 수 있나 몰라. 집안일 안 하는 티가 나네."
"난 손톱 위에 뭐 발라놓으면 답답해서 못 하겠던데. 안 답답해요?"
"네일아트 하면 손톱이 더 상한다던데. 손톱 오히려 안 좋아지는 거 아니야?"
"난 손톱이 안 예뻐서 별로야. 자기는 손톱이 길쭉하니 예뻐서 꼭 붙인 것 같다."

결론적으로 말하면, 적어도 나에게 있어서 네일아트는 전혀 불편함이 없다. 예쁘고, 편하고, 기분전환까지 된다. 손톱이 길어도, 커다란 파츠를 붙여도, 설거지나 집안일 하는 데 아무런 문제가 없다. (정말이다) 10 여 년 동안 네일아트를 받아왔지만, 손톱 건강은 초록불이다. 물론 아주 작은 단점도 있긴 하다. 음료수 캔을 따거나 스티커를 떼는 게 힘들다는 것. 그 정도는 주변 사람에게 부탁하면서 잘 살아가고 있다. 고학년 담임하다 보면 네일 색깔을 바꿀 때마다 "쌤, 이번 네일 색깔 예뻐요."라는 기분 좋은 칭찬을 듣기도 한다. 붙인 거 아니냐며 손톱을 뜯어보는 아이들도 생기지만 고맙기만 한 관심이다. 이번 달에는 또 어떤 색으로 바꾸어 볼까? 설레는 고민에 빠진다.

◎ 패셔니 쌤도 괜찮아!

"옆집 아줌마가 너 보고 옷가게 하냐고 하더라!"

친정엄마랑 같은 아파트 아래 위층 살면서 아이 맡기고 찾느라 자주 오갔다. 내가 무슨 일을 하는지 궁금하셨던 옆집 아주머니께서 옷차림을 보고 추측한 나의 직업은 '옷가게 주인'이었다. 그 말을 듣고 엄마는 기분이 상하셨나 보다. 잔소리가 시작됐다.

"아니, 교사가 돼서 옷을 좀 점잖게 입고 다니면 얼마나 좋아. 옷가게 주인 소리를 다 듣고. 어디 가서 우리 딸 교사라고 말하기도 부끄럽다 정말."

신규교사 시절에는 학부모들한테 무시당하는 게 싫어서 일부러 무채색의 점잖은 옷만 입고 다녔다. 이후로 교사로서의 짬바(?)가 생기고 나서는 마치 연애 금지조항이 풀려 하고 싶은 연애 실컷 하게 된 아이돌처럼, 스스로를 가두었던 패션 금지조항에서 벗어나 입고 싶은 옷을 마음껏 입고 출근했다. 찢어진 청바지, 짧은 반바지, 무채색을 거부하는 컬러풀한 의상과 호피 무늬 옷차림까지! '교사답지 않은' 옷차림에 대한 동료 선생님들과 아이들의 의견은 다양하게 갈렸다. 속으로는 쯧쯧 혀를 차며 고개를 내둘렀을지 모르겠지만, 보는 앞에서 이상하다는 말을 들은 적이 없었던 게 다행이랄까?

최근에는 오히려 나의 튀는 패션에 대한 긍정적인 반응이 많이 느껴진다. "6학년 애들이 선생님 패션 보고 좋아하겠어요."라고 말씀해주시는 동료 선생님들도 많고, 반 아이들은 선생님의 장점으로 '옷을 잘 입는다.'라고 써주기도 하는 걸 보면.

고학년 아이들은 유행과 패션에 민감하다. 헤어스타일이나 옷차림을 새롭게 하고 온 날에는 "선생님, 오늘 스타일 좋으신데요.(엄지 척)"라며 칭찬해주기도 한다. 종일 선생님을 바라보고 수업 들어야 하는 아이들에게 조금이나마 시각적 즐거움을 주고 싶다. 오늘도 거울을 보고 스타일을 확인하며 '패셔니쌤'으로 당당하게 출근한다.

◎ 목소리 커도 괜찮아!

어릴 때부터 난 목청이 좋고 쾌활한 아이였다. 놀이터에서 놀 때는 "무궁화 꽃이 피었습니다."를 큰소리로 외치고, 고무줄놀이하면서 '장난감 기차' 노래를 있는 힘껏 크게 부르며 폴짝폴짝 뛰었으니. 물론 암흑의 사춘기를 보내며 자존감이 한껏 낮아져서 집 밖에서는 찍소리 못하면서 엄마한테만 화풀이했던 시절도 있었지만.

교사가 되고 나서 내 목청이 생각보다 약하다는 사실을 깨달았다. 몇 차례의 수술 위기를 겪은 후 주인 잘못 만난 성대는 자포자기한 듯 오히려 딴딴해졌다. 성별 구분이 힘들 정도로 한층 깊은(?) 허스키 보이스로 변해버린채로. 다른 사람과 이야기할 때 크게 웃으며 맞장구쳐주는 나는 한때 '리액션의 여왕'이라는 별명을 얻기도 했다. 한번은 연수 강사님께서 맨 앞에 앉아 고개를 끄덕이며 열심히 듣는 내 모습을 보고는 "선생님 같은 분만 계시면 강의할 맛이 나겠어요."라며 책 선물을 주시기도 했다. 그때까지만 해도 큰 웃음소리와 목소리가 문제가 될 거라는 생각은 전혀 하지 못했다. 그게 문제가 되나?

교내 집합 연수는 교사들이 자발적으로 신청해서 듣기도 하지만 의무로 자리를 채워야 하는 경우가 대부분이다. 옆자리에 앉은 선배는 이미 꾸벅꾸벅 조는 중이었고, 신규교사였던 나는 기합 꽉 들어간 채로 연수를 경청하고 있었다. 강의 중 강사님께서 웃긴 멘트를 하셔서 푸하하! 크게 웃었다. 옆에서 졸고 있던 선배가 그 소리에 잠이 깨서, 짜증 잔뜩 섞인 표정과 목소리로 말했다.

"조용히 좀 웃어. 네 웃음소리가 하도 커서 깼잖아."
"웃은 게 잘못인가요? 연수 시간에 졸면 안 되죠."

어디서 그런 배짱과 용기가 나왔는지 모르겠다. 당돌한 멘트에 선배는 찌릿 나를 째려봤고, 한동안 미움을 받았다. 10여 년 전 동학년으로 만나 지금까지 인연을 이어오며 가깝게 지내고 있는 후배 J도 나중에 고백하듯 말한 적이 있었다.

> "이제야 말이지만, 처음 쌤 만났을 때 웃음소리가 너무 커서 이상한 사람인 줄 알았잖아요. 호호호."

큰 목소리와 관련된 웃픈 에피소드도 있다. 한번은 운동장에서 체육 수업을 하고 있는데 부장님이 슬쩍 곁에 오더니 운동장 수업할 때 목소리 좀 작게 했으면 좋겠다고 하셨다. 여러 선생님이 불편함을 호소했다고 한다. 앞으로는 좀 조심해달라고 하며 들어가셨다. 상대에게 직접 들은 것보다 전해져 온 말은 더욱 상처가 크다. 그날 이후로 운동장에서 소리를 조금만 크게 낼라치면 학교 건물을 두리번거리는 습관이 생겼다. 혹시 누군가 시끄럽다고 인상 찌푸리며 바라보고 있는 건 아닌가 해서.

교사로서 아이들의 말에 적극적으로 리액션하고, 크게 웃으며 맞장구치고, 뒷자리에 앉은 아이들까지 답답함 없이 들을 수 있는 큰 목소리로 수업하는 건 뭐라 할 게 아니라 칭찬해줄 일이 아닌가? 물론 방음시설이 잘 안 되는 학교라는 공간도 생각해야하는 것을 안다. 하지만 더이상 큰 목소리 때문에 눈치보며 전전긍긍하고 싶지 않다. 그저 아이들과 함께 더 많이 웃고 더 신나게 수업해보련다.

◎ 아이들과 마음껏 놀아도 괜찮아!

마치 브레이크가 고장이 난 자동차처럼 앞만 보고 달리며 합법과 불법(?) 사이를 넘나들면서 그야말로 미친 듯이 놀러 다닌 시절이 있었다.

15년 전쯤인가, 동학년 선생님과 함께 의기투합하여 학급야영을 진행했다. 버너와 코펠을 챙겨서 저녁밥도 같이 지어먹고, 밤에는 창문을 통해 마구 들어오는 모기를 막으려고 방충망도 쳐놓았다. 다음 날에는 피곤한 몸을 이끌고 학교 근처 산으로 아침 등산을 다녀왔다. 누가 시켜서 한 것도 아닌데 그 어느 때보다 생기가 넘치고 신나기만 했다.

어느 여름 방학 때는 교장 선생님 허락 없이 몇몇 아이들과 밤 기차에 몸을 싣고 정동진 일출을 보러 다녀왔다. 비록 인원이 적긴 했지만, 초등학교 5학년과 밤 기차 여행이라니. 같이 시답잖은 게임도 하고 장난도 치다가 깜박 잠이 들었다가 깨니 어느새 도착했다. 함께 모래사장에 앉아 파란 정동진 바다와 수평선 위로 떠 오르는 일출을 보았던 추억이 마치 엽서 속 한 장면처럼 선명하게 떠오른다.

가장 대범했던 여행은 바로 시외버스 타고 대천 해수욕장에 놀러 갔다 온 것이다. 바닷가에서 신나게 해수욕도 하고, 밤에는 숙소에서 같이 라면 끓여 먹으며 시간 가는 줄 모르고 이야기를 나누었다. 지금 생각하면 무슨 할 말이 그렇게 많았었는지 모르겠다. 다음 날 아침 먹고 서울로 출발하는 버스로 오르는데, 이미 서울행 버스표는 매진이었다. 혹시나 해서 돌아오는 티켓을 미리 사놓지 않았으면 어떻게 되었을지 떠올리기만 해도 아찔하다.

지금 생각해 보면 마치 브레이크 없는 오픈카에 탑승해서 신나게 드라이브를 즐긴 사람처럼 무모했다. 아무런 대책 없이 아이들을 데리고 이곳저곳을 쏘다녔으니 말이다. 만약 사고가 나거나 누군가 다치기라도 했다면 어땠을까. 죄책감에 빠져 허우적대는 가운데 징계와 고소, 막대한 손해배상이라는 쓰나미까지 몰려와 다시는 일어서지 못했을지도 모른다. 상상하는 것조차 괴로울 정도로 끔찍한 상황이다. 어쩜 아무런 걱정 없이 그렇게 마냥 해맑고 즐겁기만 했던 건지. 튀는 걸 넘어 철이 없었던 게 틀림없다. 하지만 "삶에서 가장 큰 기쁨은 바로 행복한 추억이다. 그렇기에 당신이 해야할 일은 이런 추억을 가능한 한 많이 만드는 것이다."*라는 말처럼, 평생 잊지 못할 소중한 추억을 얻었다. 선생님과 함께 놀아주어 고마워!

◎ 다시, 튀어도 괜찮아?!

'모난 돌이 정 맞는다.'라는 속담이 있다. '말과 행동이 두각을 나타내거나, 남들과 달라 눈에 띄는 사람이 미움을 받는다.'라는 뜻을 가진 이 속담은 내가 가장 듣기 싫어하는 말이기도 하다. 탱탱볼처럼 이리저리 튀어 다니던 나에게 일침을 주는 말인 것 같아서. '튀는 교사'는 정 맞아야 할 모난 돌인가? 남들과 다르다고 해서 틀린 건 아닌데 말이다. 모났던 부분이 이리저리 치이고 깎이며 이제는 아이들과 무엇을 하든 걱정부터 드는 지금의 나는, 그저 내가 하고픈 대로 이리저리로 튈 수 있었던 그 시절의 내가 가끔은 부럽고 또 그립다.

---

* Brian Tracy, "The greatest joys of life are happy memories. Your job is to create as many of them as possible."

과거의 내가 현재의 나에게 묻는다.

튀어도 괜찮아?
그럼, 얼마든지!

사랑 없인 못 살아

쉬는 시간만 되면 내 곁으로 쪼르르 모여드는 아이들. 마치 어미 새에게 먹이 달라고 부리를 내미는 새끼들처럼 경쟁적으로 저마다 이야기를 쏟아낸다. 나의 일거수일투족이 마치 흥미로운 이야깃거리라도 되는양 이리저리 살피며 내 자리 근처를 샅샅이 스캔하기도 한다. 요즘에는 일반인 중에서 연예인처럼 유명한 사람을 '연반인'이라고 부르기도 한다던데. 아이들의 눈망울이 마치 기자들이 들이대는 카메라처럼 나를 향해 포커스를 맞추고 있을 때면 마치 연반인이 된 것 같다. 이런 느낌 정말 좋다. 아이들의 관심과 사랑을 듬뿍 받는 기분! 온몸에 엔도르핀이 팡팡 솟아오른다.

동료 선생님과 대화하다가 '아이들과 어느 정도 거리를 유지해야 하는가?'라는 주제가 나올 때면, 이런 대화가 자주 오간다.

"나는 애들이 가까이 오는게 싫어서 자리 옆에 선을 그어놨어. 여기는 절대 넘어오지 말라고."

"애들하고 거리를 두고 싶은데 자꾸만 옆에 와서 말을 거는 게 귀찮아요."

"학기 초부터 아예 선생님 자리로 들어오지 못하도록 확실히 규칙을 정해야 한다니까."

사실 동료 선생님이 하신 말씀이 다 맞다. 요즘같이 교사의 일거수일투족이 꼬투리가 되어 민원이나 고소로 이어지는 상황에서 아이들과 어느 정도 거리를 유지하며 지내는 건 이제 선택이 아닌 필수이다. 이런 현실을 아는지 모르는지 이 애정 결핍 교사는 곁에 다가와 주기만을 바란다. 주변에서 알짱거리는 아이들과 시시껄렁한 농담을 나누거나 장난치는 걸 좋아하다 못해 즐긴다. 쉬는 시간에 담임은 아랑곳없이 저들끼리 너무나 재밌게 잘 노는 모습을 보면 기분 상해 토라져 버리기까지 하니, "선생님은 참 신기한 캐릭터예요."라는 동료 선생님의 반응이 너무나 당연하다. 어쩌면 내가 상처받지 않게 최선을 다해서 긍정적으로 말해준 게 아닐까 싶기까지 하다.

가끔은 내가 생각해도 스스로가 참 신기하다. 정작 가족한테는 쑥스러워서 사랑한다는 말도 자주 전하지 못하고 부모님과 팔짱을 끼거나 손을 잡는 것도 세상 어색하기만 한데, 반 아이들에게는 스스럼없이 매일 같이 사랑한다고 고백하고, 다정하게 손을 잡거나 팔짱을 끼고 걸어도 그저 좋고 자연스럽기만 하다는 것이.

우리 반은 매일 퇴근 미션이 있다. 각자 그날 정해진 주제에 맞게 한 마디씩 하고 가야 한다. 퇴근 미션 종류에는 ① 학기 초에 정한 우리 반 인사(모두 열일곱 개나 된다) 중 하나 골라 하기, ② 오늘 새로 알게 된 점 말하기, ③ N 행시 짓기, ④ 하루를 보낸 10자 소감, ⑤ 배-느-실(배운점-느낀점-실천할점) 말하기 등이 있다. 미션을 마치면 한 명 한 명 꼭 안아주면서 "잘 가. 내일도 반갑게 만나자." 같은 인사를 귓가에 속삭여준다. 담임에게 수줍은 고백멘트 받은 아이들은 부끄러워하면서도 사랑 듬뿍 받아 만족스러운 미소가 가득하다. 그 모습을 바라보는 내 얼굴에도 행복 가득한 환한 웃음이 내려앉는다.

사랑은 'Give & Take'라고 하지만 언제나 더 사랑하는 쪽이 을이고 사랑받는 쪽이 갑이다. 그렇다면 난 갑이 되고 싶어 하는 을, 그중에서도 슈퍼울트라 소인배 을이다. 쉬는 시간마다 좋아하는 교과 선생님 교실로 쪼르르 달려가는 뒷모습을 보며 혼자 토라지기도 하고, 전 담임 선생님을 복도에서 만나서 반갑게 인사하는 모습만 봐도 왠지 서운하다. 작년 선생님은 이렇게 저렇게 잘해줬다는 말을 들으면 속상해서 삐지기도 한다. 그러다가도 아이들이 책상 위에 슬쩍 올려놓는 초콜릿 하나, 종이를 꼬깃꼬깃 접어 만들어준 하트 하나, '선생님 화내지 마세요.'라던가 '선생님 사랑해요.' 같은 달달심쿵한 멘트 쓰여있는 작은 쪽지 하나에도 또 언제 그랬냐는 듯 배시시 웃으며 다시금 퐁퐁 사랑이 샘솟는다.

6학년 첫날 성진이가 써온 일기 속에 '5학년 때 선생님이 내 인생 가장 좋은 선생님이었는데 헤어져서 섭섭하다.'라는 문장이 있었다. 그 아래에 '1년 후 네 인생 최고의 선생님은 내가 될 것이다.'라는 옹졸한 멘트를 적은 적이 있었다. 그해 졸업식 다음 날, 아이들과 헤어졌다는 게 믿기지 않아 아침부터 베개에 머리를 묻고 훌쩍대고 있었는데 "띠링~" 하고 울린 문자. 성진이다. "선생님께서 첫날 하신 말씀이 현실이 됐어요.

선생님이 제 인생에서 최고로 좋은 쌤이예요. 그동안 감사했습니다. 나중에 꼭 찾아뵐게요. 건강하세요." 문자를 읽자마자 온몸이 눈물로 가득 채워져 더이상 버틸 수 없다는 듯 한참을 소리 내어 펑펑 울었다. 인생 최고의 선생님으로 기억되고 싶어 하고, 사랑을 혼자서 독차지하고 싶어 하는 이 철부지 욕심쟁이 교사를 어찌할꼬.

물론 '금쪽이'까지는 아니지만 '은쪽이'나 '동쪽이' 정도는 되었을 아이들을 교실에서 만나 생활하면서 벼락같이 화를 내기도 하고, 심하게 혼낸 적도 많다. 한번은 교과 선생님께서 우리 반 태도가 엉망이라 "더이상 수업 못 하겠다."라고 교실로 데리고 올라온 적이 있었다. 실망스럽고 화가 머리끝까지 났다. '내가 얼마나 잘해주었는데. 어쩜 이럴 수가 있어!' 배신감과 속상함에 엉엉 울었다. 다음 날 통통 부은 눈으로 조금은 어색하고 겸연쩍은 분위기에서 다시 만난 아이들. 차마 가까이 와서 말을 걸지는 못하고 어쩔 줄 모르겠다는 표정으로 내 눈치만 살핀다. "선생님, 실망시켜드려 죄송해요."라는 반성과 사랑이 한껏 버무려진 카드를 용기 내 내미는 아이들. 그럴 때면 꽁꽁 얼어있던 마음이 사르르 녹으며 언제 그랬었냐는 듯 다시금 몽글몽글해지는 걸 느낀다. '선생님도 화내서 미안해. 용기 내 먼저 다가와 주어 고마워.'라는 말이 목구멍까지 차오르며 울컥하기도 하면서.

사랑하면서 알게 된 사실이 있다. 아이들은 선생님이 진짜로 사랑하는지 아닌지 귀신같이 알아채는 능력이 있다는 것이다. 한 줌의 눈빛, 말투, 온기 가득한 토닥임 같이 꼭 말로 하지 않아도 전해지는 마음이다. 한 번 마음이 단단히 연결되고 나면 아무리 심하게 화를 내고 혼내도 억울하거나 속상해하기보다 실망하게 해서 죄송하다고 한다. 단지 내가 오늘 기분이 좋지 않아서, 혹은 화풀이할 상대가 필요해서 혼내는 게 아니라, 진짜 아끼고 사랑하는 마음에서 그랬다는 걸 아는 거다. 진심이 가진 힘이 이렇게 무섭다. 그리고 소중하다.

톨스토이의 『사람은 무엇으로 사는가?』라는* 단편소설에서 천사인 미카엘은 하느님의 명을 거스른 죄로 하늘나라에서 쫓겨난다. 하느님께서는 '사람의 마음속에는 무엇이 있는가?', '사람에게 주어지지 않은 것은 무엇인가?', '사람은 무엇으로 사는가?'라는 세 가지 질문에 대한 답을 얻어야만 다시 돌아올 수 있을 거라 말한다. 미카엘은 사람 마음속에는 사랑이 있으며, 사람에겐 자신에게 무엇이 필요한가를 아는 힘이 주어지지 않았다는 것, 마지막으로 사람은 사랑으로 산다는 진리를 깨닫게 된다.

모든 사람의 마음속에는 사랑이 있으며 사랑하고 사랑받으며 살아가고 싶어 한다는 것은 비단 톨스토이의 소설을 읽지 않더라도 누구나 잘 알고 있는 사실이다. 매일 교실에서 지지고 볶으며 살아가는 교사에게 아이들의 사랑은 교직에서 겪는 그 어떤 힘듦과 어려움도 잠시나마 잊도록 해주는 엄청나게 강력한, 마치 마법과도 같은 힘이다. 나에게도 물론. 교사가 되기 전에 나는 아이를 그렇게 좋아하는 사람이 아니었다. 아니, 좋아한다는 사실이 잠재의식 속에 봉인되어 미처 깨닫지 못하고 있었던 걸까? 어떤 쪽이든 확실한 건 나는 아이들의 사랑을 먹고 사는 교사라는 사실이다. 나를 감동하게 하는 단 하나의 기쁨, 내 마음을

---

* 사람은 무엇으로 사는가. 레프 톨스토이. 현대지성. 2021.

사로잡고 나를 어린아이처럼 들뜨게 만드는 것, 마음에 가장 큰 행복을 불러일으켜 주는 건, 바로 아이들과 주고받는 사랑이다.[**] 그렇게 오늘도 나는 사랑을 주고 또 받으며 살아간다. 사랑 없인 못 살아!

뼈그맨? 뼈교사!

"선생님은 경력도 꽤 되시는데 휴직하고 싶을 때 없으셨어요?"

새로 옮긴 학교에서 만난 후배가 휴직을 고민하며 가볍게 건넨 질문에 잠시 멈칫했다. '내가 휴직하고 싶다는 생각을 한 적이 있던가?' 가만히 생각해 보니 22년째가 되어가는 교직 생활 중 단 한 번도 휴직을 생각해 보지 않았다. 심지어 아이 낳고 육아휴직조차 전혀 쓰지 않았으니 말 다 했다. 겨우 석 달 남짓한 출산휴가 기간에도 빨리 회복해서 학교에 나가고 싶다는 생각이 더 컸으니까.

교직에 들어서서 아이들과 만나면서 원래 '내가 바로 본투비(Born to be) 교사였단 말인가?'라고 느끼게 된 것은 아무리 생각해도 참 미스터리이다. 물론 그동안 크고 작은 상처 하나도 없이 지냈던 건 아니지만, 아이들과 함께하는 시간이 그저 즐겁고 좋은 걸 어쩌나. 이런 모습을 보며 후배 선생님이 '참 신기한 사람이야'라는 눈빛으로 바라볼 때나 가끔

[**] 쇼펜하우어 아포리즘: 당신의 인생이 왜 힘들지 않아야 한다고 생각하십니까. 아르투어 쇼펜하우어 지음. 김욱 편역. 포레스트북스. 2023.

직접 말로 표현할 때면 '나도 나 자신이 이럴 줄을 몰랐다.'라고 밖에 대답하지 못하겠다.

코미디 프로그램이 여러 가지 이유로 사라져가는 요즘이다. 한때는 개그맨에 대한 동경과 함께 나도 저렇게 되고 싶다는 소망을 품을 정도로 개그 프로그램을 꼭 챙겨보곤 했다. 내가 하는 말이나 행동에 주변 사람이 빵 터지는 걸 보면서 짜릿함을 느꼈다. 대학 시절에는 '개그맨 시험을 한 번 볼까?' 진지하게 고민하기도 했다. 그러던 중 뼛속까지 개그의 피가 흐른다는 한 개그맨에게 '뼈그맨'이라는 별명을 불러주는 모습을 보았다. 일상생활에서조차 개그맨으로서 본분(?)을 챙겨서 생활하는 모습이 존경스러워 보였다. 뼛속까지 개그맨이라니! 그저 직업에 불과한 것이 아니라 어떤 경지에 오른 듯한 느낌이 들어 부럽기도 하고 어느새 나도 그렇게 되고 싶다는 마음을 품게 되었다.

그러던 어느 날, 후배가 "선생님은 정말 뼈교사 같아요."라는 말을 해주었다. 어떤 상황에서 그 말을 들었었는지는 정확히 기억나지 않지만, 그때 내 기분은 하늘 위로 솟아오를 듯 마구마구 부풀어 올랐다. 내가 그토록 동경하던 뼈그맨, 교사로서 오를 수 있는 경지인 '뼈교사'라는 칭호를 듣게 되다니! 조금은 민망하고 부끄럽기도 했다. 동시에 내가 아이들에게 퍼부어주었던 사랑과 정성이 다른 사람 눈에도 어느 정도 비쳤나 싶어서 기쁘기도 했다. '내가 정말 뼈교사라는 영광스러운 호칭을 받아도 되나?', '부끄러움은 없나?', 20여 년 교직 생활하는 동안 쉼 없이 꾸준히 실천해오고 있는 일들과 열정이라는 연료 가득 싣고 앞만 보고 달려온 시간을 하나씩 떠올려본다.

◎ 뼈교사 인증 #1 : 주간학습

　신규교사 때부터 지금까지 20여 년간 한 주도 빼놓지 않고 주간학습을 내보내고 있다. 성향이나 스타일에 따라 차이는 있겠지만 일반적으로 주간학습은 저학년에서 수업계획을 안내하기 위해 보낸다. 6학년 담임을 주로 맡아오고 있지만 매주 금요일 주간학습을 내보내고 다음 주 계획을 안내하는 것이 나에게는 당연하고 자연스러운 루틴 중 하나이다. 굳이 주간학습을 내보낼 필요가 있냐고 묻는 분도 계시지만 사실 주간학습은 나 자신을 위한 것이기도 하다. 다음 주 계획을 미리 파악해 놓아야 과목별 수업 일정이나 준비물을 챙겨놓기가 좋으니까. 이제는 떼려야 뗄 수 없는 습관 중 하나가 되어버렸다.

◎ 뼈교사 인증 #2 : 학급문집

　발령받은 첫해부터 지금까지 한 해도 빠짐없이 학급문집을 만들어오고 있다. 학급문집에는 반 아이들 소개와 함께 일 년 동안 썼던 글과 사진을 싹 모아서 주제별로 분류해서 싣는다. 3월 2일 새 학기 첫날 썼던 일기, 체험학습 마치고 써놓았던 소감문, 내 이름/쌤 이름 삼행시, 나 자신에게 보내는 편지, 그리고 학급문집의 꽃이라고 할 수 있는 앙케트 조사 결과까지 아낌없이 꾹꾹 담아 넣는다. 문집을 완성하고 아이들과 나누는 순간은 언제나 벅차고 뿌듯하다. 평생 남을 값진 선물을 해주었다는 생각에 스스로가 자랑스럽기도 하다. 동학년 후배에게도 문집 제작을 권유하곤 하는데, 완성된 문집을 보고 기뻐하며 만들길 잘했다는 소감을 들으면 덩달아 뿌듯하다. 넣어야 할 내용이 많아지고 욕심이 생기다 보니 해가 갈수록 문집이 점점 더 두꺼워지고 있는 건 안비밀이다.

◎ 뼈교사 인증 #3 : 알뜰시장

지금은 혁신학교 예산이나 학급비 등으로 학급문집 제작비를 충당하고 있지만, 예산이 없던 시절에는 알뜰시장을 열어 수익금으로 학급문집을 출판했다. 알뜰시장도 연례행사처럼 해 오고 있는 활동인데(코로나가 가장 창궐했던 2020년에만 하지 못했다), 아나바다를 실천하는 계기가 될 수 있을 뿐만 아니라 매우 즐겁고 신나는 활동이기도 하다. 알뜰시장을 열면 전교 모든 반과 선생님들께 초대 메시지를 보낸다. 구경하러 와준 아이들과 선생님 덕분에 우리 반은 어느새 왁자지껄 흥겨운 장터로 변신한다. 물건을 사고파는 재미뿐만 아니라 나에게 더이상 쓸모없는 물건이 다른 사람에게는 꼭 필요한 물건이 될 수 있다는 사실에 더 큰 기쁨과 뿌듯함을 느낀다. 붕어빵이나 팝콘 같은 맛있는 간식을 파는 코너는 덤!

학급문집 출판비가 더는 필요 없어진 때부터는 알뜰시장 수익금을 기부받아 자선 단체나 NGO 등에 보내고 기부금 확인서를 받아 공유하고 있다. 기부도 경험이고 습관이다. 기부는 돈이 많은 사람이 하는 게 아니라 해본 사람이 하는 것이다. 어릴 때부터 적은 돈이나마 기부하는 경험을 해본다면 나중에 커서도 기부에 선뜻 나서는 멋진 어른으로 성장할 수 있지 않을까. 그렇게 믿고 올해도 또 알뜰시장 준비에 분주히 나선다.

◎ 뼈교사 인증 #4 : 청소년단체

코로나19 이후 내리막길을 걷고 있지만, 십여 년 전만 해도 학교마다 각종 청소년단체가 활발히 운영되었다. 주로 젊은 미혼 선생님에게 권유되었지만, 누구도 흔쾌히 맡고 싶지 않은 업무였다. 학교 바깥에서 하는 활동이 많다 보니 주말에도 시간을 내야 하고, 각종 안전사고에서도 자유로울 수 없기 때문이다. 애 엄마인 나에게 예의상 권유할 생각조차 없던 관리자를 찾아가서 청소년단체를 맡고 싶다고 말씀드렸다. '제정신인가? 누가 등 떠민 것도 아닌데 제 발로 걸어가서 청소년단체를 시켜달라고 하다니!'라는 주변 분들의 반응이 당연했다. 하지만, 그때는 학교 밖으로 나가서 다양한 경험을 하고 이끌어가는 게 그저 신나고 즐겁기만 했다. 청소년단체 활동은 교실 속에서 보내는 시간과는 또 다른 뿌듯함을 준다. 여러 학교 학생이 모여서 국내외 다양한 장소를 다니며 세상을 보는 시야를 넓히고, 단체생활에서 얻을 수 있는 협력, 배려, 봉사와 같은 덕목을 자연스럽게 익히는 기회가 된다. 아이들은 몸으로 직접 부딪치고 체험하며 더 많은 것을 배우고 느낀다. 나 또한 함께 땀 흘리고 어려움을 극복해 나가며 한 걸음 더 성장할 수 있던 뿌듯한 시간이었다. 물론 주말마다 집을 비우기에 가족들의 원망과 눈총을 받기는 했지만. 잔소리 속에 애정 듬뿍 담아 항상 이해해주고 지지해준 우리 가족, 고맙고 사랑합니다!

◎ 뼈교사 인증 #5 : 국제교류 수업

　지금은 중국어 공부를 꾸준히 해서 기본적인 문장 정도는 말할 수 있지만, 중알못(중국어 1도 모르는 사람)이었던 시절, 중국 아이들과 국제교류 수업을 진행했다. 홍콩 아이들과 교류 수업을 한 경험이 있긴 했지만, 중국 아이들과의 국제교류는 수업만 하는 게 아니라 홈비짓(Home visit) 활동까지 계획하고 추진해야 했다. 홈비짓 가족 매칭, 환영식과 환송식 준비, 수업 자료와 기념품 구매, 중국 아이들과의 합동 수업 준비 등으로 머리가 터지도록 바쁘고 정신없는 시간을 보냈다. 일 만드는 부장 만난 덕에 업무 폭탄을 함께 뒤집어쓴 동학년 선생님들은 또 무슨 죄였는지. 진짜 너무 힘들어서 '다시는 국제교류 수업 신청 안 할 거야!' 다짐했는데, 바로 다음 해에 코로나19가 터져서 교류 수업이고 뭐고 전 세계가 올스톱 되었으니 참으로 기가 막힌 타이밍이다.

　활동 중 가장 큰 고민은 합반 수업이었는데, 중국어를 못하니 영어로 수업을 진행할 수밖에 없었다. 그러다 보니 중국 아이들뿐만 아니라 우리 반 아이들도 수업 내용을 못 알아듣는 웃픈 상황이 벌어지기도 했다. 긴장해서 쩔쩔매고 있던 내 모습과는 달리, 말이 전혀 통하지 않는 아이들끼리는 깔깔대며 금세 친해졌다. 역시 아이는 무한한 가능성을 가진 존재라는 걸 다시 한번 깨달았다. 하루 만에 정이 듬뿍 들어 헤어지기 아쉬워하는 모습을 보면서 마음 한구석이 촉촉해지기도 했다. 준비부터 진행 과정, 마무리까지 우여곡절 많고 힘든 활동이었지만, 가끔 그때 방문했던 중국 아이들과 함께 찍은 사진을 볼 때마다 가슴이 먹먹하다. 꼭 다시 만나자고 약속했는데, 다시 볼 수 있을지. 가끔 한국에 왔던 추억을 떠올려 주었으면 좋겠다. 말은 잘 통하지 않았지만, 서로를 바라보는 눈빛과 미소 속에서 진심을 느껴주었기를. 希望大家都健康快乐, 再见!

(모두들 건강하고 행복하길 바라, 다시 만날 수 있길!)

◎ 뼈교사 인증 #6 : 세계시민교육

우연한 기회에 월드비전 교원연수를 듣고 한동안 세계시민교육에 흠뻑 빠졌다. 연수받고 와서 교육과정을 재구성한 뒤, 2학기 내내 세계시민교육 수업을 해나갔다. 마치 세계시민교육이라는 마법에 걸린 것처럼 몸과 마음이 모두 풍당 빠졌던 시간이었다. 수업 결과물을 정리해서 그해 월드비전 세계시민교육 수업사례공모전에 제출했는데, 대상 수상이라는 믿기지 않는 결과를 얻었다. 수상을 계기로 몇 년간 사례발표 연수 강사로 선생님들 앞에 서보는 영광스러운 기회를 얻었다. 또한, 한국교원연수원에서 개설된 '월드비전과 함께하는 세계시민교육' 원격연수에 연수 강사로 참여하게 된 덕분에 교직 인생 처음으로 원격연수 촬영이라는 설레면서도 떨리는 경험을 했다. 월드비전과는 현재까지도 세계시민교육이라는 연결고리로 꾸준히 인연을 이어오며 콘텐츠 개발과 프로젝트에 참여하고 있다.

◎ 뼈교사 인증 #7 : 코로나도 무섭지 않아

코로나19로 아이들을 제대로 만나지 못해 동력을 잃어버렸던 해에는 그림책에 꽂혀 지냈다. 모든 수업을 그림책과 연계하여 재구성했다. 매 시간 그림책을 읽어주고 활동했다. 결과물을 모아 학급 그림책도 여러 권 만들어서 학교 도서관에 전시를 부탁드렸다. 우리 반 그림책이 도서관에 놓여 있는 모습을 보고 나와 아이들 모두 얼마나 뿌듯해했는지!

코로나 초기 일주일에 한 번만 등교했던 시기에는 모니터 화면으로만 아이들을 만나는 게 너무 답답하고 힘들었다. 체력 관리라는 명목하에 관리자 허락 없이 맘대로 우리 반 체육 교실을 열어 운영했다. 마음 같아서는 매일 하고 싶었지만, 혹시나 감염이 확산되면 어쩌나 하는 소심한 마음이 삐쭉 고개를 들었다. 아쉽지만 일주일에 한 번씩, 온라인 수업 끝나고 체육관에서 아이들과 만났다. 농구니, 축구니, 피구니 그날그날 하고 싶은 활동을 함께 정하고 마스크 앞뒷면이 모두 땀으로 흠뻑 젖도록 뛰어놀았다. 그렇게라도 아이들을 한 번 더 만날 수 있는 시간이 마치 생일이나 기념일을 손꼽아 기다리는 것처럼 설레고 소중했다.

◎ 뼈교사 인증 #8 : 마라톤 대회

말 그대로 뼛속까지 가장 열정을 가지고 했던 활동은 코로나 전까지 10여 년간 일 년에 두 번씩(5월, 10월) 지역 마라톤 대회에 아이들을 인솔해서 참여한 것이다. 단거리 마라톤이지만 무턱대고 나섰다가는 다치거나 몸에 무리가 올 수 있기에 매일 아침 운동장을 돌며 연습했다. 연습하는 시간은 지루하고 힘들지만, 대회 날 파란 하늘 아래 탁 트인 길을 뛰다 보면 그동안의 힘듦이 모두 보상받는 듯한 뿌듯함을 느낀다. 완주에 성공하고 흘린 땀을 식히며 주최 측에서 준비해 준 두부김치와 수육을 함께 먹는데, 그야말로 꿀맛이다. 대회의 하이라이트는 바로 경품추첨! 자전거는 모든 사람이 탐내는 최고 경품이었다. 자전거에 당첨된 재인이가 당시 자전거가 없었던 우리 반 기훈이에게 선뜻 양보하여 준 순간은 떠올릴 때마다 여전히 가슴이 벅차다. 숨이 턱 끝까지 차올라 헉헉대면서도 포기하지 않고 달리는 동안 나도 아이들도 한 걸음씩 더 성장했었나 보다. 몸도 마음도, 모두.

가만히 되돌아보니 지난 20여 년은 누가 시키지도 않았고 딱히 무엇을 이루겠다는 목적이 있었던 것도 아닌데, 우연히 다가온 기회들을 필연으로 만들기 위해 노력해온 시간이었다. 자꾸 이곳저곳을 기웃거리며 '뭐 또 새로운 것 없나?' 도전하고 부딪히며 조금 더 나은 교사가 되기 위해, 또 아이들에게 더 의미 있는 경험과 기회를 주기 위해 그야말로 뼛속까지 부단히 애쓰면서.

사람이 가진 에너지와 열정에는 한계가 있을진대, 반 아이들에게 다 쏟아내고 집에 돌아오면 남아 있는 양이 많지 않다. 엄마에게 받는 관심과 애정이 역시나 많이 필요했던 내 아이와 보내는 시간보다, 반 아이들과의 관계에 더 집중했던 지난 시간을 되돌아보면 얼굴이 화끈거린다. 하나뿐인 딸내미보다 반 아이들에게 더 신경 쓰는 엄마 때문에 섭섭하기도 했을 텐데. 세심하게 챙겨주지 못하는 무심한 엄마에 대한 섭섭함 한 번 표현하지 않고 대견하게 잘 자라주고 있는 내 아이한테 하염없이 미안해진다. 그놈의 뼈교사가 뭐라고.

'뼈교사'라는 말도 좋지만, 이제는 '교사가 아닌 나'와 '교사로서의 나' 모두 소중하게 여기고 생활하려고 노력하는 중이다. 아직도 가끔 워라밸이 잘 지켜지지 않기도 하고, 온갖 계기교육은 다 챙겨서 하고 넘어가야 하고, 마치 강박증처럼 과목별, 시기별 연계성을 따지며 수업하지 않으면 마치 풀리지 않는 수학 문제를 만난 것처럼 머리 싸매며 고민하기도 하지만 말이다.

모든 '나'의 모습에서 부끄럼 없이 눈앞에 주어진 시간에 감사하며 최선을 다해 하루하루를 충실히 살아가는 내가 되고자 한다. 그렇게 내 아이에게도, 그리고 우리 반 아이들에게도 부끄럽지 않은 교사, 닮고 싶은 멋진 사람이 되고 싶다.

04

강산도 변하고
나도 변하는 시간, 10년

내 사랑, 초육이*들

올해로 6학년 담임을 맡은 지 10년째, 교직 경력 20여 년 중 절반을 초육이(초등학교 6학년 어린이)와 생활해왔다. 6학년은 점수에 밀리거나 학교에 새로 부임한 선생님이 맡게 되는 경우가 대부분이다. 학교마다 상황은 조금씩 다르겠지만 아무래도 생활지도의 어려움이나 교과 지도에 대한 부담, 졸업 준비와 중입 배정, 수련회 추진 같은 6학년 고유업무 때문이 아닐까 싶다. 매년 다음 해 학년 희망서를 쓰는 시기가 되면 어느 학년을 맡아야 하나 고민 가득한 분위기가 학교를 온통 뒤덮는다. 내 경우에는 특별한 상황이 아니면 별 고민 없이 6학년을 쓴다. 또 6학년 하기로 했다는 나에게 주변 선생님들은 걱정스러운 표정을 지으며 "6학년

---

* 초일이: 1학년 담임 선생님이 들려주는 학교생활 이야기. 임미현. 이야기꽃(2023) 제목 인용

을 또 하려고? 힘들게 6학년을 왜 또 해? 안 힘들어? 이제 그만하고 내려와서 좀 쉬어."라고 말씀하신다. 다 나를 생각해서 해주시는 감사한 말씀이지만, 나에게 초육이들과 보내는 하루하루는 걱정과 두려움보다 설렘과 기대가 더 큰 시간이다.

'인생은 멀리서 보면 희극이지만 가까이서 보면 비극'이라는 말도 있지만, 초육이와의 생활은 그 반대라고도 말할 수 있겠다. 6학년 담임을 하지 않을 때 바라보는 초육이들은 '내가 저런 아이들을 어떻게 가르쳤었나!' 탄식하게 할 정도로 말도 거칠고 행동도 난장판처럼 보이지만 (멀리서 보면 비극). 정작 담임을 맡아 함께 생활하면서는 '이 철부지 아이들이 중학교 가서 잘 적응하고 지내려나?' 걱정스러울 정도로 그저 웃기고 해맑을 때가 많으니까 (가까이서 보면 희극). 1학년에서 6학년 담임으로 점프업하셨던 선생님께서 "아이들이 어쩜 이렇게 똑똑해? 모두 천재 같아. 대충 설명해줘도 다 알아서 하는 거 있지."라고 말씀하시는 걸 듣고 빵 터진 일이 있었다. 초일이(초등학교 1학년 어린이)에 비해 덩치도 크고 세 보이는 겉모습만 보고 걱정하셨던 선생님이 얼마 안 가 초육이의 매력에 푹 빠졌던 순간이다. 담임이 척! 하면 착! 알아듣고 스스로 알아서 잘하는 초육이, 얼마나 예쁘게요!

초육이 최고 매력은 바로 티키타카가 잘 된다는 점이다. 한마디로 담임이 실없는 농담을 던져도 분위기 싸해지는 일 없이 받아들이고 종종 받아치기도 한다는 것! 내가 자주 하는 말 중에 "오늘 결석한 사람 없죠? 학교 안 온 사람 한번 손들어 보세요. (아무도 손들지 않는다) 모두 다 왔네요."가 있다. 초육이 정도 유머 이해력이 있어야 잠시 후 알아채고 피식거릴 수 있는 말인데, 이 말을 저학년 아이들에게 하면 큰일 난다. 순진무구한 눈망울로 바라보며 "선생님, 학교에 안 온 사람이 어떻게 손을 들어요?"라고 되물을 테니까. 초육이들은 바로 모순 속에 숨겨진 뜻을 간파한다. 나중에는 내가 "오늘 안 온 사람 손?"이라고 운을 띄우자마자 짓궂은 표정과 함께 저마다 손을 들며 "정후요.", "예지요."라고 대답한다. 한때 개그맨을 꿈꾸기도 했던 나에게 마치 탁구공이 핑! 퐁! 튀는 듯한 초육이들과의 티키타카는 포기할 수 없는 중요한 매력 포인트이다.

교과 관련 체험학습이나 프로젝트 활동을 마음껏 추진할 수 있다는 것도 큰 장점이다. 6학년 교육과정을 재구성하면 다양한 교과연계 활동이 가능하다. 교실에서만 수업하면 답답해서 아이들뿐만 아니라 나도 몸에 좀이 쑤신다. 사회 교과와 연계해서 국회 체험학습을 갔다가 여의도 공원에서 자전거를 실컷 타고 돌아오기도 하고, 서울고등법원 체험학습을 갔다가 서울교대까지 걸어가서 학생식당에서 점심을 먹고 오기도 했다 (아이들과 함께 방문할 때는 식당에 반드시 미리 연락해 두어야 한다). 과학 교과와 관련해서는 주로 생태 체험학습을 추진한다. 멀게는 서울숲이나 청계천까지, 학교에서 가까운 안양천과 서울 둘레길은 매년 단골처럼 방문하는 체험학습 장소이다. 체험학습을 자주 나갈 때는 한 달에 두 번씩, 다녀온 곳을 모두 나열하기 힘들 정도로 많은 곳을 다녔다. 한번은 아끼는 제자인 욱이가 졸업 후 찾아와서 "선생님에게는 공부가 아니라 노는 걸 배웠어요."라는 망발(?)을 했는데, 그 말에 상처 아닌 상처를 받았다. 체험학습도 훌륭한 공부거든! 이후로 체험학습을 가기 전에는 '교실에 앉아서 교과서를 펴고 하는 것만이 공부가 아니며, 학교 안팎에서 하는 모든 경험이 공부이다.'라는 당연한 말을 마치 사전 변론처럼 해 오고 있다.

　세계 여러 나라의 문화 단원과 관련해서는 동학년 선생님들과 의기 투합하여 세계문화박람회를 열기도 한다. 반별로 대륙을 나누고 반 내에서는 모둠별로 대륙별 주요 나라를 정해서 아이들이 직접 체험 부스를 기획, 운영하도록 지도한다. 준비하는 과정이 힘들고 시간도 많이 들지만, 스스로 부스를 계획, 준비, 진행하면서 초육이들에게는 또 한 번 훌쩍 성장하는 기회가 된다. 곁에서 도와주며 자라는 모습을 지켜보는 나도 조금씩이나마 더 좋은 선생님이 되어가고 있었을 거라고 믿고.

　초육이들에게는 예비 중1로서 중학교 가기 전 가져야 할 마음가짐과 준비해야 할 사항들을 자주 일러주게 된다. 졸업하고 찾아오는 제자와 '선배와의 대화' 시간을 갖기도 하는데, 주로 대학생이지만 가끔은 고등학교에 진학한 선배와 함께 진로와 인생 고민에 관해 묻고 답하며 사뭇 진지한 시간이 펼쳐진다. "(힐긋 내 눈치를 보며) 선생님이 그때도 무서웠나요?"라던지 "선생님 모습이 그때보다 많이 변했나요? (늙었냐는 뜻)", "당시 선생님 인기는 어땠나요? (지금은 어떤지 궁금하지만 차마 묻기 두려운 질문)" 라는 답변하기 곤란한 질문이 나오기도 한다. 짓궂은 질문에도 졸업한 제자의 입에서는 마치 내가 미리 연습시킨 것처럼 훈훈한 대답이 흘러나온다. 기특한 것들. 졸업하고 시간이 꽤 흘렀음에도 아이들이 떠올리는 나의 예전 모습을 듣다 보면 잠시나마 그때 그 시간으로 시간여행을 하는 듯한 느낌이 든다. 기억 속 내 모습이 많이 퇴색되지 않았음에 기뻐하기도 하면서.

초등학교의 최종장! 학교급이 바뀌기 전 의미 있는 1년을 함께 보내며 초등학교에서 마지막 선생님으로 기억될 수 있다는 점도 좋다. 아이들 마음속에 좋은 선생님으로 오래 남고 싶은 소망을 가진 나는 '초등학교 마지막 쌤'이라는 타이틀을 쉽게 포기할 수 없다. 그만큼 어깨가 무겁기도 하고, 챙겨야 할 일도 많긴 하지만 1년 동안 잘 가르쳐서 졸업식을 치르고 진급하는 모습을 보며 알토란같이 단단한 기쁨을 느낀다. 중학교에 가서 힘든 일이 생길 때마다 마음속에 문득 떠올리며 다시금 힘내서 앞으로 나아갈 수 있는 소중한 추억을 많이 만들어주고 싶다는 바램도 있다. 그와 함께 6학년 선생님에 대한 그리움과 감사가 파도처럼 함께 밀려오기를 바라는 건 욕심일까?

물론 초육이들과 보내는 하루하루가 늘 즐겁지만은 않다. 질풍노도의 시기, 사춘기를 온몸으로 내딛고 있는 초육이들은 성적, 친구 관계, 이성 교제, 중학교 진학에 대한 걱정, 부모님이나 형제간 불화 등 다양한 고민을 안고 있다. 또한 이상과 현실 사이의 괴리감, 빨리 어른이 되고 싶다가도 한편으로는 그냥 현재에 머무르고 싶은 마음 사이에서 벌어지는 아슬아슬한 줄다리기, 뒤엉킨 실타래처럼 어디서부터 풀어나가야 할지 엄두가 나지 않는 복잡한 머릿속, 이로 인해 충동적으로 내뱉어버리는 말과 행동이 쌓여간다. 교실에는 마치 언제 어디서 터질지 모르는 시한폭탄 같은 갈등이 도사린다. 폭탄이 갑자기 터지는 불상사가 생기지 않도록 항상 세심하게 살피고 마음속 분노를 꾹 누르며 따뜻하게 어루만져주어야 한다.

가끔은 졸업 후에 들려오는 소식에 상처받기도 한다. 6학년 때 회장도 맡고 나와 관계도 좋았던 영후가 중학교 가서 180도 달라졌다는 소식을 들었다. 학교 일진이 되어서 아이들을 괴롭히고 담배도 피운다고 했다. 마음속 한 부분이 무너져버리는 것 같았다. 수업 시간에 항상 반짝이는 눈빛으로 고개를 끄덕이며 선생님 말이라면 무엇이든 믿고 지지해주던, 반에서도 다른 친구들과 갈등 없이 지냈던 영후가 왜 갑자기 변해버린 건지. 혹시 내가 뭘 잘못한 건가 하는 자책이 밀려왔다. 주변 아이들에게 소식을 묻고 이유를 알아보려 했지만 결국 소득은 없었다. 그렇게 몇 년 후 지역 마라톤 대회에서 우연히 영후를 만났다. 여전히 불량해 보이는 복장과 외모였지만 표정은 조금 밝아 보였다. 그동안 이 아이한테 무슨 일이 있었던 걸까. 내키지 않아 보였지만 억지로나마 꾸벅 인사를 하고 가는 뒷모습을 보며 겨우 눈물을 참았다. 속상함을 애써 감추며 생각한다. 나 때문이 아니었을 거라고. 지금쯤 영후는 자신의 자리를 찾아 어디에선가 열심히 살고 있을 거라고 믿는다.

학급 분위기나 사춘기 발달 수준, 금쪽이 유무에 따라 정도의 차이는 있겠으나 초육이들과의 생활은 마치 위험부담이 크지만, 수익률은 높은 투자상품처럼 때로는 힘들고 지치더라도 그만큼 보람과 뿌듯함도 큰 시간이라는 건 확실하다. 현실 투자에서는 안정적인 원금보장형을 원하면서도 6학년 담임을 계속 맡는 것은 마음의 생채기라는 손실을 메꾸어주는 무엇과도 바꿀 수 없는 커다란 만족감 때문이 아닌가 싶다.

초육이들과 교실 속에서 매일 함께 지지고 볶으며 생활하다 보면 어느새 아이들 속에서 나의 6학년 시절을 발견하게 된다. 별거 아닌 이야기에도 서로의 얼굴을 마주 보며 깔깔거리고, 좋아하는 아이 옆에서 얼굴을 붉히며 부끄러워하고, 수업 시간에 진지한 표정과 함께 눈빛을 반짝이는 모습에서. 그들과 지내는 시간 동안 나는 자꾸만 타임머신을 타고 수십 년 전 초육이 시절로 돌아가곤 한다. 가끔은, 아니 자주 철없는 선생님처럼 보이기도 했을 것이다. 함께 운동장을 달리고, 골 넣었다고 신나서 소리 지르고, 다른 반과 시합이 있는 날이면 승부욕에 불타 목이 터지라고 응원하는 모습이란. 누가 보면 선생님 맞냐고 한심하게 바라보며 혀를 쯧쯧 찼을지도 모르겠다. 그럼에도 나는 초육이들과 함께 호흡하며 아쉽고 부족함이 가득했던 열세 살 추억을 다시 써 내려가는 중이다.

가끔 졸업한 제자가 찾아와 함께했던 시간 속 추억 퍼즐을 하나씩 맞춰가며 그때 그 시절을 참 좋았던 시간이었다고 떠올릴 때면 내가 그들 안에 반짝이며 존재하고 있었다는 사실이 벅차게 다가온다. 내 인생을 가치 있게 만들어준, 그동안 애쓴 시간이 헛되지 않았다는 걸 증명해주는 소중한 제자들. 가끔은 친구처럼 투덕거리고 원수처럼 싸우기도 하고 마치 연애하듯 밀당하며 설레기도 했던. 초육이들을 가르치는 최고의 장점은 바로 평생 제자가 생긴다는 것이다. 이제는 같이 늙어가는(?) 처지가 된 오래된 제자들과 새로 만날 초육이들 사이에서 그들을 향한 사랑의 깊이와 마음 씀씀이 모두 변치 않고 오랫동안 응원하겠다고 다짐해본다.

기록이 쌓이면 뭐든 된다

'기록이 쌓이면 뭐든 된다.'

네이버 블로그가 20주년을 자축하며 내건 슬로건이다. 그러고 보니 나도 블로그에 교단일기를 써온 지 벌써 10주년이 되었는데. 꾸준히 써 온 교단일기가 뭐든 될 수 있을까? 그럼, 될 수 있고말고!

어떤 목표를 가지고 작정해서 교단일기를 쓰기 시작한 건 아니었다. 2008년도였나? 학교 홈페이지 내에 반별 학급 페이지가 만들어져 소통 하던 시절이었다. 학교에서는 학급 홈페이지 활성화를 주문하기도 했었 는데, 1년 후에 사라질 운명이라는 것이 너무 아깝고 아쉬운 마음이 들 어 Daum에 우리 반 카페를 만들었다. 교실 속 시시콜콜한 이야기, 학급 안내 사항이나 함께 찍은 사진을 게시판에 올리고 아이들과 소통하는 창구로 삼고 추억을 나누며 알콩달콩 지냈다.

학교를 옮기면서 네이버 카페에 새 카페를 다시 만들어 운영하기 시 작했는데, 문득 아이들과 있었던 하루하루를 그냥 흘려보내기가 아깝다 는 생각이 들었다. 교사로서 보내는 1년은 원형적 시간으로 흐르기 때 문에, 매년 일정 시기마다 해야 하는 활동이 주기적으로 반복된다. 교사 로서 내 학급경영 1년 시간표를 정리해 보고 싶다는 생각이 들었다. 교 실 안에서 아이들과 생활하면서 자주 반복되는 실수와 그로 인한 깨달 음을 정리해서 후회를 줄이고 싶은 마음도 있었다. 교실에서 벌어지는 소소한 일상 속 평범하지만 소중한 이야기들을 그냥 사라져가도록 두기 아까웠다. 잊어버리기 전에 냉큼 잡아채서 나중에 언제라도 꺼내 볼 수 있도록 남겨놓고 싶었다. 벌써 10년이 넘게 써오고 있는 교단일기의 시작이었다.

교단일기를 써보아야지 마음먹고 나서, 계정만 만들어 놓고 가끔 들어가서 사진이나 드문드문 올려놓던(그나마도 게시물을 다 비공개로 해놓아 마치 빈 집 같았던) 네이버 블로그에 교단일기 게시판을 새로 만들었다. 처음에는 날마다 무슨 수업을 했었는지, 어떤 행사를 진행했는지를 하루 시간표 흐름에 따라 복기하며 정리하는 데에 급급했다. 학급 활동을 할 때 아이들 사진을 많이 찍는 편이라 기억이 잘 나지 않을 때는 사진을 보며 확인하고 수업 내용과 순서를 적어놓았다. 매일 했던 수업, 있었던 일을 모두 다 기록해 놓으려고 욕심을 부리다 보니 지쳐서 대충 쓴 날도 많았다. 그래도 지난 10년간 교단일기 게시판 글 수를 살펴보니 매년 많게는 180여 편, 적게는 90편 이상이 되었다. 연간 수업일수가 190일 정도 되니까 거의 매일 같이, 못해도 이틀에 한 번씩이라도 챙겨 써놓았구나 싶어 새삼 스스로가 대견하게 느껴진다.

내가 교단일기를 쓴다고 이야기하면 주변 선생님 반응은 다양하다. '나도 한 번 써볼까?', '매일 어떻게 교단일기를 써? 쓸 내용이 있어?', '특별한 재주나 재능있는 선생님들이나 쓰는 거 아니야?' 또는 '난 좀 쓰다가 포기했어.' 등등. 친한 후배 한 명도 도전했다가 힘들어서 그만두었다는 이야기를 전했다. 에너지 넘치는 아이들과 하루 종일 지지고 볶으며 생활하다가 퇴근 후 컴퓨터 앞에 앉아 매일 글을 쓴다는 게 쉬운 일은 아니다. 귀찮고 피곤한 날에는 그날 찍은 사진만 올려놓고 바로 뻗어버리기도 하고, 겨우 한두 줄 쓰고 말아버리기도 했다. 그럼에도 10년이라는 시간 동안 끈질기게 교단일기를 써 올 수 있었던 원동력은 무엇이었을까. 누가 묻는다면 거창한 이유를 대고 싶지만, 사실 나도 잘 모르겠다. 마치 달리기를 할 때 초반에는 너무 숨이 차고 힘들어서 그냥 멈추어버리고 싶다가도 꾹 참고 계속 달리다 보면, 어느 순간 마치 다리가 통제를 벗어나 저절로 움직이고 있는 것처럼. 처음에는 귀찮고 힘들었던 교단일기 쓰기가 언젠가부터는 습관을 넘어 삶의 한 부분이 되어버렸는지도 모르겠다.

교단일기를 꾸준히 쓰고 있다는 말에 아끼는 후배 Y가 『에스메이의 일기』*라는 책을 소개하며 내 교단일기도 책으로 출판해보는 게 어떻겠냐는 제안을 했다. 아이들과 보내는 교실 속 일상을 끄적거려놓은 글에 불과했지만, 후배가 가볍게 건넨 한 마디에 갑자기 마음이 들떴다. '정말 책으로 낼 수 있을까?', '에이, 말도 안 돼. 누가 읽겠어.'라는 생각이 머릿속에서 열띤 토론을 벌이기 시작했다. 책을 내 본 경험은 없지만, 온라인 속의 글을 밖으로 꺼내서 출력이라도 해놓자는 마음으로 S초에서 5년간 쓴 교단일기를 소장용으로 딱 한 권 만들었다. 독자는 나 한 명뿐이지만, 종이책의 형태로 변신한 교단일기는 읽기 편하고 작은 성취감도 느끼게 해주었다. '언젠가는 정식 출판도 할 수 있지 않을까?'라는 자그마한 희망도 마음 한편에 품어본다.

가끔 슬쩍 들춰보는 교단일기 속에는 아이들에게 화났던 날, 나 자신이 너무 부끄러웠던 날, 아이들과 사랑에 빠져서 어쩔 줄 모르고 허우적

---

* 에스메이의 일기. 에스메이 라지 코델. 세종서적. 2012

댔던 날, 가슴이 터질 듯 뭉클하고 감동적이었던 순간들이 차곡차곡 쌓여있다. 강산도 변한다는 10년, 교단일기 속 나와 아이들 모두 변하고 성장해온 것을 느낀다. 작년부터는 용기 내어 공개 글로 올리고 있는데 그것도 변화의 하나라고 할 수 있겠지? 아무리 피곤해도 올리지 않으면 왠지 찜찜한 마음이 들어서 자기 전에 꼭 몇 줄이라도 기록하려는 습관이 몸에 밴 것도 '기록하는 교사'로 나아가는 성장 과정일 거라고 믿는다.

교단일기는 아이들과 교실 속에서 함께 보낸 소중한 하루하루가 그냥 잊히지 않게, 언제든 그리울 때마다 꺼내 보라고 마치 10년 전 내가 지금의 나에게 정성껏 준비해 건네준 선물 같다. 볼 때마다 뿌듯하고, 고맙고, 행복해지는 값진 선물. 지금도 나는 10년 후 나에게 보내줄 선물을 써 내려가는 중이다. 더욱 성숙해있을 모습을 기대하며, 준비해놓은 선물이 그때도 내 마음에 쏙 들었으면 좋겠다.

초록 캔버스에 써 내려간 이야기

한 사람의 고귀한 노력으로 황무지가 초록 숲으로 변화하고, 수많은 사람이 삶의 터전을 회복하고 살아갈 희망을 되찾게 된다는 뻔해 보이지만 전혀 뻔하지 않은 이야기. 1953년에 발표되어 현재까지도 전 세계적으로 끊임없이 사랑받고 있는 장 지오노의 소설 『나무를 심은 사람』** 이다. 10여 년 전 우연히 그린 디자이너 윤호섭 교수님 강의를 듣고 나

** 나무를 심은 사람. 장 지오노 저. 최수연 그림. 김경온 역. 두레, 2018.

서 매년 아이들과 꾸준히 필사해오고 있는 책이기도 하다. 필사 작품은 올해로 벌써 열여섯 번째 생일을 맞은 친환경 전시회인 〈녹색여름전*〉에 당당히 출품하고 있다.

『나무를 심은 사람』은 사실 책으로 읽기보다 매년 식목일에 프레더릭 바크의 애니메이션 영상을 보여주고 소감문 쓰기를 했던 작품이었기 때문에 책을 필사해야겠다거나 필사를 할 수 있다는 생각 자체를 하지 못했다. 『나무를 심은 사람』 책 필사를 해서 보내면 헌 티셔츠에 직접 그림을 그려서 보내주신다는 교수님 말씀을 듣고 티셔츠를 받고 싶은 욕심에 첫 필사를 시작했다. 이왕 하는 거 반 아이들과 같이 필사해서 보내면 더 좋겠다는 생각에 교실로 돌아오자마자 책을 소개하고 구매를 독려하며 일단 '고민보다 고!' 필사를 시작했다. 앞뒤 재지 않고 밀어붙이는 담임의 긴급 조달 프로젝트에 열심히 참여해준 그해 아이들에게 그저 고마울 따름이다.

그렇게 한 달 남짓한 시간 동안 완성한 첫 필사본을 보내고 윤호섭 교수님에게 답장을 받았다. 한 학급 어린이들이 모두 필사를 완성해서 보내온 것은 처음이라 고맙고 놀랐다는 말씀에 가슴이 터질 것처럼 벅찼다. 주저하지 않고 일단 '고민보다 고!' 해보길 잘했다는 생각도 들었다. 물론 모든 아이들이 긍정적인 피드백을 준 것은 아니었지만, "손목이 부러질 뻔했다."거나 "너무 힘들어서 포기하고 싶었다.", "너무 힘들었고 다시는 하고 싶지 않다."는 몇몇 부정적인 소감도 있었다. 하지만 그보다 더 많은 아이들과 "새로운 경험을 해보아 너무나 뿌듯하다.", "완성해

---

* 그린캔버스 홈페이지(http://www.greencanvas.com/)

낸 자신이 대견하고 성취감을 느꼈다."는 놀라운 감상을 차곡차곡 쌓아가고 있다.

'과연 해낼 수 있을까?' 물음표 가득했던 4학년 아이들과 처음 도전했던 필사에서 제일 먼저 완성했던 혁이가 "선생님, 필사 또 하고 싶어요. 필사할 만한 다른 책 추천해 주세요."라며 요청해왔을 땐 한없이 부끄러워서 얼굴이 벌게지기도 했다. '4학년이 과연 할 수 있을까?', '모두 성공 못 해도 어쩔 수 없지. 너무 기대하지 말자.'라며 마음 한구석에 아이들에 대한 의구심을 떡하니 앉혀놓고 있었다는 게. 교수님께서 추천해 주신 훨씬 두껍고 내용도 어려운 『마지막 거인』**이라는 그림책을 두 번째 필사책으로 권하며 마주친 눈길 속에서 부끄러움과 민망함을 읽어 냈을는지. 만일 그랬더라도 부족함 많은 담임을 보드랍게 토닥거려주었을 거라고 믿는다.

필사는 어떤 면에서 중독성이 있어서 커다란 즐거움과 함께 시나브로 깊숙이 빠져들어 가기도 한다. 필사 도전 첫해 함께했던 6학년 현희가 중학생이 된 다음 해 4월, 필사를 또 시작했다면서 학급 온라인 게시판에 안부 인사와 함께 사진을 올려주었다. 그 사진을 보며 얼마나 뿌듯하고 또 뭉클했는지 모른다. 내년에 또 선생님 반이 되어 필사 한 번 더 하고 싶으니 자신이 배정받을 중학교로 와서 담임 맡아달라는 실현 불가능한 요청을 하는 아이들도 있다. 초등학교 선생님은 중학교 가서 가르칠 수 없다고 아무리 말해줘도 못 들은 척 그저 졸라대는 모습이 어찌나 귀여운지. 필사가 가진 매력에 푹 빠져버린 이 기특하고 사랑스러운

** 마지막 거인. 프랑수아 플라스 저. 윤정임 역. 디자인하우스. 2002.

아이들을 어찌할꼬!

　하지만 10년간 필사 여정이 아무런 장애물 없이 순항해오기만 했던 건 아니다. 책을 꼭 사야 하냐는 항의 섞인 민원이 들어와서 동네 중고 서점 서가에 있는 책을 싹 다 사 와서 빌려주기도 하고, 아이가 글씨를 너무 많이 써서 팔 아프다는데 굳이 왜 이런 걸 시켜서 애들 힘들게 하냐는 민원을 받기도 했다. 무조건 다 해야 하냐고, 그냥 안 하면 안 되냐고 끊임없이 툭툭 쳐대는 볼멘소리를 듣기 싫어서 '그럼 넌 그냥 하지 마!' 소리가 목구멍까지 차올랐다가 겨우 삼킨 적도 여러 번이다. 그럼에도 욕심 많은 담임의 밀어붙이기로 시작된 필사 프로젝트는 코로나로 아이들을 만나기 힘들었던 시기에도 멈추지 않고 이어가 놀랍게도 10년간 단 한 명도 포기하지 않고 모두 끝까지 성공해냈다.

　온라인 수업에 길든 아이들은 손으로 연필을 잡고 글씨를 쓰는 활동보다 컴퓨터 화면을 들여다보며 마우스를 클릭하는 활동이 더욱 자연스럽고 익숙하다. 글쓰기 숙제는 물론이거니와 교과서에 답을 적으라고 하는 것도 꺼리고 싫어한다. 주제 글쓰기를 면제해주는 날이면 환호성을 보내기도 한다. 하지만 때로 아이들에게 비록 힘들지언정 의미 있는 경험을 제공해주는 것도 교사로서 꼭 해야할 역할이 아닐까 생각한다. 물론 요즘 같은 상황에서 이 같은 신념을 뚝심 있게 밀고 나가는 게 쉽지만은 않다. 내 아이가 조금만 힘들어해도 견디지 못하는 학부모들의 벽에 부딪히며 상처받는 건, 결국 무언가를 열심히 하는 교사들이니까.

　좋아하고, 편하고, 즐거워하는 경험만을 제공하고 나머지는 배제하기를 바라는 것은 앞으로 아이들이 살아가야 할 세상의 폭과 깊이를 한

정해버리는 어리석은 선택이다. '고통 속에서 인간은 성장한다.'라는 말도 있지 않나. 난생처음 접해보는 '필사'라는 과제를 힘들지만 끈기 있게 완수해낸 아이들은 분명 한 껍질 더 단단해진 자신을 발견해낼 거라고 믿는다.

올해는 영광스럽게도 필사 출품 10주년을 맞이해서 교수님께서 열 장의 나뭇잎이 달린 감사패를 직접 만들어 보내주셨다. 또 어떤 어려움이 기다리고 있을지 걱정도 되지만 그보다는 조금 더 큰 기대와 믿음을 가지고 앞으로 다가올 10년도 필사 여정을 계속해나갈 작정이다.

05

구르는 돌에는 이끼가 끼지 않는다

올해로 교직 생활 22년 차. 그동안 나의 교직 생활을 되돌아보니 휴직 한 번 쓰지 않고 앞만 보며 참 열심히도 달려왔다. 교실 속에서 관계 맺고 소통하며 얻는 작은 기쁨과 행복이 주는 만족감이 워낙 커서였을까? 교장, 교감 같은 관리자가 된다거나 장학사 같은 전문직, 또는 해외로 나가서 일해보고 싶다는 생각도 잠깐씩 해보았지만, 왠지 나와는 안 맞는 길이라고 느껴졌다.

6학년 국어 수업 시간에 속담 맞추기 게임을 하던 중 '구르는 돌에는 이끼가 끼지 않는다.'라는 속담이 유난히 마음에 착 와서 달라붙었다. 라틴어에서 온, 이 속담은 옥스퍼드 사전에서 "자신의 사회적, 직업적 위치를 자꾸만 바꾸는 사람은 성공할 수 없다."고 정의하고 있다. 같은 속담을 표준국어대사전에서는 "부지런하고 꾸준히 노력하는 사람은 침

체하지 않고 계속 발전한다는 말."로 정의한다. 속담 속 '이끼'를 부정적으로 인식한 한국에서는 이끼가 낀 모습을 발전 없이 정체된 상태로 보고 잘못 해석하여 위와 같은 뜻으로 정착되었다고 한다. 같은 속담에 상반된 두 가지 해석이 가능하다는 게 흥미롭다. 이 속담에 담겨 있는 두 가지 의미를 가만히 들여다보자니 마치 내가 걸어온 교직 여정을 담고 있는 듯하다. 교사로서 20여 년간 변함없이 아이들을 가르쳐 오고 있는 동시에 성장과 발전을 추구하며 꾸준히 노력해오고 있다는 점에서. 앞으로 10년, 혹은 20년 후에 또 어떤 모습으로 지금을 돌아보게 될지 걱정도 되지만 가슴이 두근거리며 설레고 기대되기도 한다.

10여 년 전 내 모습을 꼭 닮은 후배를 만났다. 후배가 해준 이야기 속에서 앞으로 다가올 시간에 대한 희망을 얻는다.

"지금 제 나이가 선생님을 처음 만났을 때 선생님 나이더라고요. 그때는 선생님이 뭔가 항상 열심히 하고 아이들과도 잘 지내는 모습이 크게 대단하다고 생각하지 않았었거든요. 그런데 제가 그때 선생님 나이가 되고 보니 그게 결코 쉬운 일이 아니었다는 걸 느껴요. 그리고 지금까지도 선생님은 열정이 그대로인 것 같아서 대단해요."

그저 해 오던 것들을 꾸준히 하고 있을 뿐인데 화수분 같은 열정을 가진 사람으로 보아주어 고맙고 부끄럽다. 사실 나이를 먹고 경력이 늘어나면서 예전만큼 무작정 일을 벌일 만큼 열정이나 용기가 남아 있는지 모르겠다. 하지만 오늘도 내가 서 있는 자리에서 꿈틀대며 멈추지 않는 삶을 살아가려고 노력하는 중이라는 건 확실하다. '구르는 돌에는 이끼가 끼지 않는다.'라는 속담 속 돌멩이처럼. 시대가 바뀌고 교육 현장이 바뀌는 현실 속에서도 흐르는 물살 속에 몸을 맡기고 끊임없이 도전하며 정체되어 있지 않은 사람, 아이들과 함께 성장하는 교사로 나아가고 싶다. 그렇게 오늘도 몸에 묻은 이끼를 털어내며 끊임없이 구르는 중이다.

다섯 번째 삶.

교사가 아닌 난 누구?

유선웅

유선웅

무역업에서 8년을 종사하지 않았더라면 사립 남자 고등학교 교사 경력 28년 차가 되었을
부천 사는 딸 쌍둥이 아버지.
대학에서 힘들게 공부한 영어영문학 전공이 아까워 살릴 길을 찾다 보니 교사가 되어있다.
직장생활에 권태기 비스름한 무언가가 오나보다고 생각했는데 교직 마감할 날이 코앞이다.
운이 좋아서 교사가 되었지만. 아이들에게 괜찮은 교사가 되어주자는 마음으로 산다.

01

인생의 고갯마루에서

"너 이다음에 커서 뭐 할래?"

흔하지만 의미심장한 질문이다. 중고등학교 시절의 내게는 이다음에 어른이 돼서 하고팠던 것이 세 가지 있었는데, 그건 바로 한의사, 연극배우 그리고 학교 선생님이었다. 중학교 입학하면서부터 수학을 포기해 이공계로 가지 못하는 바람에 한의사는 가정환경조사서에만 있는 '장래희망'으로 끝났다. 초등학교 때부터 줄곧 특별활동 시간에 연극반원으로 활동하며 키웠던 연극배우의 꿈은 대학 신입생 시절 배우로 공연에 참여하면서 어느 정도 충족되었다. 세 번째 희망은 우여곡절 끝에 지금 학교 선생님으로 살고 있으니 꿈을 이루었다고 해야 하나?

본론에서 자세히 밝히겠지만, 내게는 교직이 인생의 처음 직업은 아니었다. 대학 졸업 후 8년을 무역업종에서 일할 때, 비록 내가 선택한 길이지만 과연 나한테 맞는 길인지, 그리고 진정으로 내가 하고픈 일은 무엇인가를 묻곤 했다. 해가 갈수록 질문의 횟수가 늘어났다. 성격상 아무래도 자영업과는 영 거리가 멀게 느껴졌다. 머리는 좋은데 무기력한 사람으로 보여지는 것 같았다. 자꾸 의기소침해지고 한없이 작아지는 느낌이었다. 그런데 마침 보험을 잘 들어 둔 교원 자격증 한 장으로 직업이 바뀌고 인생이 바뀌었다. 때로 현장에서 쓰이던 날것 그대로의 영어를 접하면서 '왜 학교에서는 이런 영어를 가르치지 않았을까?' 묻기 시작했고, 학교에 와서는 교육 현장과 실제를 연결해 보고자 애쓰기도 했다. 하지만 학교 역시 또 다른 조직이요 세계였으니 나 혼자만의 생각과 재주로는 바램을 실천으로 이끌기에 무리였다. 고등학교 여건상 여전히 내신성적과 수능에 파묻혀 살면서도 '이거 왜 이래, 나 아직 안 죽었어. 나 쓸만한 영어 선생이야.'를 되뇌었다. 비록 나는 운 나쁘게도 좋은 선생님을 여태 만나지 못했지만, 학생들에게는 좋은 선생님이 되어줄 수 있지 않겠느냐 되물으며 살다 보니 어느덧 은퇴라는 단어가 자주 입에 오르내린다. 주변의 선배 교사들이 하나둘씩 떠나갈 때마다 서운하고 조급한 생각이 함께 밀려온다. 불현듯 지나온 날들보다 지낼 날이 훨씬 적어져 가는 인생의 고갯마루에서 지금까지의 나날을 한 번쯤은 돌아보는 글을 쓰고 싶어졌다.

02

교사라는 직업이 아니라면
내게 무엇이 남을까

누군가 멋지게 말했다, 인생이란 자신을 찾아가는 과정이라고. 게다가 나이를 먹으면서 좋은 점 가운데 하나는 가장 자연인다운 나를 만나는 때가 본격적으로 시작된다는 것이다. 그런 시간은 이미 늘어나고 있으며 퇴직한 이후부터는 온종일 그런 시간이 된다고 해야겠다. 퇴직 이후 이렇다 할 계획도, 생각도 아직 없는 지금, 퇴직이라는 단어만 들으면 벌써 가슴 한쪽이 답답해 오기 시작한다. 아이들이 어려서 손이 많이 가던 때에는 나 자신조차도 잊어버리고 육아와 부양에 정신이 없었다. 아이들이 이제 어엿한 대학생 성인이 되고 보니 예전처럼 손 갈 일은 적어져 좋아했는데 대신 돈 쓸 일이 늘어났다. 해마다 늘어나는 호봉 액수가 전혀 체감되지 않는다. 대학에 진학한 후로는 자녀의 경험에 투자한다는 생각으로 여행이나 어학연수에 적잖은 비용을 대 주고 한참을 허덕거렸다. 어쩌겠나, 이런 게 인생이지 하며 자신을 위로하며 가는 수밖에. 한편으로는 이렇게라도 두 자녀를 뒷바라지할 수 있어서 다행이고 자랑스럽기도 하다. 갈수록 생각이 복잡해진다.

직업이 있는 사람이라면 누구라도 그렇겠지만 교사라는 직업이 아니라면 한 인간으로서의 나는 어떤 사람인가를 생각해 본다. 학교에서 학생들 앞에 설 때는 영어교사이고 담임 선생님일 뿐, 집안에서는 맏아들이자 아내에게는 남편이며 두 딸아이의 아빠인 동시에 일요일 아침 까치집 지은 머리로 반바지에 슬리퍼 차림으로 종량제봉투 버리러 나오는 배 나온 동네 아저씨일 뿐이다. 누군가는 나이 들면서 머리카락이 자꾸 빠진다고 걱정인데 다행히도 아직 머리카락은 잘 간직하고 있다. 지금 생각해 보면 직장에서의 시간이 가정까지 이어지는, 별로 바람직하지 않은 일이 잦았다. 퇴근하면 집에 들어서는 순간부터 학교에서 있었던 일은 다 털어버리고 오롯이 가장 노릇에 충실해야 하련만, 나도 인간인지라 그러지 못할 때가 많았다. 그렇다면 그 결과는? 아이들로부터 꼰대 소리 듣기밖에 더하겠나.

역설적으로 내 아이들이 고3이던 4년 전에는 그 어느 때보다도 가장 자연스럽게 살았던 것 같다. 낮에는 다들 부담스러워하는 고3 담임이었고 밤에는 수험생 자녀들을 매일 늦은 밤 먼 곳에 있는 학원이며 과외며 차로 실어 나르기 바빴다. 이렇게 자동차로 뒷바라지한다고 '차바라지'라는 단어를 만들기도 했다. 약속 시간을 지킨다고 걸핏하면 과속에 난폭운전을 해야 했고, 동네 김밥집에서 사 온 김밥과 주먹밥으로 끼니를 해결하며 밤늦게 돌아다니니 나야말로 나이 먹고 고3을 세 번 겪는 듯했다. 첫 번째는 내가 고3, 두 번째는 고3 담임, 세 번째는 애들이 고3. 그러나 바쁜 가운데에도 이 시기의 독서량은 눈에 띄게 늘었다. 매일 학원 앞 카페에서 두 시간여 꼬박꼬박 책을 읽고 서평을 쓰다 보니, 연간 100권의 책을 읽고 서평을 쓰기로 했던 계획을 초과 달성할 수 있었다. 아이들이 고3이 되기 훨씬 전부터 거의 매일 저녁 카페에서 달달한 음료를 마셔서 그런지 고혈압에 고지혈증이 생겼는데, 역시 세상에 공짜는 없는가 보다. 건강을 내어주고 독서량 목표치를 얻었다.

주위와 친구들로부터 교사는 방학이 있어 좋겠다는 부러움을 살 때가 종종 있다. 사실 우리 업종은 방학이 없으면 거의 죽는다는 소리가 목구멍까지 차오른다. 기업에 취업했던 동기들은 경기가 불황이라는 얘기가 나올 때마다 철가방이라며 교직을 부러워한다. 하지만 정작 교직은 대학교수가 아닌 다음에야 전문가로 대우받지도 못한다. 짧고 굵은 자기네 처지와 길고 가는 우리의 처지는 사실 비교의 대상으로 부적절하다. 어느 직업이든 다 그들만이 처한 애로사항은 있는 법이다. 기업과 학교를 비교한 어느 연구 결과가 생각난다. 이윤을 추구하는 기업체는 세상의 변화에 민감하며 변화를 주도할 수밖에 없는 반면, 학교는 변화에 둔감하며 안정성을 추구하는 특성이 있다. 선박의 속도에 비유하자면 기업은 시합용 쾌속정이고 학교는 대륙 간 정기여객선인 셈이다. 기업이든 학교든 속도를 제외하면 '선박' 본연의 형태와 임무만 남는다.

교사라는 직업의 세계를 벗어나면 가족을 부양하는 가장 본래의 모습으로 돌아오기는 매한가지다. 젊은 층이 아래에서 치받고 위에서 내리눌러서 힘들다는 보통 직장인들의 모습과 별 차이는 없다. 다만 법적으로 보장된 기간이 있고 학교마다 조금씩 문화가 다를 뿐이다. 무슨 직업을 갖든 집에서 맡은 아버지의 역할이 대동소이한 것처럼 말이다. 사실 교사는 전문직이면서도 전문가 대우를 받지 못한다. 같은 기간 경력의 여타 전문직인 의사, 약사, 변호사를 보라. 전문가라면 교사 누구나 자신의 이름을 걸고 학교를 개교할 수 있어야 한다. 그런데 우리의 현실은? 모르긴 해도 학교 개교 자격요건을 교원 자격증 소지자로 정한다면 일대 혼란이 올지도 모른다. 어쨌든 교사는 한자 표기부터가 다르다. 의사, 약사, 변호사와 달리 선비 사(士)가 아닌 스승 사(師)를 쓴다.

아이들을 대하던 내 모습의 변화

우리는 모두 누군가의 애정과 위로가 있어야 하고, 그것을 통해 위안을 얻고자 한다. 나를 이해해주는 단 한 사람만 있어도 세상은 살 만하다. 누군가가 나를 진심으로 이해해줄 때, 내가 꽤 괜찮은 사람이고 충분히 사랑받고 행복할 자격이 있다는 느낌을 받게 된다. 그렇게 서로 이해하고 이해받으며 우리는 심리적으로 성장한다. 그 단 한 사람이 학교에도 있는가? 그 단 한 사람이 자신일 수는 없는가? 내가 아이들에게 그런 사람이 되어줄 수는 없었을까? 학생들은 고등학교에 오기까지 공교육 9년을 거치면서 운 나쁘게 아직도 좋은 선생님을 만나지 못했을 수 있다. 지금까지는 운이 없었다고 치고, 그렇다면 나라도 좋은 선생님이 되어줄 수는 있지 않을까? 기본적인 변화의 틀은 바로 이런 것이었다. 예전까지는 좋은 선생님을 못 만났거나 좋은 선생님이 아니었더라도 이

제부터라도 좋은 선생님이 되어주자는 생각이다.

레프 비고츠키는 '인간의 성장과 발전은 관계 속에서 이루어진다.'라고 말했다. 우리가 제대로 성장할 수 없는 이유 중의 하나는 바로 현대 사회에서 관계를 제대로 맺을 수 없는 데서 비롯된다고 본 것이다. 학생들은 서로 경쟁에 길든 시각으로, 교사는 통제와 훈육의 대상으로 학생을 바라보기에 온전한 인간관계를 맺을 수 없다. 이를 해소하는 가장 좋은 방법으로 글쓰기, 말하기, 관계 맺기를 생각했다. 글쓰기는 이렇게 책을 쓴다거나 서평 쓰기로, 말하기는 토스트마스터즈* 모임에서 연설하기로 해소해온 셈이다. 나머지 관계 맺기는 내 자녀를 키워 본 경험을 바탕으로 남의 집 자식들을 이해하는 데서 시작된다. 나는 초·중·고를 줄곧 얻어맞으며 컸지만, 아이들에게 좋은 교사가 되어줄 수는 있겠다는 생각이 들었다. 그리고 그 변화는 아이들을 대하는 마음가짐부터 달라지는 데서 시작된다. 교사와 학생이라는 사무적인 틀보다는 좀 더 애잔하고 측은한 심정으로, 좀 더 인간적인 시선으로 바라본달까.

우리 집 고3 수험생의 뒷바라지 과정을 겪으면서 얻은 값진 경험이 있다면 내 자녀를 키운 과정을 통해 남의 집 아이들 또한 이해하는 계기가 되었고, 결과적으로 그들과 함께 성장하는 기쁨을 맛보았다는 점이다. 솔직히 말하자면 내 자녀가 어릴 당시만 해도 내가 맡은 학생들은 통제와 질서가 필요한 그저 남의 집 자식일 뿐이라고 여겼다. 대다수는 등교해서 하교할 때까지 온갖 수고스러운 일을 무작위로 안겨주는, 시끄럽고 개념 없는 덩치 큰 초등학생쯤으로 치부했다. 그들로 인해 내

---

* Toastmasters. 영어 대중 연설 능력과 리더십 향상을 위해 미국에서 설립된 국제 비영리 교육단체.

삶이 피폐해지며 매일 문제만 일으키는 골칫거리일 뿐이었다. 나는 군 생활 중 허리를 다친 여파로 남들보다 쉽게 빨리 피곤함을 느끼곤 했는데, 아이들과 심하게 부대끼고 집에 돌아온 날이면 그야말로 녹초가 되었다. 아무개 때문에 힘들었다, 괴로웠다는 말이 늘 입에 붙었고 어쩌면 낼모레 입대할 나이인데 여태껏 제 앞가림을 못 할 수 있느냐며 비난하기에 바빴다. 부끄럽지만 당시의 나에게는 왜 하필 이런 이상한 아이들만 맡겨지는지 한탄하기 일쑤였다. 자기 눈의 들보는 못 보고 남의 티눈만 보인다고, 그때만 해도 그 나이 먹도록 나는 학생들의 속성 가운데 극히 일부분만을 이해하고 있었던 것 같다.

흔히 교사가 행복해야 아이들도 행복하다는 말을 그때는 이해하지 못했다. 구차한 변명이지만 당시의 나는 교사로서 가져야 할 사명감보다는 직장인으로서의 의무감이 더 앞섰다. 그러다가 수험생의 생활을 온전히 몸으로 겪어내면서 심경의 변화가 일어남을 느꼈다. 아이들 역시 어려운 시간을 겪고 있음을 체감하면서 교사가 아니라 학부모의 마음으로 생각하게 된 것이다. 아이들이 원해서가 아니라 주어진 여건에 순응하려다 보니 생겨난 어색한 모습들을 하나씩 이해하기 시작했다. 학생들이 보이는 학습된 무기력의 일부 원인을 학교가 제공하고 있으며, 나 역시 그 학교의 일부라는 자각이 들면서 비난과 힐난을 멈추고, 따뜻한 시선으로 아이들을 바라보기 시작한 것이다. 우리 아이들도 학교에 가면 그저 남의 집 자식들 가운데 하나로 치부되겠다고 생각하니, 나부터 태도를 바꿔야겠다고 생각했다. 적어도 학생들이 학교에 와 있는 시간만큼은 저 아이들의 아버지 노릇을 해주어야겠다고 말이다. 그

다음부터는 수업 중에 엎드려 자는 아이가 있어도 더는 미워 보이지 않았다. 그들의 입장에 서서 잠이 들 수밖에 없는 환경을 조성해준 것 같아 더 미안한 마음이었다. 한 번 혼낼 일이 있으면 두 번 어깨를 다독거리고 어깨를 툭툭 쳐주는 식으로 마음을 전했다. 애들 말로 소위 무심한 척하지만, 자상히 챙겨주는 츤데레 삼촌이 되어주는 것이다. 그 결과 내 자녀를 통해 학교 아이들이 있는 그대로 보이기 시작했다. 적어도 아이들이 성숙해지는 만큼 나 역시 교사로서 이들과 나아진 관계를 통해 한 뼘쯤 성장하지 않았을까 싶다.

나도
대한민국 중년 남성이다

인생 백 세 시대에 오십이면 이제 겨우 전반전을 치렀을 뿐인데, 오십 대 중년 남성들은 치받고 올라오는 후배들과 한 가닥 내로라하는 선배들 틈바구니에서 버티느라 이미 지쳐있다. 우리 낀 세대의 애환은 직장에서 끝나지 않는다. 연로하신 부모 세대와 아직 자립하지 못한 자녀의 뒷바라지가 한창인데 배우자와 본인의 건강에도 적신호가 켜지기 시작한다. 하지만 그들이 누구인가? 두 번 가라면 차라리 죽겠다던 군대 생활과 국제금융 외환위기로 살벌했던 구조조정 여파에도 살아남았던 백전노장 아닌가? 평생 앞만 보고 치열하게 살아왔건만, 현실에서는 꼰대 취급당하며 퇴직을 종용당하기 일쑤다. 퇴근길에 만취하여 지구대에서 오늘도 대충 수습하는 올드보이 오대수의 모습과 겹쳐 보이는 건 우연이 아니다.

오십 대는 매우 결정적이면서도 새로운 인생의 단계이다. 자신의 능력과 단점, 성공과 실패를 헤아리는 자기 성찰의 시간을 가져야 한다. 사람들, 특히 배우자와 친밀한 관계를 맺고 유지해야 하며 자신만의 동굴로 들어가 다양한 고민을 통해 혼자 보내는 시간에 익숙해져야 한다. 오십 대는 또한 위태로운 인생의 단계이기도 하다. 노안, 탈모, 체중 증가, 체력 저하, 고혈압 같은 신체 증상 변화에 놀라 스트레스를 받는다. 직장을 잃은, 또는 곧 잃게 된다는 상황만으로도 자기 정체성과 영혼이 흔들린다. 지나치게 젊음을 중시하는 사회 분위기에서 퇴물 취급을 받게 될까 두렵다. 경제적 사회적 지위의 정점인 시기임에도 자기 신체에 대한 통제력과 힘, 가족과 친구의 질병과 죽음을 보며 '분리 상실'을 경험한다. 그러나 중년에게도 희망은 충분하다. 사회에 갓 진출하던 20대 때보다 체력과 지구력, 업무 순발력은 떨어지는 대신 세월을 겪어온 노련함과 세상을 더 넓고 깊게 이해하는 혜안이 있다. 단순한 기억보다 상황을 분석하고, 아는 것을 적용하며, 과정과 결과에 대해 평가하고, 그 결과를 활용하여 새로운 대안을 찾아낼 줄 안다. 오랜 시간 넘어지고 엎어지는 실수를 통해 마음과 행동을 다스릴 줄 아는 지혜를 터득한 것이다.

퇴직까지 6년여를 앞둔 50대 남성 교사의 정신세계는 기본적으로 허탈감, 고독감, 날로 저조해진 자기 효능감이 깔려있다고 생각한다. 몸이 힘드니 마음도 따라서 힘들어한다. 뭘 해보려는 의욕이 적어지고 어제와 비슷한 오늘이 이어지는 날들이 더 많다. 아직은 현직에 있지만, 곧 닥칠 퇴임 이후의 생활을 의식하지 않을 수 없는데, 생각만 많을 뿐 막상 이렇다 할 준비도 되어있지 않다. 퇴직 이후에도 생활은 보장되어야 하므로 연금 이외에도 일정 수입을 확보하고 가족을 부양해야 한다는 의무감과 불안감이 깔려있다. 특히나 나는 8년간의 직장 경험 이후 학교로 유입된 경우라 연금 액수도 적고 퇴직 이후 바로 연금을 받지도 못한다. 두 딸내미의 대학 졸업과 취업, 혼사까지도 염려의 범위에 있으며 되도록 현직에 있을 때 큰일들이 해결(?)되었으면 하는 바람이다.

게다가 건강 상태의 변화에 따라 나도 모르게 우울감이 증가한다. 진작부터 이명과 함께 고혈압에 고지혈증을 진단받아 약물을 복용하고 있다. 최근에는 건강 진단차 가족과 함께 아무 생각 없이 안과를 찾았는데 생각도 못 한 백내장을 판정받고 내년에 재방문을 예약했다. 작년 추석에는 어깨 관절에 석회성 건염, 속칭 오십견이 발생하여 생각보다 고통스러운 체외 충격과 치료 등으로 삶의 질이 떨어지는 경험을 했다. 평소에 체력과 건강을 관리하지 않던 벌을 한 번에 받는 것 같았다. 게다가 알츠하이머성 치매 판정을 받으신 아버지는 요양병원에 입원해 계시고 어머니도 아프지 않으신 곳이 없다. 50대 남성은 부모와 본인과 자녀라는 이름의 다리 세 개 달린 향로 같다. 원숙해진 인생의 향기를 피우고 있지만, 어느 한쪽이라도 부실해지면 곧장 기울어지고 말 위태로운 모양새다. 나부터 건강하기도 바쁜데 한 집안의 장남이자 맏사위로 살펴야 할 일들이 많아 늘 어깨가 무겁다. 살펴야 할 일들을 제대로 살피지 못하며 산다는 마음의 부담 또한 여전하다.

50대에 접어든 이후 어느새 담임 노릇이 체력적으로 힘들기 시작한다. 늘 원기 왕성한 막내 조카뻘 10대 학생들의 넘치는 에너지를 따라

가기 벅차다. 게다가 그들과의 정신세계에도 격차가 생겼다. 10대 특유의 비속어나 줄임말을 알아듣기 어려워지고 고무공 튀는 듯 종잡을 수 없는 돌발 행동에 지쳐간다. 20대 젊은 담임들의 패기와 체력이 한편 부럽기도 하다. '나도 한때는 저런 때가 있었는데….'라는 푸념이 절로 나온다. 시력도 예전과 같지 않아 한참 책을 보려니 눈이 침침해 온다. 업무를 처리하는 속도가 점차 느려지는 불편함도 있다. 교직이니 망정이지 일반 회사 같았으면 진작에 정리해고 당하고도 남았을 나이 아닌가를 되뇌며 오늘 하루도 이만한 게 어디냐며 감사의 기도를 올린다. 그러고는 이게 곧 타성에 젖은 것 아니고 무엇이겠냐며 자조한다. 나이 드신 선생님들이 허허 웃는 너털웃음 속에서 이따금 추레한(?) 모습을 발견할 때마다 나는 저렇게 나이 들지 말아야지 다짐했던 기억을 떠올린다. 그런데 지금의 내가 영락없는 그 모습이다. 결과적으로 괄괄했던 성격이 조금 너그러워진 것 같고 밉게 보이던 아이들이 점점 더 이뻐 보인다면, 나이를 먹었다는 증거다. 다행히도 우리 학교는 기본적으로 심성착한 아이들이 대부분이라 다른 학교들이 겪는 문제에서는 조금 비켜나 있고, 무엇보다 맞닥뜨리는 민원의 숫자가 드문 편이다. 선생님들을 극단적인 선택으로까지 몰고 가는 민원의 막강한 힘을 좀처럼 만나기 어려운 사립 남자 고등학교다. 이런 고마운 여건이라는 생각이 들 때마다 학생들에게 더욱 정성을 기울여야겠다고 다짐해본다.

우리는 매일 성장한다

교사가 된 이후 가장 심적으로 우려한 것은 교직이라는 직업이 주는 안정적인 여건과 생활 환경에 살면서 매일 똑같이 반복되는 타성에 젖는 것이었다. 물론 학교라는 울타리 안에서도 자잘한 삶의 변화가 있지 않으냐 말할 수 있다. 사실 교직은 학년제에 따라 1년을 주기로 모든 것이 리셋되는 환경이다. 공립학교 교사라면 전근이라는 제도에 따라 새로운 환경에 적응할 필요가 있겠지만, 사립은 대개 수십 년씩 근무하다 은퇴하는 게 일반적이다. 한 학교 울타리 안에서 같은 선생님들과 학생들하고만 부대끼며 살다 보면 세상 물정에 어둡고 어리숙하다는 소리를 듣기 마련이다. 그런 부작용을 피하고 교사라는 세계에 매몰되지 않는 자연인의 취미생활 또는 자기 계발을 위해 나는 '토스트마스터즈'를 활용하고 있다. 끊임없이 새로운 사람들과 상호작용 함으로써 활기찬 대인관계와 함께 영어 사용능력을 유지 발전시키니 일거양득이다.

다섯 번째 삶.   교사가 아닌 난 누구?

토스트마스터즈 예찬론

　고등학교 교육과정에는 영어 읽기 과목 외에도 영어 회화를 선택과목으로 두고 있는데, 평소에 관심을 두어 오던 중 어느 해인가 이 과목을 자진해서 맡게 되었다. 그러고는 곧바로 후회했다. 읽고 이해하는 독해 과목에 치중한 나머지 회화 수업에 필요한 만큼 최소한의 자유로운 의사 표현능력이 거의 막혀있는 자신을 발견한 것이다. 기본적으로 외국어를 가르치는 처지에서 외국어가 입에 붙지 않으면 배우는 학생들에게 도리가 아니라는 생각도 있었고, 학생들에게는 양질의 영어입력 기회를 줄 수 있고, 내게는 영어 사용능력을 유지하는 좋은 구실이라 생각했다. 겨울방학 들어 회화 과목을 맡기로 결심한 직후 자택 근처의 회화 클럽을 찾다가 부평구청역 인근의 어느 모임을 발견했다. 매주 토요일과 일요일 석 달간 주말을 포기해가며 공부한 결과 예전만큼은 아니지만, 수업 진행에 무리가 없을 정도는 되었다.

　그러나 이 모임에는 결정적인 단점이 있었으니, 자유로운 발언의 기회를 가질 수 있던 반면 나의 영어 사용능력에 대해 제대로 된 환류, 즉 되먹임 작용(feedback)이 없다는 것이었다. 이런 점에 목말라한 모습을 보고 학교 후배가 이름도 낯선 토스트마스터즈를 소개하였고, 2018년 6월 이후로 지금까지 생활의 일부가 되었다. 매주 일요일을 종교행사 다니듯 하니(클럽마다 모이는 요일이 다르다) 좋아할 리 없던 마나님이었으나, 지금은 영어영문학과에 재학 중인 작은 딸과 함께 활동한다고 더욱 반긴다. 현재는 고등학교에 이 시스템을 '영어발표와 토론' 과목으로 도입할 방법을 진지하게 고민하고 있다.

　토스트를 기가 막히게 잘 구워서가 아니라, '모임의 사회자'라는 뜻을 지닌 토스트마스터즈(toastmasters, 이하 토마)*는 회원들의 연설과 리더십을 연습하고 개발할 수 있도록 운영되고 있는 국제 비영리 교육단체로, 회원들은 주기적인 모임을 통해 무대 공포증 극복, 프레젠테이션에 대한 자신감, 능숙한 진행, 효과적인 피드백 주기 등 각자 원하는 커뮤니케이션과 리더십 능력을 개발하고 있다. 1924년 미국에서 처음 시작되어 현재 143개국 16,600개의 클럽에서 357,000여 명의 회원이 활동하고 있으며 영어 혹은 모국어로 모임이 진행되고 있다. 세계 각국에서 이렇게 많은 사람이 토마에 참여하는 이유는 바로 체계적이고 독특한 비영리 교육프로그램 때문이며, 토마 클럽의 미션 선언문에서와 같이 모임의 취지를 분명히 하고 있다.

> We provide a supportive and positive learning experience in which members are empowered to develop communication and leadership skills, resulting in greater self-confidence and personal growth.
> (우리는 회원들이 의사소통 및 리더십 기술을 개발하여 더 큰 자신감과 개인적 성장을 이룰 수 있도록 지원하고, 긍정적인 학습 경험을 제공합니다.)

---

* 홈페이지 https://www.toastmasters.org 참조

이처럼 모임에 참가한 회원들은 서로 돕고자 하는 클럽 분위기 속에서 필요한 능력을 개발하며 한 걸음씩 성장하고 있다. 비단 회원으로서의 활동뿐 아니라, 본인만 원한다면 클럽 운영진으로도 활약할 수 있으며 점차 활동 범위를 넓혀가면 전국 단위의 모임에서 간부로 활동할 수도 있다. 코로나19 확산의 여파에도 불구하고 넓어진 인맥과 향상된 영어발표 능력을 덤으로 얻게 되었으니 권유를 마다할 이유가 없다. 어학능력이 필요하거나 영어 말하기에 관심 있는 분들에게는 결코 후회 없는 선택이 될 것을 확신한다.

이렇게 훌륭한 모임과 함께한 지도 벌써 6년이 되어가는데, 어려움은 여전히 큰 편이다. 참여자 대부분은 여러 사람들 앞에 서야하기에 무대공포증을 어려움의 이유로 꼽았다. 하지만 교사인 나는 무대공포증 보다는 눈에 띄게 떨어지는 기억력이 문제였다. 내 머리에서 나와 직접 적은 원고의 내용인데 대중들 앞에 나서면 머릿속이 하얘지면서 기억나지 않는 것이다. 사물의 작동 원리를 이해하는 능력은 나이 먹듯 자연스럽게 늘어가지만, 어제 먹었던 점심 식단은 물론, 금방 해야할 일도 놓치고 뭘 하려고 했는지 헤매는 경우가 있다. 초기 증상을 보인 9년 후에 치매가 온다는 얘기를 비롯하여, 치매 증상으로 요양병원에 계신 아버지의 경우가 겹쳐 사실은 매우 걱정스러움을 실토해야겠다. 혹자는 고스톱 게임이 치매를 예방한다고 농담하던데, 사실 가장 효과적인 방법은 책을 읽고 서평을 쓰는 행위라고 한다. 다분히 치매 예방을 위한 나의 취미생활과는 별개로 치매 증상 염려증이라도 생긴 것일까?

사실은 토마라는 취미생활을 하는 자체로도 큰 공부다. 이곳을 찾는 회원들의 면면을 보면, 주로 그들의 생업이 영어 사용과 밀접한 관계가 있는 경우가 대부분이다. 한국에서 영어가 밥벌이와 관련 있는 직종이라면 필시 전문직이며 해당 분야의 고수일 확률이 높다. 영어 사용 능력과 직업의 상관도가 정비례하는 한편 빈익빈 부익부 현상의 일부라는 비난도 있을 수 있겠다. 그러나 토마를 단순히 취미생활로 하기에는 물리적, 금전적 부담이 될 것이므로 이를 감수하고라도 참여하는 데에는 반드시 생업과 밀접한 관련이 있을 것으로 짐작한다. 본래 영어는 의사소통을 원활히 해주는 도구 과목의 성격을 지닌다. 그러니 영어 사용능력은 기술이라기보다 기능에 가깝다. 자전거 타기를 한 번 배워두면 한참이 지난 뒤에 타더라도 기억이 돌아오는 것처럼, 영어도 그러해야 한다. 더구나 영어 선생님이라면 일정 수준의 기능을 유지할 필요가 있다. 이처럼 도구여야 할 영어가 시험 과목의 하나로 취급받는 현실이 그리 달갑지는 않다. 살아있는 언어로서 영어의 역할을 염두에 두는 것, 이것이 토마와 함께하면서 늘 갖는 생각이다. 직접 영어를 사용해 볼 수 있을 뿐 아니라 나의 영어 능력에 대한 환류(feedback) 내지는 평가(evaluation)까지 적나라하게 받아 볼 수 있는 시스템은 단연코 토마가 이상적이다.

인생의 지평을 넓히는 서평

서평을 독후감이라 생각할 수도 있는데, 이 둘은 겹치기도 하지만 분명히 다른 영역이 있다. 책을 읽은 소감이 독후감이라면, 서평은 그것 외에도 책에 대한 객관적인 정보를 얹어 줄 수 있어야 한다는 점이 중요하다. 아직 책을 읽지 않은 미래의 독자에게 책에 대한 정보를 제공함으로써 책의 선택권과 저자의 주장 또는 주제에 대한 초점 맞추기를 도울 수 있어야 한다. 가령 축구 시합을 관전할 때 축구에 관심 많은 팬이 일반 팬보다 경기를 더욱 재미있고 깊이 있는 시각으로 바라볼 수 있는 것과 같은 이치다. 만약 서평이라는 취미생활을 하고픈 독자라면 서평에 관한 안내서를 먼저 접한 뒤부터 시작하실 것을 권유해 드린다. 다행히도 시중에 서평 관련한 책이 많이 나와 있다. 책을 읽고 자유롭게 글을 쓰는 것도 좋지만, 아무래도 서평을 전제로 독서를 하게 되면 책을 대하는 태도부터 달라지며, 책에 대한 객관적인 정보가 미래의 독자에게 '반드시' 전달되어야 한다는 일종의 사명감이 생기기도 한다. 서평을 어떻게 써야 할지 막막하다면 서평을 전문으로 하는 잡지 '서울 리뷰 오브 북스'를 추천한다. 우리나라에서 거의 유일한 서평 전문 잡지인데, 서평을 어떤 식으로 쓰고 어떻게 해야 독자에게 읽히는 서평이 되는지 알려주는 좋은 사례를 제시하고 있다.

서평을 씀으로 인해 얻을 수 있는 혜택은 꽤 많다. 첫째, 읽기와 쓰기 기술이 나아지면서 독서 능력이 좋아지고 둘째, 좋은 글을 인용하면서 어휘력, 표현력, 문장력이 향상되며 셋째, 논문처럼 길고 깊은 호흡의 문장을 쓰는 기초 체력을 다질 수 있으며 넷째, 문장이 지식과 통찰의 전달자 역할을 하면서 텍스트의 내용을 풍부하게 할 수 있다. 부수적인 이점으로는 머리가 좋아지며 치매를 예방하는 효과가 있다는 말을 믿게 된다. 굳이 서평 쓰기가 아니더라도 우리가 몰랐던 일반적인 글쓰기의 장점은 생각보다 많다. 관찰력과 생각하는 힘 같은 지적 능력이 높아지고, 책 읽기의 완성도가 높아지며, 마음을 치유하는 효과가 있으며, 삶의 밀도를 높여주고, 퍼스널 브랜딩을 가능하게 하며, 심지어 글을 잘 쓰면 '있어' 보이기까지 한다. 그러나 단연 마음을 끄는 장점은 나이 들어서도 즐길 수 있다는 점이다. 별도의 밑천이나 기술 없이도 꾸준함만 있으면 된다. 지금은 거의 강제로 100세까지 사는 시대이니만큼 운이 좋다면 은퇴 이후 글을 써서 수입을 올릴 수 있는 강력한 자산이기도 하다. 그러나 무엇보다 가장 은혜로운 글쓰기의 장점은 글을 쓰는 순간만큼은 글쓰기에 집중함으로써 모든 걱정 근심을 덜어낼 수 있다는 점이다. 행복한 인생을 원한다면 글쓰기만큼 좋은 방법은 없을 것이다.

내가 서평을 쓰기 시작한 데에는 세 가지 이유가 있다. 첫째, 이사를 앞둔 어느 날 책을 정리하던 중 제목은 용케 기억나는데 들춰보니 내용은 거의 기억나지 않아 적잖은 충격을 받았고, 앞으로는 책을 읽으면 서평을 써야겠다고 작심했다. 둘째, 책 내용을 잘 기억해 두었다가 수업에 활용하고 싶었다. 이른바 생계형 서평 쓰기다. 원래 어학은 잡학이라고 했다. 언어로 다루지 못하는 학문은 없다는 얘기처럼 영어 지문에 등장하는 수많은 이야기의 배경지식을 설명할 때 아주 요긴하게 쓰이겠다고 생각했다. 셋째는 좀 즐겁지 않은 사유다. 아버지가 몇 년 전 알츠하이머 치매를 진단받으신 이후 한동안 식구들과의 의사소통에 어려운 점이 많았다. 평소 기억력이 신통치 않아 늘 뭔가를 잘 깜빡하는데 그럴 때마다 내심 아버지를 닮아가는 것 아닌가 싶어 불안한 마음에 치매 예방 차원에서 글쓰기를 결심하게 되었다.

2019년 첫해에 연간 100권의 책을 읽고 서평을 써보자고 결심하였고, 뜻밖에도 목표를 초과 달성하는 결과를 얻었다. 한편으로 시도는 좋았으나 결과는 썩 마음에 들지 않았다. 목표에 얽매여 많이 읽는 대신 깊이 읽지 못하는 단점을 발견한 것이다. 게다가 일상생활에서 깜빡 잊는 습관은 크게 나아지지 않았다. 대신 새롭고 재미난 점은 눈에 띄게 많아졌다. 나중에라도 사랑하는 식구들에게 나를 기억해줄 무언가를 줄 수 있겠다는 뿌듯함이랄까. 2020년 두 해째부터는 질적 독서로 전환하여, 한 달에 다섯 권, 한 해에 60권으로 제한하고 더 깊이 있는 읽고 쓰기에 주력하기로 했다. 이런 식으로 계속하다 보니 어느덧 네 권째 작업을 마쳐놓은 상태다.

서평 쓰기 활동 중 옆지기(아내)에게 자주 들었던 질문은 책을 그렇게 많이 읽으면 밥이 나오나 돈이 생기나, 사람은 매일 그 모양 그대로인데 도대체 뭐가 나아진다는 거냐는 것이었다. 책 조금 읽었다고 사람이 그리 빨리 바뀔 것 같으면 책 안 읽을 사람이 어디 있겠나 싶지만, 나도 누구 못지않게 확 좋아진 모습을 보여주고 싶었다. 그러던 어느 날, 옆지기가 제본된 서평집 한 권을 들고 나가더니 책 좋아한다는 고객을 만났는데 서평집이 마음에 든다며 계약 한 건을 성사한 이후로는 고맙게도 별다른 얘기를 하지 않는다. 책을 좀 읽고 쓴다고 별안간 건달이 성인으로 탈바꿈하지는 않는다. 책은 저자가 세상을 바라보려 열어 둔 창문과 같다. 어떤 마음, 어떤 시각으로 바라보는지 제각각인 창문을 되도록 많이 열어 두면 그만큼 세상을 바라보고 수용하는 시야가 넓어지는 셈이다.

앞서 말한 토마 모임에서 누구나 서평을 쓸 수 있다는 점과 그로 인해 얻는 유익함에 대하여 두 차례 강연을 한 바 있었다. 처음부터 계획한 바는 아니지만, 주변인들이 서평 쓰는 취미를 알게 되면서 서평을 주제로 한 강연을 요청받게 된 것이다. 금전적 이득은 전혀 없지만 순수한 취미활동으로 나의 존재를 알리는 데 큰 의의를 두었다. 또 때로는 서평 자체가 자칫 빈곤해지기 쉬운 연설의 훌륭한 소재가 되기도 한다. 최근 세간의 인기를 끌었던 책 내용을 압축 요약하고, 사례를 들고, 자신의 이야기로 살을 붙인다. 글 잘 쓰는 작가의 탄탄한 구성력과 살짝 웃기게 각색한 이야기가 적절히 섞이면 그 자체로 매력적인 원고가 탄생한다. 한 달간 발표 연습을 거쳐 회원들에게 선보이면 그만한 즐길 거리도 없다. 한 취미가 다른 취미생활에 선한 영향력을 끼치는 셈이다.

서평 쓰기 자체도 흥미로운 취미이지만, 서평 활동으로 인해 파생되는 또 다른 인생의 재미가 있다. 블로그에 서평을 올렸더니 그 책의 저자가 직접 방문하여 댓글을 달아준다던가, 그렇게 이뤄진 연락 끝에 페이스북 친구가 되고, 저자 강연회 또는 북 토크쇼에 초대되고, 출판사의 서평단으로 위촉되기도 하고, 저자가 대학의 교수인 경우 연구실을 직접 방문하여 대화를 나누는 등 친교의 시간을 갖기도 했다. 또한, 지인의 소개로 골프전문 인터넷 신문의 편집자와 연락이 닿아 아예 정기적으로 서평 칼럼을 2년째 기고하고 있다. 이러한 인연이 쌓여 이 책을 쓰는 기회도 생겼다.

서평의 대상인 책은 주로 크고 작은 인터넷 서점이나 클럽에 응모하여 얻는다. 책을 받았으면 반드시 기한 내 작성해 주는 게 불문율이다. 작성한 서평은 출판사의 요구에 따라 인터넷 서점에도 올리곤 하는데, 어느 날 서점 계정에 도저히 출처를 알 수 없는 적립금이 쌓여 있는 걸 발견했다. 예치금을 보낸 사실도 없는데 웬 적립금인가 이상하다 싶었다. 인터넷 서점에서는 자체적으로 잘 쓴 서평을 골라 시상금을 주기도 한다는 사실을 뒤늦게 발견했다. 서평을 쓸 때마다 잠재적인 독자에게 책에 대한 객관적인 정보를 제공해야 한다는 나름의 원칙을 지키려 애썼고, 그 결과 예스24에서 두 차례, 알라딘에서 한 차례 '이주의 당선작'에 뽑히기도 했다. 사소하지만 누군가로부터 인정을 받는 이 뿌듯함이란~! 이쯤 되니 서평이라는 취미생활은 상당한 삶의 활력소가 되어주고 있다.

혹시라도 글쓰기를 염두에 둔 독자를 위해 글쓰기 부담을 덜어주는 방법을 한 가지 알려드린다. 모 출판사의 편집장이라면서 DM을 보내왔다. 한 달에 벽돌 책 한 권씩을 독파하는 온라인 독서 모임인데, 매일 20~30쪽 분량을 읽고 발췌한 부분과 그에 대한 단상을 적어 단체 채팅방에 공유하고 매달 90% 이상의 완성도를 보이면 일정 액수의 도서 지원금을 준다는 것이었다. 정해진 형식도 없고 자유로운 글쓰기가 보장되었다. 밑져야 본전이란 생각으로 한 두어 달 해보자고 시작했는데 이 활동이 벌써 1년을 넘기고 있다. 그간 읽은 벽돌 책을 쌓아 올린 높이도 상당하고 은근히 자부심도 생겼다. 물론 각 책에 대한 서평을 따로 적기도 했고 인터넷 책방에서 시상금을 받기도 했다. 책 읽는 습관도 들이고 글 쓰는 연습도 하고 이거야말로 일거양득 아닌가.

05

삶의 다양성을 추구하다

문과생이 푸는 삼각함수, 당구

학교에서 당구를 좋아하는 선생님 넷이 모여서 모임을 결성했다. 이름하여 매월당(매주 월요일 당구) 모임. 짓고 보니 조선 말기의 문인 김시습의 호와 발음이 같았다. 특이하게도 네 선생님 모두 외국어과 교사다. 이 모임 활동을 얼마나 좋아했냐면 일요일 저녁부터 월요일 퇴근 시간이 오기를 기다릴 정도로 애착을 두고 있었다. 또 어느 해인가는 특별활동으로 당구반을 결성하여 학생들을 지도하면서 즐겁게 지내기도 했다. 주말을 지낸 직장인들이 가장 힘들어한다는 월요일이라 월요병이 생긴다지만, 그런 게 생길 이유가 없었다. 혹자는 교사가 수업이나 방과후 활동 이외의 수단을 통해 환기구를 찾는다니 약간은 의외라 여길지도 모른다. 선생님들과는 식사비와 게임비도 함께 해결하곤 했다. 식사비는 단골 식당에서 한 명씩 돌아가며 내었고, 게임비는 승부와 관계없이 1/N로 해결했다. 게다가 적어도 월요병이란 걸 모르고 살게 되는 이점 덕분에 이 모임은 10년 가까이 유지되었다. 아쉽게도 네 회원 가운데 한 분이 작년에 정년퇴임을 하셔서 선수가 모자라는 바람에 현재는 대기 상태로 남아 있다. 태권도나 바둑의 급수와 달리 일반적으로 당구인들에게 검증된 당구수(수지)는 없다. 특정된 산출 방식에 의해 당구 수지가 정해진다기보다는 주위 사람들과 비교하거나 당구를 잘 치는 고점자의 조언으로 당구 수지를 결정하는 경우가 많다. 그러다 보니 분쟁의 소지가 많이 발생하는데 그렇다고 한국 당구협회에서 인증서를 발행하지도 않는다.

당구 시합을 하면서 드러나는 회원들의 성격도 저마다 달랐는데, 평소 볼 수 없었던 모습을 발견할 수 있어 흥미로웠다. 유난히 승부에 집착하는 만능 스포츠맨 강 선생님, 타인의 꼬임에 절대 솔깃하지 않은 고집쟁이 최 선생님, 가장 여유로운 인품으로 모두의 형님이었던 또 다른 최 선생님, 굳이 쉬운 득점의 기회를 두고 난구 풀이를 좋아한다고 핀잔 듣던 본인 등 성격도 취향도 저마다인 선생님들이 한데 어우러졌다. 웬만한 남성이라면 좋아하는 축구의 경우 수렵 채집 시대에 토끼를 쫓던 사냥 본능이 운동으로 발전된 것으로, 남자들은 서로 몸을 부대껴 가며 경쟁적으로 함께 움직이는 활동을 좋아하도록 진화했다. 만약 축구가 세상에 없었더라면 인류는 스트레스를 해소할 수 없어서 전쟁으로 이미 멸망했을지도 모른다는 말이 있다. 축구의 세계적인 인기에 비할 바는 아니겠지만 당구장은 친목과 경쟁, 오락과 운동을 동시에 해결하는 이상적인 놀이터인 셈이다. 천하일미 짜장면 내기를 위해 주변에서 누가 당구장에 간다고 하면 게임비는 못 보태줄망정 대~한민국~! 응원의 손뼉을 치며 보내주시길.

신나게 두드려 봅시다, 드럼

2014년 가을, 아내가 유방암 3기를 판정받았다. 수술과 방사선 항암치료, 약 복용을 처방받았고 온 가족이 병시중을 들며 1년간 힘든 한 해를 보냈다. 아내는 환자로, 중학생 아이들은 사춘기로, 아빠는 갱년기로 서로 힘든 시간이었다. 암 치료가 어느 정도 안정기에 접어들던 2015년 말, 얼마간의 금액을 선뜻 건네주며 하고 싶은 거 있으면 하라시는 아내의 응원 덕분에 그 길로 집 근처 드럼 동호회를 찾아갔다. 제대로 고맙다는 표현은 못 했지만, 당시는 적잖이 고마웠다. 드럼은 인간의 심장소리를 닮은 가장 원초적이고 매력적인 소리를 내는 타악기다. 어떤 음악을 들어도 유난히 드럼 소리가 귀에 들어온다 싶더니 내게도 이런 기회가 생겼다. 주말이면 거의 어김없이 끼니를 연습실에서 해결해가면서 살다시피 했다. 아내는 아마 주말마다 남편을 빼앗기는 것 같은 기분이었을 것이다. 암 발병으로 가장 힘든 건 물론 환자 자신이겠지만, 환자를 돌보는 가족에게도 스트레스는 쌓인다. 드럼을 배우고 신나게 두드리면서 짧은 순간이나마 모든 고민 걱정을 잊을 수 있었다.

드럼을 연주하려면 두 팔과 두 다리가 '따로 또 같이' 움직이는 훈련을 거쳐야 한다. 왼발은 4비트나 8비트로 박자를 세는 동시에 하이햇의 '치익~' 소리를 조절한다. 왼손과 오른발은 각기 스네어 드럼과 베이스 드럼을 연주한다. 가장 바쁜 오른손은 하이햇을 포함한 모든 드럼을 고루 다루어 준다. 이 모든 동작이 한꺼번에 제각기 이루어져야 하고 실제로 상당한 운동 효과가 있다. 장시간 앉아 연습하는 경우가 흔해서 허리에 가중되는 체중을 분산시키는 등받이 의자를 사용하기도 한다. 허릿심이 좋지 않은 나의 경우는 연습 중에도 종종 허리가 뻐근해서 한참을 누워 있기도 했다. 그럼에도 중도에 멈추거나 포기하지 않고 연습에 몰두했다. 한 곡을 완주할 때마다 느끼는 통쾌함으로 도파민의 물결에 샤워할 수 있으니까.

드럼 동호회도 사람 사는 곳이다. 배움의 기회도 소중하지만, 강사를 중심으로 동문수학하는 수강생들에게도 나이 들어 새로운 것을 배우는 나름의 애환이 있다. 휴게실에 앉아 누군가 수강하는 소리를 듣노라면 학습의 진도나 드럼 실력은 물론 사람의 성격까지도 반 점쟁이가 되어 알아맞힌다. 마치 담임 선생님 같은 강사의 특징은 수강생들 사이에서 삽시간에 공유되며 이들과의 친교 시간 역시 새로운 의미로 다가온다. 특히 토요일 오전 수업을 함께 한 이들은 점심을 함께 들고 당구 게임을 즐기기도 한다. 거의 온종일 드럼 연습을 하며 하루를 보내는 이가 대부분이었다. 서로 우호적인 분위기는 정기 발표회 및 등산과 MT 등 친교의 기회로 이어졌다. 상조회는 아니지만, 강사님의 첫아기 돌잔치에 참여하는 등 각종 애경사에 참여하기도 했다. 교사라는 직분을 내려놓고 가장 자연인답게 사는 소중한 순간이었다. 동호회 모임의 운영진이 되어 직간접으로 운영해보는 기회도 있었다. 지금 당장은 여력이 없어 실현하지 못하지만, 돈을 모아 자신을 위한 선물 1번 항목으로 전자 드럼을 사들이는 상상을 하기도 한다. 아이들이 고3 수험생이 되는 바람에 중단하고 4년이 지난 지금도 드럼은 언제나 돌아가고픈 취미생활 우선순위이다. 드럼 중독이 이렇게 위험하다.

재활 치료로 시작한 자전거

2012년, 군대에서 작업하다 다친 이후로 25년간 고질병이었던 추간판 탈출증과 협착증으로 허리를 수술했다. 요추 4번과 5번 사이에 심을 박고 티타늄 연결고리를 달았다. 의사로부터 재활 차원에서 자전거 타기를 권유받았다. 처음에는 지인으로부터 얻은 중고 MTB로 동네 마실을 다니곤 하다가, 때마침 조성된 인천 아라뱃길을 다니며 본격적으로 재활을 시작했다. 이 활동을 소재로 SNS 페이스북에 글을 올리다 보니 비슷한 관심사를 가진 속칭 페친(페이스북 친구)을 면대면으로 만나게 되었다. 그는 당시 모 대학의 교수님이셨고 이제 갓 라이딩에 입문한 나와는 상대도 안 되는 고수로 이미 인천에서 부산까지 종단을 경험하신 분이었다. 장비를 탓하고 싶지는 않지만, 자전거 자체의 무게가 있어 둘이 함께 다니는데 자꾸 뒤로 처지는 바람에 무거운 철TB(철제 MTB)에서 로드용으로 바꾸는 계기가 되었다. 그와는 나이도 한 살 터울이라 호형호제하며 오늘날까지 인연을 이어가고 있다. 영상과 방송 분야에서 대학을 탐방하는 학교 진로 진학 프로그램에 직간접으로 많은 도움을 준 은 인이기도 하다.

　자전거의 엔진은 인간의 2기통 두 다리이며 속도는 허벅지 두께에 비례한다고 한다. 이 매력적인 탈것은 온전히 사람의 힘으로 움직이며 교통 법규상 무동력 자전차로 분류된다. 차도에서 차량과 나란히 달릴 수 있는 어엿한 무동력 기관이다. 때로 운전자의 처지에서는 성가시게도 보호해야 할 느리게 다니는 장애물로 여겨진다. 만일 자전거와 자동차가 접촉 사고를 일으켰을 때 법규는 절대 약자인 자전거를 편든다. 자동차에 비해 마땅한 자기방어 수단이 없기 때문이다. 가장 안전한 운행은 자전거 전용 도로를 이용하는 것인데, 주로 안전 차원에서 자동차의 진입이 제한되는 강변을 따라 조성되어 있다. 원한다면 인천 아라뱃길에서 부산까지 종단할 수 있는 도로망을 이용할 수 있다. 애초에 자전거를 타게 된 계기가 재활 치료였으므로 다리의 근육부터 키우고 차근차근 타면 되는 것인데, 흔히들 하는 실수로 차량 업그레이드에 정신이 팔려 로드용 자전거에 입문하게 되었다. 한동안은 자전거에 열중하느라 평일 저녁 퇴근하기 바쁘게 끌고 나가기도 했다. 성격상 무언가 한 가지에 빠지면 몰입하는 습관은 좋은 것이나, 반복되는 단점이라면 자의든 타의든 서너 해를 못 넘긴다는 점이다.

　자전거는 날씨의 지배적인 영향을 받는다. 바람이 세게 부는 날이나 우천 시에는 될 수 있으면 이용하지 않는 것이 안전하다. 미끄러지거나 넘어졌을 때 신체를 보호할 수 있는 장갑과 헬멧은 필수다. 안전 장구를 착용해도 부상을 막지는 못한다. 모래가 깔린 도로에서 미끄러져 손목이 삐긋하고 앞니가 부러지기도 했다. 한 번 화물차에 가볍게 받혀 도랑에 고꾸라져본 경험이 생긴 후로는 더우나 추우나 안전 장구를 챙기는 습관이 생겼다. 재활 차원이라 장거리는 사실 좀 무리가 따르므로 자택에서 가까운 곳 위주로 반경 20km 이내를 애용한다. 운동과 친교를 한번에 해결하는 방법으로 25km 거리의 행주산성 국숫집에서 점심 약속을 하고 다녀오기도 한다.

개인적 취미생활인 자전거를 사제동행의 영역으로 활용하기도 했다. 2016년 2학년 우리 학급에서 자전거로 통학하는 학생들을 선동(?)하여 다섯 명을 선발하였고 이들과 격주로 라이딩에 나섰다. 한 주는 내가 미리 답사를 다녀오고, 다음 주에 동행하는 식이었다. 한강 합수부, 서울숲, 백암 저수지, 아라뱃길 정서진, 대형 공원 등 자전거 전용도로를 이용하기 쉬운 곳 위주로 찾았다. 함께 땀을 흘리고 난 후의 식사는 가성비 좋은 인근의 순댓국집에서 해결하곤 했는데, 그러다 보니 결과적으로는 순댓국 맛집 순례를 한 셈이었다. 지금 생각하면 참 무모한 사제동행이었는데, 학교에는 어떤 공식 요청도 하지 않고 개인적으로 진행했다는 점에서였다. 천만다행으로 아무런 불상사도 일어나지 않았기에 망정이지, 지금 생각하면 참으로 아찔하다. 당시 자전거를 함께 탔던 학생들은 소위 진학이 유망한 상위권은 아니었고 오히려 그 반대였다. 그러나 지금은 신통하게도 다들 대학에 잘 진학해서 과 수석 장학금을 받거나 대학원 국비 장학생이 되었다. 이 녀석들은 자전거를 타는 바람에 체력이 좋아졌고 결과적으로 공부에 도움이 되었다고 농담하곤 한다.

세상 제일 재미있는 배드민턴

새로 오신 체육 선생님의 전공이 배드민턴이라는 소문이 돌았다. 확인해 보니 전국 A조 선수였단다. 체육관에서 시범을 보이는데 너무도 가볍게 몸을 움직이는 것이 마치 무술 시범을 보는 듯했다. 당시 방송의 영향으로 이 선생님이 오시기 전부터 '라켓 소년단'이라는 이름으로 학교에 배드민턴 바람이 불었고 방과 후 수업까지 개설되었다. 곧 체육 선생님을 중심으로 뜻이 맞는 선생님들끼리 동호회가 결성되었고 이십여 명 가운데 한 회원이 되었다. 하루 종일 얼굴 한 번 보기 힘든 선생님들도 회원 대화방에서 대화를 나누는 긍정적인 영향력을 끼쳤다. 회원 선생님들에게는 체력도 기초도 아무것도 없는 약수터 수준의 순수 동호회였는데, 갑자기 구심력이 생긴 것이다.

운동 첫날 장난감 같은 학생용 라켓을 빌려 쓰다가 신발과 라켓만큼은 꼭 제대로 된 것을 갖춰야 한다는 권유에 따라 하나둘 마련해 제법 구색도 갖추었다. 살다 보니 때로는 팔랑귀가 이렇게 좋은 면도 있다. 누군가의 도움 없이는 불가능했지만, 이제는 혼자서도 라켓 그립을 갈아 끼우거나 바닥에 떨어진 셔틀을 허리 구부려 줍지 않아도 라켓으로 떠올리는 간단한 기술을 흉내 내기도 한다. 여세를 몰아 이듬해에는 친한 선생님과 함께 아예 배드민턴 특별활동반을 결성했다. 배움의 힘은 컸다. 겨우 한 학기 배운 실력으로 아예 기초가 없는 학생들을 가르칠 정도는 되었다. 급기야 시간을 쪼개어 선생님들의 코치를 봐주던 체육 선생님이 짬을 낼 수 없게 되자 외부 시설의 코치를 영입하시라 권유하기에 이른다. 주변을 찾아본 끝에 인근 체육시설에서 근무하는 실업팀 선수 출신의 코치님을 영입하여, 한 학기 동안 단체 레슨을 받으면서 실력을 키워갔다. 학교 체육관 시설을 이용하기로 하고 일주일에 두 번씩 수업을 받았다. 본래 취미활동에는 별도의 시간과 비용 그리고 환경이 중요하다. 다행히도 학교 환경이라 언제든 무료로 사용할 수 있는 근사한 체육관과 선수 출신 코치님의 친절 자상한 지도 덕분에 자세를 잡아가며 규칙에 따른 복식 경기를 즐길 수 있었다.

레슨을 받으면서 시작한 지 단 1분 만에도 사람이 숨이 차서 죽을 수도 있겠구나 농담하며 서로 숨을 헉헉대고 땀을 흘리면서 차츰 실력이 늘어갈 무렵, 무릎이 심각하게 아팠다. 한의원을 찾아 배드민턴 때문에 무릎이 아프다고 했더니 차라리 다른 운동을 하라며 만류한다. 그런데 한 번 재미를 들이니 포기가 안 되는 것이었다. 아예 무릎 보호대를 사서 착용해가며 극성스럽게 배웠다. 처음 라켓을 잡았을 때는 상상도 못했던 자세와 속도로 셔틀을 쳐내는 자신을 발견하고 '아 이런 것이 성장이구나.' 느낌을 받았다. 역시 노력은 헛되지 않는다는 기쁨을 맛보았다.

단체 레슨으로 실력이 나아진 선생님들은 정기고사에 때맞춰 자체 대회를 열고 친목을 도모하기도 했으며, 비공식적인 선생님들의 모임으로는 최다 참여 인원을 자랑했다. 그러던 중 고교학점제의 영향으로 바빠진 회원 선생님들의 운동할 시간이 줄어들더니 급기야 올해는 제대로 모여 볼 기회조차 없어 아쉬움을 남긴다. 이 교사 동호회는 비록 활동한 기간은 짧지만 강렬한 인상을 남겼다. 순수하게 자발적인 모임으로 선생님들의 운동 욕구를 해소하고 친목을 도모하였으며, 사적인 영역이었음에도 공적인 학교업무 영역을 서로 도와가며 일하는 데 긍정적인 영향을 주었기 때문이다. 그뿐만 아니라 배드민턴을 매개체로 학생들과 함께하는 시간을 벌 수 있어서 특히 인상적이었다. 체육관에서 방과 후 수업을 마친 체대 입시반 학생들과 야간자습하느라 저녁 급식을 마치고 나온 학생들 위주로 배드민턴 붐이 일었다. 오로지 이 활동을 위해 새로 배드민턴 라켓을 장만하는 학생들도 눈에 띄었다. 한참 원기 왕성할 나이의 학생들을 상대하거나 한 팀이 되어 함께 땀 흘리며 경기를 즐겼다. 즐거움과 건강이 함께하니 일거양득이었다. 실제로 운동경기를 통해 선생님들과 가까워지는 학생들의 인성 함양에도 좋은 역할을 하였다. 나이 차이는 있지만 때로는 막내아들과 함께 운동하는 것 같은 착각이 들 때도 있었다.

등산, 축구와 더불어 국민 3대 생활 스포츠로 불리는 배드민턴이라는 운동은 알면 알수록 어렵고 부상의 위협도 만만치 않지만 한 번 빠지면 헤어날 수 없는 묘한 매력을 지녔다. 동네에 다니지도 않던 단골 한의원이 생기고, 침과 뜸을 맞느라 지출하는 금액도 적지 않았으며, 온몸을 돌아다니는 통증을 마주할 때마다 더는 이 재미난 운동을 못 하게 될지도 모른다는 걱정도 없지 않았다. 그러나 이 종목이 주는 가장 큰 매력은 운동을 통한 성장의 기쁨이 아닐까. 그립을 제대로 쥘 줄도 모르던 사람이 꾸준한 연습으로 조금씩 하이클리어 비거리를 늘리고 동료들과 경기를 즐기기에 이르렀다. 어쭙잖은 실력이지만 날 초짜 학생들에게 라켓 쥐는 법 정도는 알려줄 수 있었다. 무엇보다 A조에 속하는 동료 체육 선생님으로부터 자세가 잡혔다는 칭찬을 받기도 하였으니 성취감이 여간 아니다. 아직 전술적인 움직임으로 경기를 운영하는 단계는 못되지만, 일상에 이만한 즐길 거리가 또 있을까 싶다. 더불어 학생들과 관계 맺는 영역도 넓혀가니 이 또한 성장의 즐거움이 아닐 수 없다.

06

나는 어떻게
영어교사가 되었나

평택 기지촌 여성과 씨 레이션(C-ration)

다섯 살 무렵 평택에서 살았던 시절이 기억난다. 한겨울 웃풍이 무척 센 2층 양옥집이었다. 방에서 광으로 물건을 가지러 심부름을 할 때마다 발이 시려 종종걸음으로 몸서리를 치곤 했다. 2층에 사는 집주인은 기지촌 여성(속칭 '양공주')이었는데 늘 짙은 화장에 야릇한 분내를 풍겼고 동네 어르신들이 늘 양공주라 부르길래 정말 공주인 줄만 알았다. 아침마다 출근하는 그녀의 남편에게 달려가 '기미쪼꼬렛' 그러면 귀엽다면서 껌이나 초콜릿 등 뭐든지 내놓던 그는 사람 좋은 미군 직업군인이었다. 그게 초콜릿을 달라는 영어인지는 몰랐지만 뭔가 말이 통한다는 게 참 신기했다. 중학생이 될 무렵 영어와 접했던 경험 역시 먹을거리와 관련되어 있다. 아버지의 거래처에서 현금 결제를 못 하니 현물을 가져가라며 미군들이 먹는 휴대식량(C-ration) 보름치를 보내왔다. 한참 먹성 좋던 때라 먹는 음식이라는 소리에 내용물을 알아보기 위해 사전을 뒤져가며 깡통에 적힌 단어들을 익혀갔다. 당시 국내에는 생소했던 참치 통조림도 있었는데 맨입에 먹어도 짭짤하니 먹을 만했다. 나중에는 깡통의 크기와 모양만 보고도 내용물을 알아맞히곤 했다.

학교에서 돌아와서는 당시 주한미군을 위해 종일 방영하는 채널 2번 AFKN에 빠져 살았다. 알아듣지는 못해도 화면에 나오는 영상과 음향정보를 최대한 받아들였고 그 결과 영어라는 언어 자체에 대한 낯섦과 두려움이 많이 가셨다. 지금의 어린이 영어 유치원 격인 'Sesame Street'을 비롯하여 만화영화, 드라마, 뉴스 등 다양한 내용을 접할 수 있었다. 고교생이던 때에는 먼 친척분의 조언이 결정적이었다. 영어 사용능력은 마치 흰 박하사탕 같아서 어떤 종류의 색상이든 잘 물들 수 있다는 표현에 고무되었다. 매일 내가 원하는 영어를 공부할 수 있다니 이렇게 고마운 노릇이 있나 속으로 쾌재를 불렀고 영어영문학 전공을 택한 데에는 아직도 아무런 미련이나 후회가 없다. 실제로 같은 학과를 졸업한 과 동기들 가운데 직접적으로 영어와 관련된 생업에 종사하는 친구들은 생각보다 흔치 않다.

대학 신입생이 되어서는 학과에서 주관하는 원어 연극 〈The Skin of Our Teeth〉(손튼 와일더 작)에 참여하였다. 원어민 교수님께서 지극 정성으로 대본을 녹음하여 테이프를 나눠주셨다. 대본을 읽다 보면 자기 대사뿐만 아니라 상대방의 대사도 함께 외우게 된다. 극이 어느 정도 진행되었는지 무대 뒤에서도 소리로 듣고 알고 있어야 하기 때문이다. 1학기 대부분과 여름 방학 내내 연습에 몰입하였고 9월 추석이 오기 전 막을 올렸다. 결과는 성공적이었다. 원어민 교수님이 "자네 발음이 괜찮다."라며 칭찬을 해주셨는데 그게 그렇게 기쁠 수가 없었다. 제대 후 복학해서는 교직 과목을 이수하고 교원 자격증을 받았다. 물론 당시는 이 증서 하나로 인생이 얼마나 바뀔지 상상조차 하지 못했다.

대학을 졸업할 무렵은 취업 문제로 살짝 고민스러웠던 시기였다. 집안 형편을 생각지 않을 수 없었던 장남의 처지에서는 교직보다는 돈을 벌 수 있는 무역업 쪽으로 더욱 마음이 기울었고 결국 그 길로 8년의 세월을 보내게 된다. 한 번 들어선 길을 되돌릴 수는 없었지만, 방향마저 틀지 못하는 것은 아니었다. 다만 상당한 결단력과 과감한 실행력이 뒤따랐어야 했다. 아버지마저도 '급한 물살에서는 말을 갈아타지 않는 법'이라며 이직을 반대하셨다. 그런데 막상 성공적으로 이직을 하고 나니 동네방네 다니시며 "우리 아들이 ○○고등학교 영어 선생이야."를 입에 달고 사셨다. 지금은 요양병원에서 연명하실 뿐인 아버지시라 "그때는 왜 그러셨어요. 아버지!" 하고 물어봐도 답변을 들을 수 없으니 참으로 안타깝다.

인생도 보험이 필요해

대학에서 교직을 택해 2급 정교사 자격증을 획득했는데, 여기에는 약간의 계산이 깔려있었다. 대학을 졸업하던 2004년 당시는 88년 올림픽 이후 우리나라 경제활황의 끄트머리 시기로 대졸자들을 대상으로 여러 대기업에서 시험을 보아 신입사원을 선발하는 게 일반적이었고, 기업에서 대학마다 적용하는 가산점이 달랐다. 나는 큰 기업에서 일할 만한 체질도 아니었거니와, 이런 면에서 별다른 이점을 찾지 못해 고민하다 생각한 것이 교원 자격증이었다. 반드시 교사가 되고야 말겠다는 의지보다는 일단 자격증을 받아 놓으면 다 쓸데가 있을 거란 생각이었고, 실제로 그런 식으로 교사가 되는 인생의 커다란 변곡점을 맞이하기도 했다. 역시 사람 일은 역시 알 수 없는 것이다. 기회는 준비한 사람에게 찾아오는 법이다. 이 자격증은 심지어 결혼에도 영향을 미쳤고 교사로 이직하는 결정적 단서가 된다. 지금은 아내가 되었지만, 소개팅을 나간 자리에서 나를 소개하던 중 교원 자격증으로 보험을 들어놓았다고 말했다. 나중에야 알았는데 그 소리를 듣고 아내는 속으로 '굶지는 않겠구나!' 생각했다고 한다. 그런데 실제로 그런 일이 일어났고 운명이 달라졌으니 이 상황을 영어로 표현하자면 Paper talks(자격증은 다 통해)쯤 되겠다.

무역업만 계속할 줄 알았냐?

나는 대학을 졸업하기도 전에 고용인원 5인 이내의 소규모 무역회사에 취업했다가 두 차례 이직했다. 첫 번째 회사에서는 대략 5년을 근무하면서 국내 주요 자동차 제조사들을 상대로 수출용 자동차의 충돌안전 시험 관련 용역을 취급했고, 그 여러 항목 가운데 사람을 닮은 '차량 충돌시험용 인체모형 더미(dummy)'가 있었다. 이 조그마한 업체에서 보냈던 시간이 내 인생에 미치는 의미가 적지 않다. 솔직히 말해 업무상 잔 실수가 잦아 그로 인한 스트레스를 많이 받았다. 내친김에 속 쓰라린 경험담을 털어놓아 본다. 한번은 사장님이 오래 끌어온 거래의 담판을 지으러 지금은 없어진 자동차 제조업체를 직접 방문했다. 요청받은 '더미'를 비롯한 안전실험 장비의 견적을 팩스로 넣어주었는데, 너무 열심히 일하느라고 마지막 페이지에 붙여 두었던 메모지가 아직 제거되지 못한 채 딸려 들어갔다. 거기에는 제품의 공급원가와 우리 업체의 이윤이 정리되어 있었다. 거래처 직원은 나의 실수를 간파하고 못 본 것으로 덮어주겠다고 하여 무사히 넘어갔던 반면, 문제는 아군의 총질이라 생각하신 사장님이었다. 나중에 사무실로 복귀한 다음 그는 이를 갈며 내게 이렇게 말했다. "만약 나한테 총이 있었다면 너를 쏘았을 거다." 지금이야 실수한 경험담이라 웃으며 말하지만, 당시 겪었던 스트레스로 심각하게 이직을 고민했던 건 사실이다. 그래도 이 회사에서 5년을 버텼다.

3년을 일했던 두 번째 회사는 화공약품 수입 대행업체로 국내 식품 제조사들에게 식품 첨가제 원료를 공급했다. 단지 한 회사에서 무려 5년을 버텼다는 이유로 채용된 이 두 번째 회사에 다닐 때 마음에 큰 변화가 닥쳤다. 가망성은 별로 없지만 회사를 설립 운영하는 자영업의 세계로 갈 것인지, 아니면 비교적 적성에 어울리는 교직으로 갈 것인지를 놓고 심각하게 고민했다. 그런데 뜻밖에 이 고민은 교원 자격증 종이 한 장으로 해소되었다. 교원 자격증 이외의 취업에 유리한 자격증 취득을 목적으로 5개월 일정으로 평일 야간과 토요일 종일 수업하는 숙명여대 TESOL 단기 과정을 수강하던 중, 친하게 지내던 어느 현직 교사의 추천으로 교사의 길이 열린 것이다. 물론 두 해 동안 기간제로 있으면서 정규직을 염원하느라 마음고생을 한 부분도 있으나, 결국은 현재 근무하는 학교에 110대 1의 경쟁을 뚫고 공채로 임용되었다.

무역업종에서는 그렇게도 잘 안 풀리던 일이 교직 쪽에서는 마치 누가 도와주기라도 하는 듯 풀리니 이 길이 바로 나의 길인가 싶은 생각이 들었다. 이 과정에는 웃지 못할 임용 비화가 있다. 임용을 위한 서류 심사 후 3배수 추천으로 6명의 후보에 들었고, 필기시험과 시범 수업까지 모두 마쳤을 때 심사 점수상으로 나는 6위였다. 사실상 임용될 가망이 거의 없었다. 그러나 나를 제외한 모든 후보가 똑같은 특정 대학 출신이었고 당시 학교에서 내부적으로 있었던 사안 때문에 2위부터 5위까지 전부 탈락 처리되었다. 어쨌거나 3배수 추천 인원 안에서 선발하는 것이니 학교로서도 절차는 지킨 셈이고, 나는 특정 대학 출신이 아니라는 역설적인 이유로 임용된 것이었다. 이렇게 개인의 힘으로 어찌할 도리가 없는 일을 겪은 후 나의 인생 신념은 '운칠기삼'이 되었다. 인생의 홍망은 운이 좌우하지만 이를 받아들이는 재주, 다시 말해 운이 다가왔을 때 이를 붙잡을 만한 실력은 갖추고 볼 일이라는 얘기다.

사학연금과 교원공제회에 뒤늦게 가입하는 바람에 금전적인 혜택 면에서 불리한 면도 없지 않지만, 흥미롭게도 기업에서의 경험은 특히 근로조건이나 노사관계 등 미래의 취업자인 학생들이 알아두어야 할 세계를 설명하는 데 많은 도움을 주고 있다. 8년간 기술 영업 현장에서 발로 뛰며 만났던 외국인 엔지니어들이 줄잡아 백 명에 이르는데, 당시 이들과 부대끼면서 현장에서 겪었던 생생한 직업 속 영어의 세계를 가급적 많은 학생에게 전해주고 있다. 현장 경험담만 늘어놓아도 학생들에게는 훌륭한 영어 공부 사례가 된다는 긍정적인 면이 많다. 이렇듯 다채로운 배경을 지닌 선생님들이 많을수록 학생들에게 좋은 점도 많아지니, 학교로서도 다양한 배경을 가진 선생님들의 유입을 긍정적으로 봐주었으면 한다.

교직 생활에서 만난 아이들

하루의 1/3이라는 적잖은 시간을 보내야 하는 학교, 그리고 그 안의 더 작은 공간인 교실이 있다. 1학기 초반 한 달 정도는 그나마 새로운 시작이라는 분위기 덕분에 교사나 학생 모두 그럭저럭 적당한 긴장을 유지하며 지내지만, 중간고사가 끝나면서 상승하는 봄볕 온도와 함께 아이들의 긴장감도 함께 풀어지기 시작한다. 만물이 소생하는 가운데 학생들은 간직해온 본색(?)을 서서히 드러낸다. 다행히 고학년으로 올라갈수록 책임과 권한을 의식한 듯 성숙하고 자제하는 모습이 목격되기도 하지만, 사실상 이 녀석들의 본질은 초등학생과 크게 다르지 않아 보인다. 고3 남학생들이라 덩치가 커지고 말솜씨도 늘어 조금 세련된 초등학생이랄까? 점심 급식을 줄 안 서고 조금이라도 빨리 먹겠다며 황소 떼처럼 우당탕 달려가는 모습을 보며 공부를 저렇게 했다면 어느 대학인들 입학이 어렵겠나 싶다.

예전에는 수업 진행에 도움이 되지 않는 학생들의 '문제적' 행동이라 부르기도 했는데 요즘은 '낯선' 이란 말로 바꿔 쓰는 추세이다. 용어 자체를 새로이 적용한다는 것은 학생들을 통제와 평가의 대상에서 보는 시각에서 벗어나려는 반가운 시도로 보인다. 교실에서 30여 명의 학생과 혼자뿐인 교사를 놓고 보면 수적으로 당연히 교사가 약자인 셈이다. 이런 환경에서 수업을 제대로 진행하려면 학생들을 장악(?)하려는 심리가 발동하기 마련이다. 학기 초라는 시기적인 특성상 교사와 학생 간에 인간적 만남으로서의 공감대가 형성되기도 전에 위계와 질서유지가 먼저 고개를 내밀기 시작한다. 연배가 좀 있는 교사라면 3월 한 달간은 양복 정장에 웃음기 거둔 표정 관리가 무엇을 의미하는지 익히 아실 터이다.

내가 재직하고 있는 학교의 지역은 서울 끝자락이며 경기도 권역과의 경계에 있다. 지역 특성상 학구열이 과열되었거나 체계적인 사교육으로 잔뼈가 굵은 학생들이 많은 곳과는 거리가 좀 있다. 한 마디로 공부 개념은 조금 떨어지지만, 상대적으로 아이들은 순수함을 많이 간직한 동네다. 이렇다 할 큰 사고는 거의 일어나지 않지만 자잘한 일로 선생님들과 실랑이를 벌이는데 그중 가장 빈번한 사안은 출결이다. 큰 거한 방은 아닌 대신 자잘한 잽이 많이 들어온다. 등교 시간이 넘어도 교실에 나타나지 않는 아이들에게 빠짐없이 전화를 걸어 등교를 확인하곤 한다. 이와 관련한 일화 한 가지를 소개한다. 학기 초 어느 날 조회 시간인데 우리 반 ㅇㅇ이의 모습이 보이지 않는다. 냉큼 전화를 걸면서 장난기가 발동한다.

"여기 경찰서입니다. ㅇㅇ학생 맞습니까? 경찰서로 좀 나와주셔야겠습니다."

물론 경찰 사칭은 잘못이지만 어디까지나 장난 수준이다. 곧 전화가 연결된다. 평소 같으면 잔뜩 긴장한 학생의 응답에 이어 터지는 웃음과 함께 등교를 재촉하는 말로 끝맺는다. 그런데 오늘 아침은 좀 이상하다. 수화기 너머 저쪽에서는 무슨 말인지 모르겠다면서 뜸을 들이고 있다. 더욱 신이 나서 어르고 달래는데 ㅇㅇ이가 교실 뒷문에 나타났다. 물론 전화기는 손에 들고 있지 않으며 뛰어오느라 가빠진 숨을 헐떡이고 있다. 순간 머릿속이 하얘진다. 아니 그럼, 대체 이 전화를 받는 사람은 누구란 말인가? 나도 모르게 황급히 전화를 끊고 만다. 이른 아침부터 전화번호 끝자리 하나를 잘못 눌러서 애먼 사람에게 경찰이라며 전화한 것이다. 다시 전화가 걸려 와 따지고 들면 어떡하지? 얼굴이 하얘진 담임의 모습을 지켜본 아이들은 바닥을 구르며 웃고 난리다. 다행히도 다시 연락이 오지는 않았고 우스개 일로 끝나고 말았다. 이후로는 절대 경찰 사칭을 하지 않았다.

예전 어느 해인가는 별다른 이유 없이 지각이 잦더니 결석까지 하는 학생이 있었다. 며칠째 전화해도 받지를 않았고 생활 조사서에는 부모님의 전화번호조차 기재되어있지 않았다. 선배 선생님께 이런 고충을 털어놓았더니 당장 쫓아가서 데려오지 않고 뭘 하느냐는 소릴 들었다. 결국, 학급회장과 함께 주소를 보고 직접 찾아갔다. 대문을 한참이나 두들긴 후에야 속옷 차림에 게슴츠레한 금쪽이가 얼굴을 내민다. 밤새 게임에 몰두한 나머지 등교할 시간에야 잠이 들었던 모양이다. 점심시간을 넘기도록 비몽사몽 잠들었다가 문 두드리는 소리에 일어난 것이다. 생활고를 이유로 떠맡기듯 할머니에게 남겨진 이 학생은 할머니가 손자를 제대로 돌봐주지 못하자 게임중독에 빠졌다. 제대로 먹지도 않고 게임에 열중했는지 컴퓨터 앞에는 빈 컵라면이 수북이 쌓여 있었다. 만약 직접 찾아가서 이 녀석을 데려오지 않았더라면 며칠이고 낮과 밤이 바뀐 채 살았을지도 모른다. 금쪽이의 경우처럼 게임중독에 빠진 학생을 직접 찾아가 데려오는 일이 두어 차례 더 있었으나 모두 무사히 졸업했으니 그저 감사하달 밖에.

학교와 지역사회 사이에 영향을 주고받는 구도를 보면, 학교가 주는 영향보다 지역사회의 특성이 영향을 주는 경우가 더 지배적이었던 것 같다. 20년 전 막 임용되었던 시기에는 학교 인근에 산업단지가 활발히 운영되었고, 각 생산 공장에 근무하는 아버지를 둔 학생들이 대거 유입되었다. 그때만 해도 학생들과 학생부 사이의 관계는 매우 거칠었고 아이들은 다루기 힘들었다. 한 해에 한두 명의 아이들이 밤늦게 배달하느라 오토바이 사고로 다치기는 다반사였고 심하면 목숨을 잃는 예도 있었다. 당시 우리 학교에는 인근 세 개 구를 통틀어 주먹으로 평정한 속칭 '짱'이 있었고, 학교는 그를 중심으로 한 나름의 질서가 잡혀 있었으며 적어도 표면적으로는 이렇다 할 큰 사고 없이 지냈다. 하루는 퇴근길에 차를 몰고 학교 앞 언덕배기에 올라서는데 와이셔츠 바람에 헬멧도 쓰지 않은 운전자가 모는 오토바이가 갑자기 달려드는 바람에 하마터면 충돌할 뻔했다. 순간 욱하는 성질에 창문 밖으로 몸을 내밀고 육두문자를 날리려는 찰나, 자세히 보니 운전자는 바로 그 '짱' 녀석이었다. 내 얼굴을 알아본 짱은 어색한 미소로 인사를 꾸벅하더니 경찰이라도 올 새라 오토바이를 몰고 냅다 사라졌다. 지금 생각해도 충돌할 뻔한 순간은 아찔했지만 서로 별 탈 없이 헤어지기를 잘했다는 생각이 든다.

  20년이 지난 요즘의 아이들은 한 마디로 거의 언제나 스마트폰에 몰입하는 모습으로 묘사할 수 있겠다. 옛날처럼 거칠지도 않고 함부로 까불지도 않는다. 아이들 손에서 전화기만 빼앗으면 세상 무기력한 모습을 보이기도 한다. 남학생들 세계에서 의견 차이를 격렬하게 해결하는 방식인 방과 후 옥상은 옛말이 되었다. 때로는 자기 생각을 거침없이 밝히는 대개의 여학생보다 더 숫기가 없어 보이기도 한다. 이들은 얼굴을 마주하지 않는 상황에서 발생하는 대화에도 별다른 거부감이 없어 보인다. 하긴 나부터도 학급의 전달 사항은 물론 자잘한 호출이나 볼일은 스마트폰 앱으로 해결하고 있으니 생활의 큰 부분을 '스마트함'에 빚지고 있는 셈이다. 2007년도 스마트폰이 일상화된 이후의 이들에게 온라인은 그냥 어려서부터 접해온 자연스러운 일이 되어버렸다. 코로나19로 온라인 수업을 하던 때에는 아마도 절정이 아니었을까 싶다. 때로는 온라인 세상이라면 아이들에게서 배워야 할 필요가 있을 정도로 기성세대를 앞서간다. 연령대로 학습의 주도권을 말하기에는 세상이 많이 바뀌었음을 인정하지 않을 수 없다.

나를 보던 그 모습처럼

지금 재직하는 학교에 처음 왔던 2004년 당시, 한 학급당 재적인원은 40명을 넘었고 무려 15개 학급이 있었다. 한 학년에 600여 명의 학생이 있었고 조명 어둑한 교실에서 공장 작업복처럼 보이는 우중충한 교복들을 입고 있었다. 2024년 현재 한 학급당 학생 수는 약 25명 선이고 한 학년이래야 230명 정도이니 학생 수가 얼마나 줄어든 것인가. 당시는 교원 수도 많아 약 80명에 이르렀고 여기저기 흩어진 교무실에 근무하느라 한 주일에 얼굴 한번 보기 어려운 경우도 많았다. 자주 얼굴을 못 보니 이름과 얼굴을 헷갈려 잘못 부르는 실수를 저지르기도 했다. 하늘 같은 선배님들이 층층시하(層層侍下)였고 지금 같으면 한참 일할 40대 초반의 선생님들 다수가 이미 뒷방 노인네처럼 뒷짐을 지고 다녔다. 간혹 교무실에서도 흡연이 이루어졌고 심심찮게 재떨이를 비우는 학생들이 교무실을 들락거렸다. 교사 간 선후배의 경계는 확실했고 나름 연장자의 권위가 인정받는 분위기였다. 당시 막내이자 막 서른 초반이었던 나에게도 교사 세계의 멘토로서 닮아가고 싶은 선배가 있었고, 그렇지 않은 예도 있었다. 선배 선생님마다 개성이 강했고, 삐딱이, 놀부, 오마귀, 마인부우 등 특유의 별명도 가지각색이었다.

세월이 흘러 오십 세가 되던 2019년, 코로나 시국이 되면서 이 전통적인 선후배 관계에 일대 변화가 일었다. 원격으로 온라인 수업을 진행해야 하는 상황이 되자 컴퓨터를 겨우 켜고 끌 줄 알며 독수리 타법을 연마하신, 연식이 오래된 선배들은 짐짓 당황스러웠다. 나 역시 컴맹까지는 아니어도 각종 장비를 다루는 것에 익숙하지 않았던 터라 젊은 선생님들로부터 하나부터 열까지 배워야 했다. 나이가 많을수록 배우는 속도가 더디다는 평범한 사실이 그때는 왜 그리 마음에 사무쳤는지 모른다. 온라인 수업을 하다가도 진행이 안 되는 돌발상황이 생길 때마다 주위에 SOS를 쳐대기 바빴고 그럴 때마다 적잖은 도움을 얻기도 했다. 그러면서 얻은 교훈이 있다. 이제는 연장자의 가르침을 다소곳이 받아들이기보다 젊은 층으로부터 신기술을 배울 때이며, 배움을 꼭 나이와 연관 지을 필요는 없다는 점이었다.

교실 현장에서 학생들과 부대끼며 많은 경륜을 쌓은 선배들의 노련함은 마땅히 존중되어야 하나, 시대의 흐름에 따라 기술적인 업무 분야의 상식에 비중이 실리는 현실을 외면할 수 없게 되었다. 이제 엄숙 근엄 진지한 선배로서의 무게감은 그 자체만 가지고는 인정받기 어려워진 시대라는 것이다. 그러면서 별로 배울 것이 없어진 선배로서 과연 후배들에게 무엇을 해줄 수 있으며 그들의 눈에 어떻게 비치는지를 의식해야 한다는 한 가지 냉엄한 현실감이 나를 엄습한다. 이것은 사실 선배

세대가 일찍이 겪어보지 못한 일이라 당황스러울 수도 있다. 때에 따라서 타인들, 특히 젊은 세대가 나를 어떻게 바라볼지를 생각하고 행동해야 한다는 점은 새로운 심리적 부담으로 다가온다. 그러나 의외로 이에 대한 해법은 말을 적게 하고 지갑을 자주 연다는 고전에서 찾아볼 수 있겠다. 물론 쉽지는 않을 것이다.

07

이후에도
빛나는 영예가 되기를

사람들이 별다른 관심을 둘만 하지 않은, 어느 평범한 교사의 시답잖은 일상 이야기가 조금 길었다. 그래도 누군가에게는 귀 기울일만한 값어치가 있지 않을까 내심 기대도 해본다. 내가 품고 있는 고민 덩어리가 누군가에게는 진주로 바뀌어 귀한 값을 다 하지 않을까 상상도 해보았다. 평범함 속에 숨겨진 특이함을 알고 캐내는 이들에게는 더욱 그럴 것 같다. 글을 쓰는 손은 더디기만 한데, 상상 속의 생각은 천리만리를 날아간다.

학교를 마치고, 군 복무를 하고, 취업하고, 결혼하고, 아이들을 낳아 키우면서 인생 전반전이 지나간다. 아직 경기가 끝나려면 한참 멀었다. 조금 힘들 때가 왔을 때마다 '여기서 지쳐 주저앉으면 안 되는데.' 하는 생각에 다시 일어나면서 여기까지 왔다. 머나먼 미래에 대한 창대한 계획보다는 당장 눈앞의 현실에 충실하며 한 걸음씩 내디뎌왔다. 누가 왜 사냐고 묻거든 그냥 웃어주고 만다. 주위의 선생님들도 대개 비슷한 모습이다. 한참 팔팔한 30대 초반에 교사 생활을 시작했는데 어느덧 머리에는 흰 서리가 내리고 내일모레 작별을 고할 날이 다가오고 있다. 그래도 아이들과 더불어 그런대로 후회 없는 교직 생활을 했노라고 말할 수 있으면 다행이겠다 싶었다. 아니, 누군가 곁에서 꼭 그렇게 말해줄 수 있기를 원했다. 내가 살아온 이 길이 퇴직 이후에도 빛나는 영예가 되기를 바라 마지않는다.

선생님의
안부를 묻습니다

나다움과 교사다움
그 사이에서

여섯 번째 삶.

재외 한국학교에서
살아남기

이 재

이 재

8년 차 초등교사. 이곳저곳 탐험하기와 이런저런 경험하기를 좋아한다.
외국 생활을 막연히 동경하던 중, 재외 한국학교에 지원했고 덜컥 붙었다.
우여곡절의 해외 생활 끝에 귀국했다.
한국으로 돌아올 때 미련이 없다고 생각했지만, 해마다 공고가 뜨면 마음이 혹한다.

재외 한국학교,
이상과 현실 사이

"해외에 있는 한국학교 있다는 거, 알고 있었어? 우리도 근무할 수 있대."

초임 교사 시절, 함께 발령 난 대학 동기가 내게 말했다. 해외에 교민들이 세운 재외 한국학교가 있으며, 일정 자격이 되면 근무할 수 있다는 것이다.

나는 고등학생 때부터 해외 생활을 동경해왔다. 외국 문화에 관심이 많았다. 영어, 중국어 등의 외국어는 가장 좋아하는 과목이었고, 외국인을 만나면 말 한마디 붙여보기 위해서 호시탐탐 기회를 엿보았다. 꿈꾸던 내 모습에는 외국계 회사에서 커피를 마시며 다국적 동료들과 회의하는 장면이 포함되어 있었다. 하지만 나는 교대에 진학했고 대부분의 동기처럼 졸업과 동시에 발령이 났다. 그러면서 내가 상상하던 나의 모습과는 전혀 다른 곳에 서 있게 되었다. 재외 한국학교에 대한 정보는 마음 한편에 간직하고 있었던 해외 근무에 대한 열정에 다시 불을 붙였다.

아직 신규교사 티를 벗지 못했던 나는 '되면 좋고, 안 되면 경험 삼아 다시 도전해 보자.'라는 생각으로 재외 한국학교 중 한 곳에 지원했다. 운이 좋아 합격했고, 어느 순간 정신을 차려보니 해외에서 통근 버스를 타고 있었다. 재외 한국학교에서 일한 지 몇 달이 지나서까지도 내가 혼자 외국에서 일하고 있다는 사실이 믿기지 않았다.

재외 한국학교는 한국에 있는 학교들과 비슷하면서도 달랐다. 같은 국가교육과정을 바탕으로 학교교육과정을 짜고 같은 교과서를 사용했다. 대부분 수업도 한국어로 했다. 업무분장도 비슷했다. 그러나 생활하면 할수록 같은 점보다 다른 점이 더 크게 느껴졌다. 부모님 두 명 중 한 명만 한국인이면 학교에 입학할 수 있었기에 다문화 아이들의 비율이 한 반에 30% 정도로 한국보다 높았다. 학습준비물 구매, 행정실과의 연락 등이 현지 언어로 이루어졌다. 현지 언어와 영어의 교수 학습 비중이 우리나라보다 훨씬 컸다. 당연히 실수도 잦을 수밖에 없었다. 학교에서 긴장하며 힘을 다 빼고 오면 집에서는 기절하듯이 잠드는 날들이 지나니 1년이 훌쩍 지나있었다.

재외 한국학교 생활 2년 차, 막 적응하려던 참에 코로나19라는 전무후무한 전염병이 발생했다. 현지 교육 당국의 정책과 한국 교육부의 정책은 매일 바뀌었다. 우리는 언제든 등교 수업을 시작할 수 있도록 24시간 내내 준비되어 있어야 했다. 매일 개인 소셜미디어 계정으로 학부모의 문의가 빗발쳤다.

줌, 구글 미트, 위챗 회의 등 여러 플랫폼을 번갈아 가며 사용하던 온라인 수업 등은 비교적 수월한 줄 알았던 두 번째 해를 버겁게 만들었다. 한국과의 단절, 아직 익숙하지 않았던 이국의 문화는 나의 귀국 결심을 앞당겼다. 애써 얻은 기회가 아까워 계약 기간을 연장해 볼까 했지만, 일정을 앞당겨 한국으로 돌아왔다. 첫해는 학교와 해외 생활에 적응하느라, 그다음 해부터는 코로나19에 적응하느라 어떻게 시간이 가는지도 몰랐다. 그럼에도 재외 한국학교에서 보낸 시간은 내 인생에서 가장 강렬한 사건이었다.

학교에 복직해서 재외 한국학교 근무 경험을 이야기하면 반응이 2가지로 나뉘었다. "그런 곳이 있어?"라는 궁금증과 "외국에서 살아서 좋았겠다."라는 부러움이었다. 특히 20~30대 선생님들은 해외 생활에 큰 매력을 느꼈고, 몇몇 선생님들은 내가 귀국한 해에 재외 한국학교에 지원하기도 했다. 이처럼 '재외 한국학교'는 호기심을 불러일으키기도 하고 도전 욕구를 자극하기도 한다. 하지만 실제로 근무했던 교사 수가 비교적 적다 보니 제공되는 정보는 매우 제한적이다. 재외 한국학교에 나가고 싶어 하는 선생님들 대다수는 학교 근무 환경보다는 해외 생활에 초점을 맞췄다. 하지만 재외 한국학교 근무는 꿈꾸던 해외 생활과는 다르다. 이상과 현실의 차이에 실망하는 선생님들도 있었다.

힘들었던 2년이었지만 그래도 재외 한국학교는 나에게 많은 깨달음을 주었다. 3년, 5년 주기로 오는 일태기(일+권태기)를 극복할 수 있게 해 주었다. 원하지 않은 인생 공부도 할 수 있었다. 지극히 개인적인 경험이지만 내 경험이 어떤 사람들에게는 새로운 길을 열어줄 수 있을 것으로 생각한다. 또 재외 한국학교라는 두루뭉술한 존재를 좀 더 명확하게 이해하는 데 도움이 되었으면 한다. 재외 한국학교에 도전은 하고 싶지만 두려움이 앞섰던 선생님들이 '쟤도 했는데, 나도 할 수 있지.'라는 용기를 가지면 가장 기쁘겠다.

왜 재외 한국학교인가?

내가 떠난 이유

그해는 내가 교사가 된 지 만 3년이 되는 해였다. 흔히들 직장생활에서 일태기를 겪는다는 연차였다. 하지만 당시의 나를 괴롭게 했던 건 권태기가 아니었다. 같은 학년을 연달아 맡게 되어 부족했던 부분을 보완하여 더 잘해보자는 의욕이 샘솟았다. 영혼을 갈아 넣어 한 해를 보내보겠다는 나를 좌절시킨 건 학부모들의 지나친 민원과 학교의 수직적인 조직문화였다.

당시 우리 반에는 독특한 학부모들이 많았다. 아이는 학급에서 잘 지내고 있는데, 자녀가 학교폭력을 당하고 있는 것 같다며 매일 새벽 5시부터 밤 9시까지 장문의 문자를 5통씩 보내던 학부모가 있었다. 한편, 자기 아이가 다른 아이들과 관계 맺는 걸 힘들어하자 아이의 핸드폰으로 아이인 척 다른 아이들에게 문자를 수십 통씩 보낸 학부모도 있었다. 이외에도, 아이가 한 달 동안 같은 옷을 입든, 구멍 난 양말을 일주일 동안 신고 다녀서 냄새가 나든 신경 쓰지 않던 학부모, 아이가 휴대폰을 방과후 교실에서 잃어버렸으니 빨리 찾아주지 않으면 경찰에 신고하겠다며 매일 일과시간 후에 전화하던 학부모, 아이의 말만 믿고 교실 문을 박차고 들어오던 학부모 등등. 학부모들은 학교에 대한 의구심, 자녀의 학교생활에 대한 불평, 심지어 개인적인 사정으로 인한 불쾌감까지 모두 나에게 쏟아부었다. 반면, 나는 그들에게 아무런 이야기를 할 수 없었다. 학생들이 학교에서 잘 지내고 있다고 아무리 설명해도 받아들이지 않았다. 학생들 개별 상담과 집단 상담, 팀빌딩 활동 등 학급과 학교에서 하는 다양한 프로그램을 설명해줘도 학교에 대한 불만은 줄어들지 않았다. 벽을 보고 이야기하고 있는 느낌이 들었다.

젊은 교사들에게 주로 일을 맡기는 학교 분위기도 스트레스였다. 관리자는 새로운 일이 생길 때마다 나를 불렀다. 교무실로 불려 가면 항상 같은 말을 들었다. "○○선생님은 나이가 많으셔서 이 업무를 하기 힘드시니 □□선생님이 업무를 해야하지 않겠어요?", "□□선생님은 대학 졸업한 지 얼마 안 됐으니 컴퓨터도 잘하고 영어도 잘하니 어떤 업무든 할 수 있잖아요.", "원래 젊을 때는 최대한 많은 일을 해야 일을 배울 수 있는 것이죠." 등등의 말을 하며 학교의 일을 몰아주었다. 민원을 처리하고 나면 퇴근 시간이었는데, 여기에 수업 준비, 업무까지 하려니 항상 남들보다 퇴근 시간이 2~3시간씩은 늦어졌다.

이런 상황이 1년 동안 지속되다 보니, 학교에 가는 하루하루가 힘들었다. 내일은 또 무슨 전화가 올까 하는 생각으로 밤에 잠을 잘 수 없었다. 아침에는 속이 메슥거려 식사도 하지 못할 정도였다. 전화에 대한 두려움도 커졌다. 전화벨 소리만 들어도 심장이 벌렁거렸다. 교실 창문 밖으로 누가 지나가는 것이 보이면 흠칫 놀라기 일쑤였다. 아이들과 생활하며 함께 웃고 보람을 느끼던 나는 없었다. 예민해졌고, 아이들끼리 조금이라도 갈등이 생기지 않게 온 신경을 곤두세웠다. 모둠 활동을 하면 의견 차이가 생기기 마련인데, 그런 것에조차 민원이 들어오니 자연히 교육활동도 위축되었다. 아이들에게 정당한 지도를 했음에도 학부모의 주관적인 판단하에 아동학대로 신고당해 고통받고 있는 교사 수가 증가하고 있는 사회 분위기도 한몫했다. 아동학대로 신고당할까 봐 학생들 사이의 사소한 다툼, 문제 행동을 보이는 학생의 모습에 대해서도 솔직하게 이야기할 수 없었다.

그렇다고 교직을 그만둘 용기는 없었던 나는 교육에 대한 열정을 잃고 매일 최소한의 의무감으로 주어진 일들만 해내고 있었다. 2학기를 버텨내던 중, 발령 당시 대학 동기의 말이 떠올랐다.

"해외에도 한국학교가 있대. 우리도 교직 경력 만 3년이 되면 지원할 수 있대."

그해는 내가 교사가 된 지 만 3년이 되던 해였다.

선생님도 할 수 있어요!

재외 한국학교에 도전하겠다는 마음을 먹은 뒤, 나는 9월 말부터 하이에나처럼 공문함을 들여다봤다. 10월 중순에 교원 모집 공고가 떴다. 재외 한국학교 채용 과정은 1차 서류전형과 2차 면접으로 나뉜다. 1차에서 1.5배 정도의 인원을 뽑고 2차를 거쳐 최종적으로 선발한다.

당시 한 온라인 교육연수원에 재외 한국학교 채용과 관련된 연수가 있었다. 공고가 뜨기 전에 미리 연수를 들었다. 연수를 통해 재외 한국학교는 어떤 곳인지, 서류에는 무슨 내용을 써야 하는지 등을 미리 살펴볼 수 있었다. 공고가 뜬 후에는 주변에 재외 한국학교 근무 경험이 있는 분께 도움을 받았다. 운이 좋게도, 친구의 동학년에 내가 지원하려는 학교에서 막 귀국한 선생님이 있었다. 서류에는 지원 동기, 교육관, 나의 특화된 교육활동 등을 쓰게 되어있었다. 어떻게 써야 내 지원서가 돋보일 수 있을지 선생님께 조언을 구했다. 선생님은 재외 한국학교는 한국의 학교에 비해 인간관계가 좁으니, 동료들과 잘 지낼 수 있는지를 강조해야 한다고 조언해 주셨다. 선생님의 도움 덕분인지 1차에 합격했다.

다음은 면접 준비였다. 면접 질문들을 예상하기 위해 재외 한국학교 커뮤니티*를 열심히 뒤졌다. 거의 10년 전 후기까지 읽으며 어떤 질문들을 받았는지 추렸고, 그 목록을 바탕으로 답변을 생각했다. 직전에는 집에서 부모님과 모의 면접을 해보기도 했다. 나름대로 준비를 단단히 했다고 생각하고 면접장으로 향했다.

---

* 재외국민교육기관 교사. https://cafe.naver.com/kischool

눈이 발목 높이까지 쌓인 날이었다. 발령 첫날 이후 처음으로 입어본 검은색 정장을 입고 재외 한국학교 면접장에 갔다. 대기실에 들어가니 이미 선생님들이 몇 명 있었다. 다들 범상치 않은 분위기를 풍겼다. 두툼한 A4 파일 3개 분량의 포트폴리오를 가져온 선생님, 이미 재외 한국학교에서 근무해 본 선생님, 승진을 눈앞에 둔 선생님 등 쟁쟁한 분들과 함께 차례를 기다렸다. 꼼꼼히 준비했다고 생각하고 있었는데, 옆의 선생님들을 보니 어깨가 움츠러들었다.

자신감을 잃은 채로 면접을 봤다. 면접실에는 재외 한국학교 교감 선생님 그리고 학교 관계자 두어 명이 면접관으로 있었다. 제발 같이 들어가지 않기를 바랐던, 터질 것 같은 포트폴리오를 준비해 온 선생님은 역시나 막힘이 없었다. 바로 뒤의 차례였던 나는 반쯤 포기한 상태로 평소 내 교육관을 차분히 이야기했다.

결과는, 탈락이었다. '그럼 그렇지.'라는 생각으로 마음을 접고 있었는데 며칠 지나지 않아 영어 전담 교사 초빙 재공고가 올라왔다. 지푸라기라도 붙잡는 심정으로 다시 지원했고 한 달이 지나기 전에 면접을 봤다. 이번에 함께 면접을 본 선생님들도 역시나 실력자들이었다. 면접관들이 영어로 질문을 했는데, 어려운 교육 용어들을 이용하여 막힘없이 대답하는 모습들을 보며 '이번에도 안 되겠구나.'라는 생각이 들었다.

떨어졌다고 생각하고 마음 편히 있었는데 문자가 왔다. 합격했으니 당장 오후에 있는 초빙 교사 오리엔테이션에 참석하라는 내용이었다. 문자를 보면서도 믿기지 않아 학교의 담당 선생님과 통화도 했다. 어리둥절한 상태로 오리엔테이션을 듣고, 함께 갈 동기들과 번호를 교환하고 나니 그제야 내가 진짜 합격했다는 사실이 실감 났다.

　아직도 내가 어떻게 붙었는지 잘 모르겠다. 한 번 더 얼굴도장을 찍었기 때문인지, 아니면 은근히 이야기했던 현지 언어 몇 마디 때문인지, 혹은 학교 사정상 어린 일꾼이 필요했는지 여러 이유를 추측해 볼 뿐이다. "재외 한국학교 초빙은 어떻게 준비해요?"라는 질문을 들으면 그저 허허 웃을 수밖에 없는 까닭이다.

　그럼에도 함께 근무했던 선생님들과의 대화를 통해 어렴풋이 파악했던 팁 아닌 팁을 공유해본다. 업무적으로, 업무 외적으로 풍부한 경험이 가장 중요하다. 보통 초빙 공고를 낼 때 우대요건을 함께 공지한다. 어떤 해에 어떤 우대요건이 나올지는 현지 근무자만 안다. 우대요건은 나이스 업무 가능자, 영재학급 운영 가능자, 사물놀이 지도 가능자, 영어회화 가능자 등 다양하다. 미리 여러 경험을 해두면 이런 조건들을 만족시킬 가능성이 커지기 때문에 초빙 과정에서 유리하다.

　학교에서 레이더를 잘 세우고 있는 것도 중요하다. 개인적인 생각이지만, 외국은 교민사회가 작기에 학교에서도 교원을 뽑을 때 나이, 성별, 개인 환경 등이 적절히 조화되도록 고려한다. 이미 만들어져 있는 퍼즐에 가장 잘 녹아들 수 있는 사람을 뽑는다. 재외 한국학교 구성원에 대한 정보는 현재 재외 한국학교 근무자 혹은 귀국한 지 얼마 되지 않은 교사들만 알고 있기에 주변에 소식통이 있는지 잘 살펴봐야 한다.

　당시 고작 3년 차에, 현지 언어도 익숙하지 않고, 가지고 있는 자격증이라고는 유효기간이 지난 영어 시험 점수밖에 없었던 나도 재외 한국학교에 다녀왔다. 그러니 가고 싶은데 소위 말하는 '스펙'이 부족해서 망설이고 있다면 도전해 보라고 과감히 추천한다. 가고 싶은 재외 한국학교의 딱 하나 비어있는 퍼즐 조각이 자신일지도 모르니 말이다.

자유로운 수업 활동

재외 한국학교와 한국에 있는 학교의 가장 큰 차이점은 교과 교육과정의 융통성이다. 특히 현지 언어, 저학년 영어 등 재외 한국학교에만 있는 과목은 국가교육과정이 따로 없기에 교사가 재량을 더 발휘할 수 있다. 덕분에 재외 한국학교에서 근무하는 만큼은 교육활동에 대한 내 꿈을 마음껏 펼칠 수 있었다.

한국에 있을 때는 교과서 내용을 가르치는 일에 급급했지만, 재외 한국학교에서는 교과서를 벗어나 실제로 쓰이는 영어를 체험할 수 있도록 수업계획을 구성했다. 야외활동을 통해 학생들이 생활 영어에 익숙해질 수 있도록 했다. 날씨가 좋던 어느 가을날, 책에만 나와 있는, 학생들이 쉽게 접할 수 없는 과일이나 채소보다는 주변에서 흔히 볼 수 있는 솔방울, 단풍나무, 도토리 등을 어떻게 말하는지를 알려주고 싶었다. 방법을 고민하던 중 야외활동 수업의 경험이 많았던 원어민 동료 교사들에게 'scavenger hunt' 활동을 추천받았다. scavenger는 하이에나처럼 죽은 동물을 먹는 동물을 뜻하는 말이다. scavenger hunt는 그런 동물이 하는 사냥처럼 주변을 탐색해서 특정 주제에 맞는 물건을 모아오는 활동이다. 가을을 주제로 이 활동을 한다고 하면 미리 활동지에 가을과 관련

된 열 몇 개의 낱말들을 제시한다. 낱말의 뜻을 살펴본 후, 같이 밖으로 나가서 활동지에 있는 사물들을 찾아 가져온다. 물건을 다 모으면 아이들과 함께 소리 내 사물의 이름을 읽으며 어떤 것들을 가져왔는지 확인한다.

학생들과 낱말의 뜻을 미리 알아보고 한 차시 동안 scavenger hunt 활동을 했다. 한 번의 scavenger hunt 수업은 여러 번의 교실 수업보다 훨씬 효과적이었다. 단어 시험을 보겠다고 실내에서 3번씩 쓰게 하고, 남겨서 공부시켰던 단어들보다 학생들은 직접 만지고 모아서 말했던 단어들을 훨씬 친숙하게 여겼고 쉽게 배웠다. 교실에 앉아서 수업하는 것보다 수업 분위기가 좋았던 것은 물론이다.

또, 원어민 교사들과의 코티칭을 통해 외국의 명절과 풍습을 직접 체험할 수 있게 했다. 핼러윈 때 주고받는 인사들을 배운 후 학교를 돌아다니며 여러 나라 선생님에게 학습한 표현을 사용해서 사탕을 받았다. 우리나라의 추석과 영미권의 추수감사절을 비교하며 음식에 사용하는 단어들을 익혀 요리법을 소개하기도 했다. 이 외에도 밖에서 원어민 교사들이 초등학생 때 했던 게임들을 함께 해보면서 게임의 규칙들을 영어로도 익혀보고 재구성해서 낱말의 철자들도 확인해 보기도 했다. 학기 말에 시행한 설문조사에서 학생들은 야외 수업이 가장 기억에 남는다고 대답했다.

"밖에서 했던 활동들이 재밌었어요."
"도토리를 영어로 어떻게 말하는지 이제는 확실히 기억할 수 있어요."

한국에서는 재량으로 수업 활동을 구성하기 어려웠다. 교과서가 교육의 절대적 기준이 되었기 때문이다. 교육과정에 있는 내용을 교과서를 통해서 가르치지 않으면 "우리 아이 교과서에 빈칸이 너무 많다.", "학교에서는 필요한 내용을 제대로 가르치기는 하는 것이냐."라는 민원을 받기 일쑤였다. 하지만, 재외 한국학교 교육과정은 한국보다 좀 더 유연하기에 이런 민원에서 벗어날 수 있었다. 덕분에 재외 한국학교에서 수업할 때는 학생들과 함께하고 싶은 활동들을 마음껏 할 수 있었다. 내가 생각하는 방향대로 수업계획을 짜고, 그대로 학생들과 함께 수업했을 때의 성취감, 학생들에게서 긍정적인 피드백이 나왔을 때의 뿌듯함은 교사가 느낄 수 있는 가장 큰 보람일 것이다. 그때의 긍정적인 경험들은 계속 열정적으로 수업을 준비할 수 있게 해주는 원동력이 되었다.

나를 치유해준 아이들

최근 한국 사회에서 교권침해가 큰 화두다. SBS 데이터저널리즘팀에 따르면 수업 방해, 폭언 등의 학생에 의한 교권침해는 2000년대 초반부터 계속 증가하고 있다.* 이는 교권침해로 상담을 요청한 교사들의 사례만 집계된 것으로, 실제 교사 혼자 참고 넘기는 사례와 교권보호위원회가 제대로 열리지 않아 은폐된 사례들까지 포함하면 학생에 의한 교권

---

* '보호받지 못한 교사들'. SBS 데이터저널리즘팀. 2023.07.27

침해는 실제로 훨씬 더 심각할 것이다.

학생들에 의한 교권침해는 교사에게는 지울 수 없는 상처다. 열과 성을 다해서 가르치고 사랑했던 제자들에게 받았기 때문이다. 학생들과의 관계에서 다친 교사는 더이상 학생들을 열정적으로 지도할 수 없다. 재외 한국학교로 떠나기 전의 내가 그랬다. 여러 학부모의 상식 밖의 민원들도 물론 힘들었다. 하지만 그 해 맡았던 학생들에게 받은 상처는 더 쓰리고 아팠다. 틈만 나면 여학생들에게 칼을 들고 달려들거나, 입에 담기 힘든 말을 하던 아이가 있었고, 어떤 활동을 하든 "아, 하기 싫어!", "선생님 눈 돌아간다." 등의 부정적이고 때로는 모욕적이기까지 하던 언사를 서슴지 않던 아이가 있었다. 아이만 따로 불러 이야기를 해봐도 나아지지 않았다. 이 아이들과 "어떻게 하면 더 소통할 수 있을까, 어떻게 해야 아이가 더 나아지는 모습을 보일까?" 매일 고민하던 시간이었다.

그렇게 고군분투를 하던 중의 어느 날이었다. 학교와 가까운 지하철 역에서 나오고 있었다. 한 아이에게서 다급한 전화가 왔다.

"선생님, 지금 어디세요?"
"선생님 학교로 가고 있어. 무슨 일 있니?"
"선생님, 저 학교에 왔는데요, 교실 칠판에 빨간색으로 욕이 쓰여 있어요."
"무슨 욕이?"
"선생님 빨리 오셔서 보셔야 할 것 같아요."

혹시나 아이들에게 상처가 되는 말일까 봐 뛰다시피 학교에 들어갔다. 칠판 위에는 나를 향한 원색적인 욕이 적혀져 있었다. 아이들과 더 많이 대화하기 위해 매일 칠판에 요일별로 질문을 써두었는데, 빨간색으로 "몰라, 이 ×××아."라는 말이 쓰여 있었다. 두근대는 심장을 부여잡고 얼른 사진만 찍은 후 아이들이 보기 전에 지웠다. 누가 봐도 우리 반 학생 중 하나가 쓴 글이었다. 잘못을 따지기 전에 그 아이와 대화하고 싶어 하루 동안 본인을 드러내기를 기다렸다. 하지만 그 아이는 끝까지 자신을 밝히지 않았다.

학교에서도, 집에 가는 길에도 하루 종일 울음만 나왔다. 잠을 자다가도 그 생각에 벌떡 일어나기를 여러 차례. 결국, 이 일을 해결하지 못한 채 이틀을 병가에 들어갔다. 병가가 끝나고 나서도 교실에 들어가는 것이 너무 두려웠다. '오늘도 칠판에 나를 향한 욕이 있으면 어떡하지?'라는 생각에 학교로 가는 발걸음은 무겁기만 했다. 매사에 아이들의 눈치를 살피게 됐고, 아이들에게 따뜻한 눈길을 보내는 일도, 웃어주는 일도 어려웠다.

나에게 다시 아이들을 가르칠 용기를 주었던 건 아이러니하게도 아이들이었다. 재외 한국학교 아이들이 준 애정으로 나는 다시 가르칠 열정을 얻었다.

대부분의 재외 한국학교 근무 경험이 있는 선생님들은 말한다. 재외 한국학교의 가장 큰 장점은 아이들이라고. 직접 경험해보기 전까지는 반신반의했다. 하지만 일하면서 선생님들의 말에 수긍하게 되었다. 퇴근 버스에서 같은 교무실 선생님에게 물어본 적이 있다.

"선생님, 여기 아이들은 확실히 착한 것 같아요. 비속어도 덜 쓰고, 이상한 유행어도 안 써요."
"그렇죠? 저도 처음에는 놀랐다니까요. 6학년인데도 이렇게 순할 수가 없어요."

그러자 옆에서 이야기를 듣고 있던 중등 선생님이 한마디 하셨다.

"여기는 유튜브가 차단되어 있잖아요. 힘들게 차단을 뚫어도 화질이 안 좋거나 속도가 너무 느려서 제대로 볼 수가 없어요. 그러니까 애들이 해로운 영상을 아무래도 덜 보겠지."

선생님과 나는 과연 그렇다며, 드디어 원인을 알아냈다며 깔깔거렸다.

학교생활뿐만 아니라 수업에서의 모습들도 달랐다. 모든 학년, 모든 학급의 아이들이 수업 활동에 더 적극적으로 참여했다. 심지어 가르치기에 까다롭다는 6학년들도 수업 시간에는 눈을 반짝이며 참여했다. 작은 학습 게임 하나에도 즐거워했다. 일주일마다 한 번씩 쓰던 나의 수업 반성에는 이런 글이 가득했다. "이 작은 활동에 조마조마하며 참여하는 아이들이 너무 귀여웠다.", "모든 일에 무관심하다는 6학년들이 반응이 좋으니 뿌듯했다." 아이들의 수업에 대한 열정은 수업 준비의 원동력이 되었다. 어떻게 하면 흥미로우면서도 알찬 수업을 준비할 수 있을지 매일, 매시간 치열하게 고민했다. 원격수업을 할 때는 하루 종일 컴퓨터

모니터만 들여다봐서 눈이 충혈되고 통증이 생겨 진통제를 먹어가며 준비할 정도였다.

떠나던 해에 만났던 5학년 치킨(놀랍게도 스스로 지은 영어 이름이다)은 아직도 생각난다. 치킨은 교무실의 간식을 훔칠 정도로 대담한 아이였다. 학년에서도 손꼽히는 장난꾸러기였는데 수업 시간에도 내가 한마디 할 때마다 꼭 본인의 이야기를 열 개씩 보태 많이 혼내기도 했다. 2학기 수업이 끝나기 한 달 전쯤 치킨이 물어봤다.

"○○티쳐, 내년에는 몇 학년 해요?"
"선생님 내년에 한국 가는데?"
"네?!?!??!?"

눈을 동그랗게 뜨며 놀라던 치킨은 그때부터 반 아이들을 만날 때마다 저희끼리 뭔가를 주고받기 시작했다. 아이들이 날 위한 행사를 준비하나보다 하며 내심 기대하던 중 마지막 날이 되었다. 한 해 동안 열심히 수업에 참여한 아이들을 위해 작은 선물을 주고 작별 인사를 할 때였다. 치킨이 갑자기 교실 앞으로 나오더니 한 달 동안 준비했다며 당시 유행하던 음악에 맞춰 춤을 추기 시작했다. 치킨의 무대가 끝나고 아이들이 하나씩 나와 직접 준비한 선물들을 주었다. 치킨의 선물은 재외 한국학교와 내 이름이 각인되어 있던 볼펜이었다. 가끔 힘들 때면 치킨이 준 선물을 한 번씩 보며 그때 그 열정적이었던 무대를 떠올리곤 한다.

이 외에도 본인 교실이 있는 1층에서부터 내가 있는 5층 교무실까지 매일 아침 올라와 꼭 안아주고 가던 2학년 아이, 학년이 바뀔 때가 되니 "선생님이랑 헤어지기 싫다."라고 하며 한 달 동안 허리춤에 매달려있던 아이, 냉소적으로 바뀔 때도 되었건만 나만 발견하면 멀리서 뛰어와 인사를 하고 쓰다듬을 바라던 6학년 아이, 한국에 온 지 몇 년이 지난 지금까지도 재외 한국학교 동료 선생님을 통해 꽉 채운 A4 편지지를 사진 찍어 보내는 아이 등등. 아이들은 꾸밈없는 모습으로 나에게 사랑을 주었다. 이런 애정 표현을 받을 때마다 '내가 이렇게 과분한 사랑을 받아도 되는 건지.' 나를 되돌아보게 되었다. 자연히 아이들에게 보답하기 위해 학교에서 더 의미 있는 수업을 하려고 노력했고, 아이들에게도 따뜻하게 대하려고 노력했다.

내가 근무하던 재외 한국학교 아이들에게 가장 고마웠던 점은 나에게 보내주었던 무한한 신뢰와 애정이었다. 교과 전담으로 여러 학년에 들어갔었지만, 모든 학년에서 공통점이 있었다. 나를 만날 때마다 넘치는 사랑을 보내주었다는 것이다.

물론, 재외 한국학교에도 힘들게 하는 아이들이 있었다. 못 알아들을 것으로 생각하고 수업 시간에 현지어로 욕설하는 경우(2년차부터는 눈치로 알아들었다)도 있었고, 원어민 교사에게 대들거나, 인종차별적 표현을 하여 그 사이에서 중재했던 일도 많았다. 그럼에도 무기력해졌던 나를 다시 일으켜 세운 건 아이들이었다. 짧은 시간이었지만 재외 한국학교에서 아이들이 주는 사랑을 받으며 교사라는 직업의 보람과 행복을 느꼈다. 내가 느낀 즐거움은 다시 아이들에게로 되돌려주려고 노력했고, 서로 긍정적인 영향을 끊임없이 주고받았다. 결국, 학교에서 아이들이 행복하기 위해서는 교사들이 행복해야 한다. 이는 교사 혼자만의 노력으로 만들어지지 않는다. 아이들의 도움 없이는 불가능하다.

수업 시간에 대놓고 휴대전화로 게임을 하는 학생, 폭력적인 말과 행동으로 교사에게 상처를 주는 학생, 대놓고 교사를 무시하고 심지어는 때리는 학생까지. 학생에 의한 교권침해를 종종 듣게 되는 요즘, 재외 한국학교 아이들이 몹시 그립다.

03

천방지축 어리둥절 빙글빙글 재외 한국학교

　유명한 만화영화 〈짱구는 못말려〉의 오프닝 노래는 이렇게 시작한다. '천방지축 어리둥절 빙글빙글 돌아가는 짱구의 하루'. 매일 매일 어떤 일이 일어날지 모르는 짱구의 생활을 정확하게 설명하는 노래다. 재외 한국학교에서 근무하는 동안 나는 짱구가 된 것 같았다. 예상할 수 있는 일들이 반복되던 한국의 학교들과 달리, 재외 한국학교에서는 의외의 일들이 많았기 때문이다.

공립과 사립의 사이 그 어딘가

　재외 한국학교는 기본적으로 사립학교이다. 교민들이 십시일반으로 돈을 모아서 세운 학교들이 많다. 학생들은 한국의 학교들보다 비싼 수업료를 낸다. 근래 교육부가 재외 한국학교를 지원하게 되면서 준 공립

(?)이라고 부를 수 있는 모습들을 갖게 되었다. 내가 근무했던 곳을 기준으로 재외 한국학교와 한국 공립학교의 차이점을 살펴보면 다음과 같다.

우선, 현지 국가의 사정이 한국과 다르기에 재외 한국학교는 한국의 학교보다 교육과정을 구성할 때 자율성을 더 발휘할 수 있다. 특히 영어와 현지 언어 수업을 중시하기 때문에 영어와 현지 언어는 수준별로 수업한다. 1~12학년(재외 한국학교는 초, 중, 고가 모두 같이 있기에 고등학교 3학년을 12학년이라고 부른다) 모두 한 학기에 한 번, 분반 시험을 보고 나누어진 단계에 따라 수업을 들었다. 당연히 학부모들이 예민할 수밖에 없는 부분이어서 분반 시험을 한 번 보고 나면 교무실 전화번호는 쉬지 않고 울렸다.

분반 시험을 볼 때는 수업 준비도 할 수 없었다. 쉬는 시간마다 성적이 애매하거나 관찰 결과가 다른 학생들을 불러다 원어민 교사들에게 인터뷰를 부탁하느라고 바빴다. 하지만 분반을 마치고 나면 한국보다 훨씬 수가 적은 비슷한 수준의 학생들을 가르칠 수 있어서 좋았다. 학생이 한 반에 8~13명 정도다 보니 학생 개개인의 능력을 잘 파악할 수 있고 개별지도가 가능했다. 학생들과 긴밀히 소통하고, 정서적으로도 많이 교감할 수 있었다. 수업 중 게임 활동을 할 때도 비슷한 수준의 학생들끼리 하니 학생들도 더 흥미를 느끼고, 자연스럽게 영어로 말할 기회를 많이 얻었다.

행정업무의 가장 큰 차이는 역시 교육행정정보시스템(나이스)이다. 과거에 대부분의 재외 한국학교는 나이스를 사용하지 않았다. 외국에서는 접속 환경, 보안 등의 이유로 시스템 사용이 원활하지 않았기 때문이다. 그래서 학생들이 한국으로 전출을 가거나 현지 한국학교로 전입을 올 때, 제출해야 하는 학교생활기록부의 양식이 제각각이었다. 현재는 이런 문제를 해결하기 위해서 많은 학교에서 나이스를 사용한다. 문제는 한국의 나이스와 재외 한국학교의 나이스가 다르다는 것이다. 첫해 학교생활기록부 지침이 대폭 바뀌면서 나이스에도 그에 맞는 기능들이 생겼고 관련된 연수 자료를 받았다. 하지만 내가 근무하던 재외 한국학교에서 사용하는 나이스에는 해당 기능들이 생기지 않았다. 한국에서 문제가 있을 때마다 사용하던 나이스 광장도, 직통 전화번호도 외국에서는 먹통이었다. 일주일 동안 국제전화로 나이스 담당자와 통화를 한 끝에 겨우 문제를 해결할 수 있었다. 나중에는 하도 전화를 많이 해서 담당자가 목소리만 듣고도 "이번에는 무슨 문제시죠?"라고 물어볼 정도였다.

　재외 한국학교의 나이스는 학교에서 업무를 하는 데 큰 문제였다. 당시 썼던 일기를 보면 일주일에 4일 이상은 나이스에 접속이 되지 않아서 선생님들한테 민원 받았던 이야기, 나이스 기능이 제대로 작동하지 않아서 담당자와 통화한 이야기, 선생님들이 사용할 수 없는 권한을 요청해서 안 된다고 설명하는 이야기로 가득 차 있다. 당시에는 바쁘고 힘들었지만 돌이켜보니 그때 문제를 해결하기 위해 계속 통화하고, 배우고, 시행착오를 겪으며 나이스 공부를 많이 한 덕분에 한국에서도 나이스를 큰 어려움 없이 사용하고 있다.

　마지막으로 교구 구매 절차가 까다롭고 어렵다. 학교운영비 대부분을 학생이 낸 등록금으로 충당하기 때문이다. 넉넉한 한도 안에서 비교적 자유롭게 교구를 구매할 수 있는 한국과 달리 재외 한국학교에서는 빡빡한 금액 안에서 꼭 일정 기간 안에 교구를 구매해야 했다. 그 기간이 넘어가면 교구를 구매할 수 없는 경우가 많았다. 교구는 인터넷 쇼핑몰이나 한인 타운 근처의 문구점에서 구매했다. 처음에는 재외 한국학교의 예산 사용 과정이 생소해서 실수도 많이 했다. 교구 구매를 빠뜨려서 사비를 들여 사기도 했고, 현지 문구점에서 주인과 소통이 되지 않아 물건을 잘못 산 적도 있다. 손가락과 계산기로만 소통했기에 물건의 개수가 맞지 않았던 경우도 많았다.

시간이 지나면서 학교 운영 체계에 익숙해지니 미리미리 계획을 세워서 필요한 학습자료들을 제때 살 수 있었다. 또한, 현지 문구점에서 자주 구매하다 보니 현지 언어를 연습할 기회를 많이 얻었다. 나중에는 문구점에 갈 필요 없이 전화만으로도 주문이 가능할 정도였다. 결국, 마지막 학기 때에는 다른 선생님의 교구까지 대신 구매해주기도 했다.

재외 한국학교는 사립학교의 특징도, 공립학교의 특징도 갖고 있다. 한국에서 근무하다가 재외 한국학교의 시스템을 마주하면 어색하기도 하고 이해가 안 되는 경우들도 있다. '한국에서는 나이스가 잘 됐는데 여긴 왜 안돼?', '한국은 이렇게 관리자 허락 없이 야외수업하면 큰일 나는데 여기서는 그냥 하네?' 등의 생각이 든다. 재외 한국학교는 사립학교로 시작했기 때문에 교육과정은 한국과 함께 쓰지만 각 학교의 상황은 한국과 완전히 다르다. 이 차이점을 계속 생각하면서 학교의 시스템에 적응하다 보면 한국과는 다른 점들이 보이고 가끔은 한국보다 더 좋기도 하다. 새로운 경험을 찾아 도전한 재외 한국학교 생활이니, 이 또한 한국이었다면 해보지 못할 경험이라고 생각하고 기꺼이 도전한다면 재외 한국학교 생활이 더 즐겁지 않을까?

재외 한국학교 영어교사로 살아남기

재외 한국학교 근무는 그 자체로도 특별한 경험이다. 학급 학생의 구성, 영어, 현지어, 한국 문화가 좀 더 강조된 교육과정 등 한국의 학교에서 겪을 수 없는 일들이 더 많다. 하지만 재외 한국학교 영어교사로 일한다는 건 더 색다르다. 한국의 영어 수업과 전혀 다르기 때문이다.

대부분의 재외 한국학교는 영어 교육에 특화되어 있다. 주당 영어 수업 시수가 더 많고, 한국보다 더 높은 수준의 내용을 배운다. 한국에서 영어는 초등학교 3학년 때 시작하며, 3~4학년은 1주일에 2시간, 5~6학년은 3시간을 배운다. 내가 근무하던 학교에서는 1학년부터 영어를 배우며, 1~2학년은 1주일에 4시간, 3~4학년은 5시간, 5~6학년은 6시간을 배웠다. 6학년의 경우에는 현재완료, 현재완료진행 등 중학교 수준의 어법도 교과 내용에 포함되어 있었다.

고등학교 이후로는 영어 문법을 들여다보지 않았던 나는 6학년 영어를 맡았을 때 어떻게 가르쳐야 하나 막막했다. 제대로 알지 못하는 내용을 다루어야 했기에, 먼저 공부를 해야 했다. 문법책을 어렵게 구해서 수업 내용을 연구했다. 교재에 있는 문제를 다 풀어보고, 이해가 잘 안

가는 건 중등 영어과 선생님이나 원어민 동료들에게 물어 해결했다. 가르치는 방법도 고민이었다. 중등처럼 이론만 다룰 수 없고 초등학생 수준에 맞는 활동이 필요했는데, 한국에서 가져온 자료들은 아이들의 흥미와 맞지 않았기 때문이다. 수업 시간에도 자주 당황했다. 학생들은 내 수준을 뛰어넘거나, 원어민 선생님 시간에 나온 잘 모르는(원어민 선생님이 문법을 생각하지 않고 '그냥' 쓴) 표현들을 물어봤다. 그럴 때마다 식은땀을 흘리며 "응, 선생님이 알고 있는 게 정확하지는 않네. 다시 한번 확인하고 알려줄게."라고 하거나 "그런 건 직접 찾아봐야 공부에 도움이 되는 거야."라고 은근슬쩍 넘어갔다.

한국에서는 생소한 영어 행사도 있었다. 영어단어 암기 대회인 'Spelling Bee'는 영어과의 가장 큰 행사 중 하나였다. Spelling Bee를 하기 한 달 전부터 학생들에게 영어단어 종이를 나눠주고 외울 수 있도록 온갖 방법을 썼다. 공책에 3번씩 쓰기, 다양한 쓰기 게임하기, 모의시험 보기 등등. 공정한 시험이 될 수 있도록 선생님들끼리 몇 주 동안 어떤 방법으로 볼 것인지, 작년 시험에서 개선해야 할 점은 무엇인지를 회의했다.

원어민과 함께 일하는 것도 큰 산이었다. 원어민들은 한국인들과 사고방식 자체가 달랐기 때문이었다. 학교에 장애인용 엘리베이터가 있었는데, 학생들이 별다른 이유 없이 타서 자주 고장이 났다. 학교 차원에서 학생들이 엘리베이터를 타는 것을 막기 위해 교사도 되도록 계단을 이용하도록 했다. 한국인 교사들은 "우리가 교사니까 솔선수범해야지." 하면서 수긍했다. 하지만 원어민 교사들은 달랐다. "우리는 교사고, 학생은 학생이니 다른 대우를 받는 게 맞다."며 화를 냈다. 영어과 부장님이 한참 동안 "요즘 한국 학생들은 교사들이 할 수 있는 걸 본인들이 하지 못하면 차별받는다고 생각한다."고 협조해달라고 설득했지만 결국 통하지 않았다.

학부모 민원에 대한 생각도 우리와 달랐다. 학부모가 민원을 제기했을 경우, 한국인 교사들의 경우에는 최대한 들어주고, 긍정적으로 피드백을 했다. 원어민 교사들은 자신의 입장을 단호하게 전달했다. "나의 교육관이 이러니, 학부모가 여기에 민원이나 불만을 제기하는 것은 내 교육권을 침해하는 행위다."라고 이야기해서 학부모와 불화가 생겼던 적도 많았다. 그럴 때마다 중간에서 통역해야 하는 한국인 교사들은 '고래 싸움에 낀 새우'가 되었다.

재외 한국학교에서 영어를 가르치는 일은 어렵다. 그러나 그만큼 좋은 점도 많다. 일단 영어 실력이 눈에 띄게 좋아진다. 학생들을 가르치기 위해 문법을 공부하고, 원어민들과 매일 회화를 하니 늘 수밖에 없다. 함께 영어과로 발령받은 선생님은 한국으로 귀국할 때 모든 원어민이 "영어 실력이 진짜 많이 늘었다."며 인정할 정도였다. 또한, 다양한 문화를 접할 수 있다. 영어과에는 영어를 모국어로 하는 영국, 미국, 캐나다, 남아프리카공화국 등 다양한 나라에서 온 선생님들이 있다. 이들과 동고동락하다 보니 자연스레 그들의 생활방식에 친숙해졌다. 핼러윈 때는 다 같이 모여 호박으로 조각을 해서 교실을 꾸미고, 만화 캐릭터 등으로 분장을 해 학생들과 학교를 한 바퀴 도는 행사를 하기도 했다.

처음 재외 한국학교에 지원할 때, 담임 교사와 영어교사 중 어느 쪽에

원서를 넣을지 고민을 많이 했다. 돌이켜보니 영어교사로 지원하길 잘했다는 생각이 든다. 문화가 다른 사람들과 일하는 데서 오는 어려움도 있었지만, 다른 나라의 교육 환경은 어떤지 간접적으로 체험도 해보고 외국인 친구도 사귀는 등 영어교사가 되지 않았다면 해보지 못했을 값진 경험을 많이 했으니 말이다.

친구보다 먼, 동료보다는 가까운

어떤 곳에서 있든 누구와 지내느냐가 행복에 가장 큰 영향을 준다. 특히 낯선 장소에서는 의지할 사람이 더 필요하다. 힘들 때 기댈 사람이 있다면 그곳에 비교적 쉽게 적응할 수 있기 때문이다. 재외 한국학교에서는 도움을 요청할 대상이 거의 동료교사이기 때문에 동료 교사와의 관계가 한국보다 훨씬 더 중요하다.

함께 발령받은 동기들이 없었다면 재외 한국학교 생활은 훨씬 더 힘들었을 것이다. 동기들은 외롭던 외국 생활의 버팀목이었다. 발령받기 전부터 동기들과 많은 정보를 주고받았다. 외국 생활에 필요한 서류들은 어디에서 구할 수 있는지, 집은 어떤 사이트에서 많이 구하는지, 학교가 자리 잡은 곳의 교통은 어떠한지 등등. 동기들과의 단체 채팅방은 그야말로 보물창고였다.

학교에 근무하기 시작하고 나서도 동기들은 힘든 몸과 마음을 달랠 수 있는 곳이었다. 매주 주말마다 동기들의 집에서 돌아가며 모였다.

"중등 영어과에서는 원어민 선생님들과 문제 생기면 어떻게 해결해요?"

"선생님 학년도 오늘 학습준비물 사러 다녀왔어요? 분필 깍지 어떻게 설명해요?"

"문구점 주인이 작년이랑 달라서 올해는 영수증 발급하는 게 까다롭더라고요."

"이번 주에 교육과정 확인했는데 한국이랑 달라서 너무 피곤해요."

일주일 동안 있었던 일들을 실컷 이야기했다. 동기들의 공감을 받으면 스트레스도 풀리면서 '아 나만 이렇게 힘든 게 아니구나.'라는 생각에 마음이 놓였다.

현지 언어와 문화에 익숙하지 않은 일상에서도 서로 도와주며 생활했다. 어떤 음식점이 한국인의 입맛에 맞는 현지 음식을 파는지부터 핸드폰 요금 할인까지, 사소하지만 꼭 알아야 하는 것들을 공유했다. 동기 한 명에게 무슨 일이 생기면 한두 명은 문제가 해결될 때까지 함께 있었다.

근무 첫해에는 동기들과 여행도 자주 다녔다. 혼자였다면 엄두도 내지 못했을 현지의 여러 지역들을 탐방하며 그 나라의 다양한 문화들을 체험했다. 한번은 지방의 소도시에 갔다. 동기들과 자전거를 빌려 도시 여기저기를 구경했다. 그러던 중 동기 한 명이 급하게 길을 건너다 맞은편에서 오던 현지인의 자전거와 부딪혔다. 부딪힌 사람은 우리가 외국인인 것을 알고 자기 친구들을 다 불러 모았다. 그러더니 자전거의 가격보다 훨씬 비싼 가격을 부르며 배상하지 않으면 경찰서에 신고할 것이라고 협박하기 시작했다. 동기들과 번갈아 가면서 한국영사관에 전화도 해보고 교민사회에도 도움을 청해봤지만 돌아오는 답은 하나였다. "적당히 요구 맞춰주고 돌려보내세요." 결국 상대방이 원하는 금액을 주고 합의할 수밖에 없었다. 다음날에는 전날의 여파로 같이 있던 동기들 모두 몸살이 나서 하루 종일 호텔에서 휴식을 취할 수밖에 없었다. 동기들과 함께 있었으니 망정이지 혼자 있었을 때 이런 사고가 났다면 어땠을지 생각만 해도 머릿속이 하얘졌다.

하지만 이듬해부터 동기들과의 사이도 서먹서먹해지기 시작했다. 해외 생활 2년 차가 되면서 서로 자신의 생활방식을 찾았기 때문이다. 첫해에는 생소한 환경에 대부분의 일을 동기들과 맞춰서 했다. 얼떨결에 동기들이 가자는 대로 여행을 가고 먹자는 대로 음식을 먹었다. 어느 정도 학교 일과 학교 밖 생활에 익숙해지니 각자의 개성, 하고 싶은 일들이 뚜렷하게 나타났다. 학교 밖 사회에서 자신과 더 잘 맞는 사람을 찾기도 하고, 동기 중에서도 더 잘 통하는 사람들끼리만 뭉치기도 했다.

학교 밖에서는 좋은 친구들이었지만, 학교 안에서는 동료들이었기에 동기들과 사이가 멀어지기도 했다. 시스템에 적응하느라 힘들 때는 볼 수 없었던 점들이 점차 선명해졌다. 학교 밖에서는 안 보이던 서로의 차이가 학교 안에서는 선명했다. 평가 방법, 일하는 방식, 의견 등이 너무나도 달라 많은 부분에서 충돌이 생겼다. '내가 근무하던 학교에서는 이렇게 했는데 왜 너는 네 방식만 고집하느냐?', '우리 부서 부장님이 일을 이렇게 하랬는데 왜 너 혼자 마음대로 결정하나?' 등 갈등이 생겼다. 크고 작은 충돌이 모여 결국 더이상 어울리지 않는 동기들도 생겼다.

아는 사람이 아무도 없는, 전혀 새로운 세계인 재외 한국학교에서 동료 교사와 원만히 잘 지내는 것은 필수적이다. 지금까지 알던 학교 환경과 전혀 다른 곳에 적응하기 위해서는 동료 교사의 도움이 절실하기 때문이다. 더군다나 부임한 첫해에는 교제하는 대상이 학교의 구성원들로 제한되는 경우가 많다. 현지 언어에도 익숙하지 않고 어디서 친구를 사귀어야 하는지도 잘 모르기 때문이다. 하지만 동료와 친구는 엄연히 다르다. 동료는 공적인 영역에서, 친구는 사적인 영역에서 나와 함께 하는 사람이다. 동료가 친구가 되면 직장에서의 일과 개인적인 일이 섞인다. 학교에서 일하면서 있었던 안 좋은 감정이 퇴근하고 나서까지도 지속된다. 친했던 사이기에 그만큼 서로에게 상처를 주기도 쉽다. 최악의 상황에는 서로의 약점을 들추어내며 다투고 남은 기간 모른 체하면서 지내기도 한다.

재외 한국학교에서는 공적으로든 사적으로든 한국보다 동료 교사끼리 더 많은 교류가 이루어진다. 한국보다 함께 지내는 시간도 더 길다. 그만큼 동료 교사와 잘 지내기 위한 지혜로운 방법을 생각해 보는 것이 필요하다.

04

외국에서 살아남기

어서 와, 해외 생활은 처음이지?

몇 년 전 유행했던 TV 예능프로그램이 있다. 한국에 거주하고 있는 외국인의 지인들이 한국을 여행하며 체험해 보는 프로그램이었다. 온라인 게임, K-pop 등으로 이미 한국에 익숙했던 사람들부터 한국을 전혀 모르던 사람들까지, 다양한 사람들이 한국을 방문했다. 비빔밥의 채소들을 따로 집어 먹기도 하고, 고국에서는 먹어볼 수 없던 막걸리에 빠지게 되기도 하고, 한복을 입어 보며 문화를 체험하기도 했다. 방문객들은 오감으로 한국을 경험하면서 한국에 대한 이해를 넓혔다. 그들이 과거 한국에 대해 가지고 있던 편견을 깨는 모습은 이 예능을 보면서 느낄 수 있었던 큰 즐거움 중의 하나였다.

해외 생활을 하는 동안은 나 역시 예능프로그램의 출연자가 된 것 같았다. 새로운 언어, 새로운 음식, 새로운 문화가 한꺼번에 몰려들었기 때문이다. 그중에서도 해외 생활에서 가장 큰 벽은 언어였다. 제대로 알아듣지도 못하는 상태에서 큰 소리로 강세를 주어 말하는 현지 언어는 적응하기 힘들었다. 마트에서 물건을 살 때였다. 직원이 나에게 손가락질하며 소리쳐 말했다. 내가 뭘 잘못했나 두리번거렸다. 직원은 계속해서 나한테 말했다. 알고 보니 내가 집은 과일보다 더 싼 물건을 알려주는 것이었다.

현지어를 조금씩 배우면서 일상에서 사소한 도전을 해보기 시작했다. 어느 주말, 커피 원두를 사기 위해 카페를 찾았다. 메뉴에 적혀 있는 영어단어들과 눈치로 커피 원두를 고르는 데까지는 성공했다. 그다음이 문제였다. 집에서 커피를 내려 마시기 위해 원두를 갈아달라고 해야 했는데, '갈다'라는 말을 어떻게 해야 할지 몰랐다. 5초 동안의 정적. 세계 어디서나 통하는 언어를 하기 시작했다. 커피 원두를 손으로 가리키고 주먹을 쥔 후 열심히 돌렸다. 카페 직원이 '풉'하고 웃더니 원두를 갈아줬다. 카페 밖으로 나오자마자 얼굴이 확 달아올랐다. 집에 도착하자마자 '커피 원두를 갈아주실 수 있나요?'를 번역기에 돌린 후 일기장에 썼다. 다음에는 꼭 제대로 말하겠다고 다짐했다.

음식 역시 해외 생활에 적응하는 데 큰 영향을 줬다. 한국에선 엄마 옆에서 붙어살았기에 혼자서 요리를 해본 적도 별로 없었다. 밥을 하는 데 어떤 쌀을 사용해야 하는지도 몰랐다. 호기롭게 집 근처 마트에서 쌀을 사 왔다. 한국을 떠나기 전 엄마가 알려준 '밥 짓는 법'을 생각하며 쌀을 씻고 밥솥에 넣었다. 밥솥에서 김이 나기 시작했다. 한국에서 밥할 때 나는 냄새가 아닌, 처음 맡아보는 냄새가 났다. 불안했다. 밥이 다 됐다는 소리가 나고 밥솥을 열었다. 숟가락으로 밥을 푸려는데 밥알이 다 날아다녔다. 결국, 냄새가 나고 끈기가 없던 그 밥은 김치볶음밥을 만드는 데 쓸 수밖에 없었다.

이 외에도 영화 보기, 음식 시켜 먹기, 택시 타기 등의 일상적인 일들도 외국에서는 모두 도전이었다. 당황스러웠던 적도 많았지만, 현지 문화에 대한 이해를 높일 수 있었던 시간이었다. 억세고 시끄럽게만 느껴졌던 현지 언어는 배울수록 매력이 넘쳤다. 그동안 몰랐던 귀여운 낱말들, 우리나라와 비슷하면서도 다른 문법 등이 눈에 들어왔다. 현지인 친구들과 현지어로만 이야기할 수 있게 되었을 때는 뿌듯하고 스스로가 자랑스러웠다.

짧은 여행만으로는 한 나라의 모습을 잘 알기 어렵다. 오랜 시간을 두고 직접 경험해봐야 비로소 그 나라를 폭넓게 이해할 수 있다. 예능프로그램에서 한 친구가 한국에 사는 친구에게 이렇게 말했다.

"난 널 늘 걱정했는데, 네가 이곳(한국)에서 한 경험이 너를 많이 변화시켰고, 참 좋은 것 같아. 나도 생각이 바뀌었거든."*

내가 재외 한국학교에서 근무한 시간은 그 나라를 모두 이해했다고 말하기에는 짧다. 그러나 그 시간은 내가 그 나라에 대해 가졌던 선입견을 버리기에는 충분했다. 우당탕 실수가 잦았던 해외 생활이었지만 새

---

* '어서 와, 한국은 처음이지?' 24회. MBC. 2018.01.04.

로운 생각을 틔워주고, 일상의 사소한 일들을 새로운 도전으로 만들었다는 점이 참 좋았다.

무물보(무엇이든 물어보세요): 재외 한국학교 편

최근 소셜미디어에서는 '무물보(무엇이든 물어보세요)'가 인기다. 소셜미디어의 기능을 통해 궁금한 것을 물어보고, 그에 대해 답을 해주는 형식으로 이루어지는데 주로 유명인들이 팬들과 소통하거나, 고민 상담을 해줄 때 사용한다. 주변 선생님들이 재외 한국학교에 대해 가장 많이 물어본 질문들을 이 형식을 빌려 답해보고자 한다. 재외 한국학교에 대한 궁금증이 조금은 해소되기를 바란다. 한국에 귀국한 지 시간이 좀 흘러 지금의 상황과는 좀 다를 수도 있다.

◎ 재외 한국학교 급여는 어느 정도인가요?

급여는 학교별로 천차만별이다. 현지 통화로 월급을 주지만, 동남아시아에 있는 한국학교의 경우는 미국 달러를 받기도 한다. 보통 현지 물가에 비례해서 지급한다. 공통점은 한국보다 액수가 훨씬 적다는 것이다. 호봉제이긴 하지만 호봉이 올라갈수록 증가하는 액수가 한국보다 훨씬 작아서 연차가 높을수록 불리하다. 중국 상하이, 홍콩, 싱가포르 등은 물가가 워낙 높기에 학교에서 주는 월급만으로는 생활이 어렵다. 그래서 많은 선생님이 방과후 수업(중등의 경우에는 보충수업)을 희망한다.

◎ 영어를 잘 못 하는데, 혹은 현지어를 한마디도 못 하는데 갈 수 있나요?

많은 선생님이 재외 한국학교를 희망할 때 언어문제를 가장 걱정한다. 결론부터 이야기하자면, 갈 수 있다. 한국학교의 학생들은 대부분 한국 국적을 가졌거나 외국 국적을 가졌어도 부모님이 한국인이기 때문에 한국어로 의사소통하는 데 전혀 문제가 없다. 다만, 홍콩 한국학교는 국제학교로, 외국 학생들도 있기에 영어를 할 수 있어야 한다. 또 영어 부서나 현지 언어 부서를 제외하고 교직원들도 거의 한국인이기 때문에 학교 안에 있을 때는 한국의 학교와 다를 바 없이 생활할 수 있다.

일상생활에서 언어로 어려움을 겪을 수는 있다. 내가 근무하던 지역의 경우는 번화가에 나가도 영어가 잘 통하지 않았다. 물건 구매, 식당 예약 등 모든 걸 다 현지어로 해서 현지어가 익숙하지 않았던 초기에는 불편했다. 하지만 지역별로 코리아타운이 잘 조성되어 있고, 코리아타운 근처에서만 생활한다면 현지어를 못 해도 괜찮다. 또, 스마트폰 앱이 잘 되어있어서 장보기, 배달음식 주문하기 등은 쉽게 해결할 수 있다. 실제로 오랜 시간 근무했지만 현지어를 거의 못 하는 선생님들도 제법 있었다.

이왕 재외 한국학교에서 근무하기로 마음먹었다면 현지어 공부를 적극 추천한다. 현지어를 알아듣기 시작하고 말할 수 있게 되면 경험의 폭이 넓어진다. 그 나라 사람들과 이야기를 나눌 수 있게 되고, 다양한 각도에서 그 나라를 볼 수 있어 그 나라의 진짜 모습에 조금 더 다가갈 수 있다. 재외 한국학교에 선발될 때는 외국어 능력이 크게 중요하지는 않지만, 합격한 후 현지어에 관심을 가져보길 바란다.

◎ 학교 시스템은 어떤가요?

재외 한국학교는 대부분 한국 교육과정을 따르고 있기에 학생들의 학습 내용은 한국과 크게 다르지 않다. 영어, 현지어, 한국문화교육을 중시해서 이 과목들의 비중만 더 높다. 행정업무도 한국과 비슷하다. 교무부, 교육과정부, 과학정보부 등 부서나 하는 일들도 한국의 학교와 같다. 관할 교육청의 유무가 한국과의 차이다. 재외 한국학교는 교육부 소속이기에 교육청에서 내려오는 지시나 업무가 없다. 그래서 오히려 행정업무는 한국의 학교보다 적은 편이다.

대부분의 재외 한국학교에서 학교생활기록부를 기록할 때 나이스를 사용한다. 하지만 재외 한국학교 나이스는 학교생활기록부만을 위해 존재한다. 교사의 복무, 급여 등은 나이스를 사용할 수 없고 다른 시스템을 사용한다. 내가 근무하던 학교는 에듀파인 대신에 현지 웹사이트를 사용하여 공문을 작성하고 복무를 상신 했다.

◎ 현지에서 살 집은 어떻게 구하나요?

재외 한국학교에 합격하고 나면 현지에서 살 집을 구하는 게 첫번째 과제가 된다. 한국에서의 일을 마무리하고 출국하면 재외 한국학교 출근까지 일주일 정도밖에 집을 볼 시간이 없다. '현지어를 한마디도 못하는데 부동산이랑은 어떻게 연락하지?', '내가 원하는 집 조건은 어떻게 말하지?', '집에 난방은 들어오면 좋겠는데.', '외국인이라고 사기당하는 거 아니야?' 등등 온갖 걱정이 꼬리를 물고 이어졌다. 현지에서 근무하고 있는 선생님들에게 집 문제를 물어볼 때마다 돌아오는 답은 "일단 들어오면 어떻게든 구해지니 걱정하지 말라."였다. 짧으면 1년, 길면 몇 년을 살게 될 집인데 이렇게 손 놓고 있어도 되나 계속 의심이 됐다. 역시 경험자들의 말은 믿을만했다. 한국인들만 전문적으로 상대하는 부동산이 있었기 때문이다. 중개료와 임대료가 조금 비싸긴 했지만, 한국인 맞춤형 집들을 보여주니 선택하기가 쉬웠다. 또 중개사와 한국어로 소통이 가능해서 집주인과 문제가 생겨도 도움을 청할 수 있었다.

또는 귀국하는 선생님들의 집을 이어 받아서 살 수도 있었다. 이런 집들은 보통 몇 년씩 한국학교 선생님들이 살았기 때문에 깨끗하고 방세나 집을 사용하면서 지켜야 할 것들이 정해져 있다. 결론은, 선배 선생님들 말처럼 출국하면 집을 구할 수 있으니 미리부터 근심할 필요는 없다.

강제 인생 공부

외국에 나간 후 일주일도 안 돼서 일이 생겼다. 입국하고 일주일 안에 관할 파출소에 전입신고를 해야 했었는데 집주인과의 계약이 늦어져 전입신고 기한이 지나버렸다. 파출소에 신고하러 가자, 제복을 입은 덩치 큰 경찰관이 현지어로 빠르게 말했다. 나는 못 알아듣겠다고 이야기했고 실랑이는 계속되었다. 경찰관은 계속 알아들을 수 없는 말을 반복하더니 나에게 사인을 하라고 종이를 한 장 내밀었다. 짧은 현지어로 살펴보니 '법을 어겨서 훈계를 받았다.'는 내용증명이었다. 한 번 더 어기면 더 큰 벌을 받는다는 무시무시한 내용이 담겨 있었다. 벌을 받았다는 종이를 두 장 들고 경찰서 밖을 나오자 눈물이 왈칵 쏟아졌다. '분명 내가 잘못하긴 했지만, 이 나라의 체제에 익숙하지 않으면 좋게 설명해 줄 수도 있는 일이 아닌가?' 하는 원망이 쏟아졌다. 한국을 떠나고 나서 처음으로 혼자라는 사실이 크게 느껴졌다.

자취하다 보면 부모님과 같이 살 때는 생각하지 못했던 문제들을 만나게 된다. 집은 어떤 순서로 계약해야 하는지, 집에서 물건이 고장 났을 때는 누가 비용을 부담해야 하는지, 관리비는 어떻게 내야 하는지 등등. 여기에 외국인이어서 당했던 부당한 대우들까지 생각하면 혼자 해외에서 생활하는 일은 매우 어렵다.

재외 한국학교 근무를 마치고 한국으로 돌아올 때였다. 한국에서의 복직 문제로 집 계약 기간보다 일찍 들어가게 됐다. 내가 근무하던 지역에서는 보증금으로 3개월 치의 월세를 내놓고 매달 월세를 내는 형식으로 집값을 지불했다. 한국으로 들어오던 해의 2월 말에 계약 기간이 끝나서 집주인에게 그때 보증금을 받기로 하고 먼저 귀국했다. 보증금을 받게 된 날, 집주인에게 갑자기 연락이 왔다. 새로 들어온 세입자가 집의 수리를 요구할 수도 있으니 일정 부분을 떼고 보증금을 돌려주겠다는 것이었다. 당황스러워서 여기저기 물어보니 세입자가 수리를 원할 때는 집주인이 해준다고 이야기했다. 집주인에게 이런 이야기를 그대로 전달해도 집주인은 요지부동이었다. 결국, 보증금은 온전히 돌려받지 못했다. 이미 한국에 들어온 데다 보증금은 집주인이 가지고 있었기에 내가 할 수 있는 일은 없었다. 그저 이만큼이라도 돌려받은 게 다행이라며 스스로를 위안할 수밖에 없었다.

현지인이었다면 당하지 않았을 일들을 당했을 때 내가 실질적으로 할 수 있는 일들은 많지 않았다. 그 나라의 문화와 언어에 익숙하지 않았기에 대처할 방법이 적었기 때문이다. 그래서 나는 그저 내 마음을 잘 다독여주는 방법을 연습했다. 집 근처로 산책하러 나가거나, 나를 위한 맛있는 음식을 시켜 먹거나, 해야할 일들을 밀어놓고 좋아하는 가수의 영상을 하루 종일 돌려봤다. 시간이 지나면서 기분 나쁜 일을 마주했을 때는 그냥 '아휴 오늘도 집에 가서 치킨 시켜놓고 인피니트 영상이나 봐야겠다.'라고 대수롭지 않게 생각하게 되었다.

> "우리가 당장에 이해할 수 없는 일들, 도망치고 싶은 순간들도 우리 삶의 한 과정일 수 있다. 어떠한 형편에 처해 있든, 삶에서 무슨 일이 일어나든, 결국 우리는 자신의 삶을 보듬고 차곡차곡 살아내야 한다."*

해외에서 생활할 때 다 그만두고 돌아오고 싶은 순간들이 많았다. 코로나가 한창 유행할 때는 한국인이라는 이유로 택시 승차 거부도 당했다. 현지어에 서툴다는 이유로 물건을 살 때 바가지를 썼고, 아파도 제대로 병원에 갈 수 없었다. 하지만 돌이켜 생각해 보니 한국에서 20여 년 동안 배우지 못했던 일들을 짧은 시간 안에, 해외에서 배울 수 있었다. 해외 자취생활 전의 내가 1.0 버전이었다면, 해외에서 돌아오고 나서의 나는 1.4의 버전이랄까? 된장찌개 끓이기부터 이삿짐센터 부르기,

---

* 교실 밖 인문학 콘서트. 백상경제연구원. 스마트북스. 2020.

집안의 자잘한 가구 수리하기까지의 실용적인 기술도 갖추고, 마음이 상했을 때는 어떻게 나를 위로해 줄 수 있는지, 어떻게 지금 우울함도 잘 이겨낼 수 있는지를 알게 되었다. 단시간에 속성으로 인생을 과외받은 느낌이었다.

05

그 럼 에 도   다 시   한 번 ?

재외 한국학교에서 근무할 때 방세도 아끼고, 서로 도와줄 겸 새로 온 선생님들끼리 룸메이트를 하는 경우가 종종 있었다. 나도 첫해에는 룸메이트가 있었다. 가족이 아닌 다른 사람과 함께 사는 일은 예상보다 훨씬 더 힘들었다. 부엌 사용, 청소, 쓰레기 버리기 등 하나부터 열까지를 조율해야 했다. 어느 날은 룸메이트와 사는 일이 너무 힘들어서 현지어 과외 선생님한테 하소연했다.

"룸메이트가 매번 샤워하고 머리카락을 치우지 않아서 너무 힘들어요. 배수구에 머리카락이 잔뜩 끼어서 물이 안 빠지는데 그걸 그냥 두고 샤워 하더라고요. 어떻게 그럴 수 있죠?"

내 불평을 한참 듣고 있던 선생님이 대답했다.

"우리말에 이런 속담이 있어. 좋은 점이 있으면, 나쁜 점도 있다. 네가 룸메이트와 살아서 힘든 점들도 있지만, 그래도 덕분에 방세도 아끼고 좀 더 안전하잖아? 항상 어떤 일이든 나쁜 점이 있으면 좋은 점들도 있기 마련이지."

집으로 오면서 선생님의 말씀을 다시 생각해봤다. 내가 왜 집을 공유하기로 했는지, 공유하면서 어떤 좋은 점들이 있었는지가 떠올랐다. 집과 관련해서 곤란한 일이 생겼을 때 그래도 룸메이트가 있어서 든든했다. 늦은 시간에 퇴근할 때도 룸메이트가 있어서 무섭지 않았고, 집 열쇠를 두고 가도 룸메이트가 있으니 번거롭게 다른 동료한테 맡기지 않아도 됐었다. '좋은 점도 있고, 나쁜 점도 있다.'를 마음 속에 간직하고 계속 되뇌었다. 모든 일에는 장단점이 있으니 이왕이면 장점에 집중하자고. 재외 한국학교 근무는 이 문장이 매 순간 떠오르던 시간이었다.

재외 한국학교에 근무하기 시작했을 때 한국과는 다른 시스템 때문에 힘들었다. 오전 8시 30분부터 4시까지 꽉 차 있는 8교시 시간표, 교실에서 현지어로만 대화하는 학생들, 접속이 되지 않던 나이스 등등. 학기 시작 후에 한 달은 너무 피곤해서 제대로 씻지도 못하고 잠들 정도였다. 어떤 때는 저녁을 거르고 자기도 했다.

비교적 좁은 인력풀도 적용하기에 어려웠다. 한국에서는 교사로서의 삶과 개인으로서의 삶이 분리되어 있었다. 반면, 재외 한국학교에서는 동료 교사들이 곧 친구들이 되었다. 이렇게 공적인 생활과 사적인 생활이 분리되지 않다 보니 동료 교사들과의 관계에서 선을 넘기도 쉬웠다.

서로의 개인적인 부분을 알게 되고, 학교에서의 감정이 사적인 자리까지 넘어와 상처가 되기도 했다.

해외 생활 역시 고된 날들의 연속이었다. 서툰 현지어로 시장에서 물건을 강매당할 뻔하기도 했고, 현지인보다 더 비싸게 입장권이나 기차표를 사기도 했다. 해외에 나가기만 하면 여러 국적의 친구들을 사귈 줄 알았는데 아니었다. 오히려 지하철을 기다릴 때 지나치게 가까이 서거나, 스스럼없이 외모를 평가하는 말을 하는 등 개인 영역을 침범하는 일부 현지인들 때문에 불쾌하기도 했다.

하지만 장점들도 많았다. 역시나 가장 큰 추억은 학생들과 보낸 시간이다. 학생들이 나에게 준 신뢰와 사랑은 귀국하고 나서도 힘들 때마다 힘이 됐다. 한국으로 귀국한다고 했을 때 일주일 동안이나 진짜 한국에 가냐, 안 가면 안 되냐, 투정하더니 마지막 시간이 되니 깜짝 선물들을 한가득 안겨주었던 아이들의 모습은 여전히 생생하다.

동료 교사들과 잘 지내는 일이 버겁기도 했지만 제일 많이 도와준 고마운 사람들도 동료들이었다. 동네를 함께 산책하며 맛집을 소개해 준 선생님, 귀찮을 법도 한데 학교에 대한 많은 질문에 일일이 대답해 주신 부장님 등. 익숙하지 않은 환경에 잘 융화될 수 있도록 많은 분이 도와주셨다. 그중 같은 교무실을 썼던 한 선생님과는 헤어진 지 몇 년이 지났지만, 여전히 연락을 주고받는다. 당시에 힘들었던 일들은 이제는 그저 우리를 웃게 해주는 에피소드들이 되었다. 비록 지금은 멀리 있지만, 서로를 응원해 주는 좋은 친구 사이로 남았다.

외국의 문화를 직접 체험해 보며 세상을 바라보는 시각을 넓힐 수 있다는 것도 재외 한국학교의 장점이다. 현지인들과 직접 소통하면서 그들이 왜 우리와 다르게 행동하는지를 짐작해 볼 수 있었다. 이를 통해 현지인들에 대한 편견도 없애고 다른 사람에 대한 포용력을 넓힐 수 있었다. 해외살이가 아니었다면 가보지 않았을 장소들을 여행하면서 우리나라와는 다른 풍경을 보고 느낀 것도 귀중한 경험이었다.

귀국한 이후, 주변에서 많이 물어봤다. 만약에 재외 한국학교에 다시 갈 기회가 생기면 가겠느냐고. 처음에는 0.1초 만에 "아니!"라고 대답했다. 한국과 비교해서 불합리하게 보이는 행정시스템, 이방인이라는 외로움 등 힘든 점이 먼저 떠올랐기 때문이다. 하지만 모든 일에는 이점과 단점이 있다는 말을 되새겼기 때문인지, 시간이 지나면서 재외 한국학교의 단점보다는 장점들이 더 많이 보였다. 그러면서 재외 한국학교 초빙 공문을 다시 뒤적여보는 나를 발견했다.

영국의 작가 버지니아 울프는 이렇게 말했다.

"맑은 저녁나절 4시에서 6시 사이에 집을 나서면 우리는 친구들이 아는 우리의 자아를 떨치고 익명의 도보 여행자들로 이루어진 방대한 공화국 군대에 속하게 된다. 홀로 자기 방에 있다가 나와서 그들과 어울리면 아주 유쾌하다. 자기 방에서는 기묘한 자기 기질을 끊임없이 드러내고 과거 경험을 억지로 떠올리는 물건들에 둘러싸여 있기 때문이다."*

재외 한국학교에서 근무하면서 한국에서의 내 교직 생활을 한 발짝

---

* 런던 거리 헤매기. 버지니아 울프 디 에센셜. 버지니아 울프. 민음사. 2022.

떨어져 되짚어봤다. 한국에서 받았던 상처들을 마주하면서 내가 무엇이 힘들었고, 왜 힘들었는지를 생각했다. 더 나아가서 앞으로는 어떻게 학교생활을 해나가야 하는지도 고민했다. 주변의 익숙한 환경에서 벗어나니 비로소 그동안의 내가 보인 것이다. 낯설었기 때문에 힘들었지만, 낯설었던 덕분에 얻게 된 깨달음이 있다. 학생들에게 상처받을 때도 있지만, 그럼에도 학생들과 교감하면서 학교에서 생활할 때 행복하다는 것이다.

한국의 학교에서 지친 교사들이 있다면 재외 한국학교 근무에 한 번 도전해 보는 것이 어떨까? 한국에서라면 해보지 못할, 좋을 수도, 나쁠 수도 있는 경험들이 학교생활을 새롭게 바라볼 수 있게 해줄 테니 말이다.

선생님의
안부를 묻습니다

나 다 움 과   교 사 다 움
그   사 이 에 서

초판 1쇄 발행 2024년 6월 13일

지은이 강은우 김미주 루서 윤미소 유선웅 이재 서울교사노동조합

발행인 김병주
기획편집위원회 김춘성 한민호   **디자인** 정진주   **마케팅** 진영숙
에듀니티교육연구소 이문주 백헌탁
행복한연수원 이종균

펴낸 곳 (주)에듀니티
도서문의 1644-5798
일원화 구입처 031-407-6368 (주)태양서적
등록 2009년 1월 6일 제300-2011-51호
주소 서울특별시 중구 남대문로 117, 동아빌딩 11층
출판 이메일 book@eduniety.net
홈페이지 www.eduniety.net
페이스북 www.facebook.com/eduniety
인스타그램 www.instagram.com/eduniety/
          www.instagram.com/eduniety_books/
포스트 post.naver.com/eduniety

문의하기

투고안내

ISBN 979-11-6425-163-6

값은 뒤표지에 있습니다.